本书出版获得河北大学强势学科经费资助

冯玉祥国民军 研究

刘敬忠 著

人民出版社

序

汪朝光

　　敬忠兄将其多年研究的成果结集出版，嘱我为序，实在是令我惭愧不已。敬忠兄是我的兄长，也是我的学长。论年龄，敬忠兄大我一轮有余；论资历，敬忠兄随李新先生读研究生而毕业的那一年，我还在读大学四年级。所以，无论从哪方面说，我实在没有为敬忠兄的大作为序的资格。然敬忠兄不以此论，坚嘱我为之，何况过后我也投至李新先生门下求学，算是敬忠兄的同门师弟。故仓皇之下，也就只能恭敬不如从命，勉力为之，其间或有贻笑大方者，并请敬忠兄及读者诸君谅之。

　　敬忠兄长期从事北洋时期军政史的研究，尤集中研究北洋时期的重要军政人物冯玉祥。实话实说，这并不是个容易出彩的主题。民国史研究近数十年来从无到有，已成显学，然研究者的兴趣，过去关注的虽是政治史，但多热衷于"革命"史，纠结在国民党的兴衰和国共之争，对北洋军政史的关注远远不够。现在提倡"向下看"，政治史渐受冷落，社会、文化、思想等等研究渐成热门，北洋军政史仍然不受重视。总体而言，北洋军政史的研究，从来就不是民国史研究的热门领域，近来且有更加边缘化的趋势。乃至有学者感叹，时光流逝八十年，李剑农先生作于1930年的《最近三十年中国政治史》，至今似乎仍是难以超越的研究北洋政治史的经典之作。正是在这样的研究环境下，敬忠兄能够长期坚持对北洋军政史的研究，可谓是学界少有的例外，于此也可见敬忠兄对学术研究的追求和执著。

　　一分耕耘，一分收获。敬忠兄积多年研究而成此作，主要关注的是20世纪20年代中期冯玉祥和国民军的有关问题。冯玉祥是北洋军系中比较"另类"的领袖人物，也是个十分复杂的人物。冯玉祥出身北洋军系，历经各路枭雄混战，以其骁勇善战而一路晋升为领兵大将，从而具有当时军阀以武力为本的共性和实用权变的特质。但是,冯玉祥又喜好读书,信仰耶稣基督,自奉追求进步,爱国爱民,与时俱进,也因此而迭经辛亥、护国、反直诸役,最终脱离北洋军系,组建国民军,另辟新篇,成为革命阵营的一员。对于这样一段变化多端的历史,这样一位复杂多面的人物,敬忠兄的研究,不是因循旧说,而是独辟蹊径,据实以论,为读者还原了一个真实的冯玉祥,使读者由此而认知那段历史和在历史中活动的人物的复杂性和多面性,这就是成功的历史研究,而且我相信,这样的研究也因此而能够在有关民国历史的研究中留下自己的印迹,引来学界的关注。

在研究冯玉祥和国民军的过程中,敬忠兄脚踏实地,秉持客观科学的态度,以历史资料为依据,有一说一,不虚饰,不夸大,表现出学人的坚守和立场。在他的研究中,关于冯玉祥的政治态度、冯玉祥和基督教的关系、冯玉祥和孙中山及奉系的关系、冯玉祥和苏联的关系、冯玉祥和北京政变等等问题,都有恰如其分的分析和评论,给读者以睿智的启迪。敬忠兄对冯玉祥回忆录《我的生活》中的有关记载和历史真相的考据,也充分显示出他的学术功力和对学术的敬畏之心,诚可为我等所学习者。

除了北洋军政史的研究而外,敬忠兄对于民国历史的其他诸多问题也有不少涉猎,这既表现在他的研究成果中,也表现在他的课堂讲授中。而且,作为有多年教学经验的老师,敬忠兄在他的研究生指导工作中,循循善诱,认真负责,指导多位研究生完成以北洋军政史为主题的论文,从而扩大了对相关主题的研究关注度,并可嘉惠于后来研究者。

当然,敬忠兄的研究,也只是北洋军政史研究的一部分,而且在他的研究中,也还有一些可以继续深入论述或开拓者。这恰恰是任何学术研究的题中应有之义。学术研究没有终结,而只有不断开拓进取的过程。

如前所述,敬忠兄是我的兄长和学长,我对敬忠兄的学问人品,一向敬佩有加。我也知道,敬忠兄近年来的身体健康状况不是很好,但他从来都是不以物喜,不以己悲,仍然是埋首于学问事业之中,实在是令我感佩。我也真诚而衷心地希望敬忠兄的研究能够继续不断有新的成果,并多多保重身体,以为学术研究的长久之计。

为敬忠兄之所托,是为序。

2012 年 3 月 20 日于北京东厂胡同

目　　录

附录

一、试论冯玉祥及国民军在
1925—1927 年的政治态度

　　1924 年 10 月 24 日,冯玉祥及胡景翼、孙岳在北京政变后组成了国民军。国民军虽然仅存在两年多的时间,但在 1925—1927 年间对中国政局产生了举足轻重的影响。必须指出,学术界对国民军的研究不够重视,而论及此时的冯玉祥只是从统战的角度说他在共产党及国民党人士帮助下的"进步",直到"五原誓师"参加国民革命①,而对其特殊历史角色缺乏全面科学的认识。这不仅直接影响对冯玉祥及国民军的评价,而且也不能完整地反映第一次国内革命战争的历史全貌。

　　长期以来,关于大革命时期战争的研究,一直存在着忽视北方有关史实的倾向。史学专著对北方国共两党领导下的声势浩大的群众斗争都非常吝惜笔墨,对冯玉祥及国民军的历史作用几乎不及一字。这是不公正的。②冯玉祥及国民军代表了当时摇摆于革命阵线与反动营垒之间的军政力量,其向背对大革命有不可忽视的影响。北伐战争势如破竹,固然是国共两党的军民浴血奋战的结果,但与国民军在北方配合作战也有很大关系。北洋军阀集团的分化给北伐提供了一定的有利条件。让我们试就上述问题进行探讨,为研究第一次国内革命战争及冯玉祥,提供某些思考。

---

　　① 刘曼容:《试论冯玉祥由北洋军阀参加国民革命的转变》,《武汉大学学报》1988 年第 2 期;阎稚新:《李大钊与冯玉祥》,解放军出版社 1987 年版,第 55—60 页、第 155 页;郭绪印、陈兴唐:《爱国将军冯玉祥》,河南人民出版社 1987 年版,第 115 页;阎稚新、李善雨、肖裕声:《李大钊与中国革命》,国防大学出版社 1989 年版,第 285、286 页。
　　② "文革"前所出各种版本的《中国现代史》,均很少论及北方国共两党在此时期领导的革命斗争及国民军的作用。1984 年后出版的有关著作稍有改变。这固然是国共两党领导的革命运动中心在南方所决定的,但也与历史所遗留的某些偏见不无关系。

（一）

北洋军阀统治时期，其统治集团内部存在一批较为特殊的人物。他们有爱国热情及忧国忧民的心理，有追求时代进步的思想基础；但又身居反动营垒，在政治经济方面有既得利益，故在革命动荡年代往往左右摇摆。在第一次国内革命战争年代，陈独秀就认为："大多数人民甚至一小部分军阀……已渐渐觉悟自己民族处于被压迫地位，并渐渐由觉悟而不平而发生国民运动。"①冯玉祥、杨虎城、方振武、邓宝珊、胡景翼等就是这类人物。他们早期与资产阶级革命运动有一定历史渊源，后来身居军阀集团，但长期受当政的大军阀压制排斥。其后，他们之中的某些人，如吉鸿昌、杨虎城等，能进而投身于人民革命事业；有些人间或有倒退，但大体尚能追随时代进步潮流。冯玉祥就是上述人物的典型代表。其所部国民军的上层，此类人物甚多，如张之江、鹿钟麟、宋哲元等。

冯玉祥②早年有一定的进步倾向，但其政治动机大多有维护个人利益的成分；在宦海沉浮中，沾染了某些使用纵横捭阖的政治手段及实用主义权术的习惯。故此，他参加直皖及第一次直奉战争，参与直系曹锟贿选中的"驱黎"活动。国民军成立后，冯玉祥在军政活动中，仍明显表现出上述特点与作风。

国民军虽然自成一系，但还没有脱离北洋集团。世人将冯部一军及二、三军称之为"国民军系"。他在张家口就任段祺瑞执政府的"西北边防督办"后，因所部驻扎在西北，故世人也称之为"西北系"。国民军只是个松散的军事联盟，其一、二、三军之间互不统属。冯玉祥的国民军一军在政治上的举措大体能代表国民军整体，所以，本文论及国民军以一军为主。

国民军的名称有某些新意。冯玉祥说这是为表明所部"拥护中山先生

---

① 独秀：《帝国主义工具对付国民运动之总策略》，《向导》第 105 期，《向导汇刊》(3)，人民出版社影印本 1954 年版，第 874 页。

② 冯玉祥自称安徽巢县人，世人也多视其为皖籍。但实际上，从出生地及生长地论，他是地道的直隶人。

主义",为国为民的意思。①。段祺瑞执政府成立后,冯在政治上采取了与进步势力接近的政策,开始允许国民党组织在国民军中公开活动②,减弱了基督教在所部的影响,并接受苏联的军事援助。从 1925 年 3 月至 1926 年 7 月,苏联以记账的方式给国民军一军提供了大批军火③。五卅运动爆发后,他数次宣言废除不平等条约,主张关税自主,并在一定程度上支持北京地区进步政治力量的活动。这一切让世人瞩目,进步政治力量均认为冯玉祥有较大的进步。中国共产党也认为国民军倾向革命,是一支区别于奉直军阀、"较为进步,较接近民众的军事势力"④,是"从旧军阀分化出来的左派,在近数个月中的事实上,已颇表现其反帝国主义反对反动军阀之倾向,并能相当接近民众"⑤。而反动势力则攻击冯玉祥及国民军"赤化"。在华的外国新闻记者都不再称冯"基督将军",而改称"赤色将军"了⑥。

实际上,冯玉祥及国民军在此时的政治进步有较复杂的背景,并有很大局限性。

北京政变后,冯玉祥因"倒戈"行动为北洋人物所不容,在政治上非常孤立。国民军一军控制着北京,由此为奉系所嫉妒而承受着巨大的军事压力。该部所占据的地盘大多土地贫瘠,故经济十分困难,且因直隶保大地区为李景林所占据而与国民军二军地盘相隔绝,在战略上处于不利地位。此外,国民军缺少一个对外的海口,无法从海外补充急需的军火。所以,冯玉祥为与张作霖逐鹿中原,只能向国民党及进步势力靠拢,以摆脱自己在政治上的被动地位。此前,冯玉祥与孙中山仅有些书信往来,但对其政治理论及事业根本不理解。此时,他希望通过国民党得到苏联的军事援助⑦。国民

---

① 冯玉祥:《我的生活》(下),黑龙江人民出版社 1981 年版,第 404 页。

② 于树德:《北方政治报告》,中国革命博物馆党史研究室编《党史研究资料》第 12 期,第 19 页。

③ 苏联国防部档案,转引自[苏]维·马·普里马科夫《冯玉祥与国民军》,中国社会科学出版社 1982 年版,第 10 页。

④ 独秀:《国民军与北方政局》,《向导》第 150 期,《向导汇刊》(3),第 1048 页。

⑤ 《中共中央特别会议文件》,转引自中共北京市委党史研究室编《第一次国共合作在北京》,北京出版社 1989 年版,第 299 页。

⑥ [美]薛立敦:《冯玉祥的一生》,浙江教育出版社 1988 年版,第 216 页。

⑦ 《黄昌谷报告俄送水晶棺抵北京及冯玉祥等态度密电》,中国第二历史档案馆《中华民国史档案资料汇编》第 4 辑(上),江苏古籍出版社 1991 年版,第 267 页。

军地处西北内陆,没有从海上补给武器的来源,从地缘政治考虑,只能从与之相邻的苏联想办法。而且,从苏联进口军火不用付现款,这对国民军更是求之不得。但国民军接受苏联军事援助不是冯玉祥进步的标志与结果。就此事而言,苏联和冯玉祥都有各自的政治目的。当时,冯玉祥对苏联有一定看法,对沙俄侵占中国领土及外蒙受其控制不满①。所以,冯玉祥在此时接近苏联不是出于意识形态的原因,主要还是基于军事上的实际需要。

苏联顾问团于 1927 年 5 月底到达张家口。7 月 13 日,冯玉祥发表防止"赤化"的通令。该通令说:"……查近日以来,谣言甚多,诚恐致乱听闻,易起误会。所有各部军队,须十分注意……而对于赤化播传之说,尤须特别防范,切实禁止。西北地接蒙边,外邻俄境,习尚素不相同,往来时所恒有,交邻固以和睦为尚,而立国精神各有不同";继而宣称"孔孟之道为我国数千年之国粹,较之外来新名词不啻高出万倍"。通令强调:"历来为政,第一要道,只要养民安民,不在炫奇立异。凡我军民,均当深体此意。"②

此通令不仅仅是为反动舆论攻击国民军"赤化"而作辩解,也是冯玉祥当时政治观点的真实表述。7 月 9 日,他对鹿钟麟说:"……与各方表示态度,谓我方主张以中国之道治中国,实行孔仁、孟义、墨爱,并非赤化"③,认为共产主义学说不适合中国国情。所以,李大钊认为他成不了一个"革命家"④。他对国民党在国民军的活动十分注意,并限制在一定的范围内,对其政治工作人员一直很警惕⑤。这实际上表明,到南口大战前为止,冯玉祥的政治观点并没有多少实质性的转变。

从国民军名称的几度变化,可以清楚地看出冯玉祥政治态度的动摇。

国民军成立后,由于名称与国民党相似,故受到反动势力的攻击。在此

① ［苏］维·马·普里马科夫:《冯玉祥与国民军》,中国社会科学出版社 1982 年版,第34—35、11 页。

② 李泰棻:《国民军史稿》(上),西北军内部铅印本,无出版年份,第 180 页;陈崇桂:《冯上将军传》,西北军内部铅印本,无出版年份,第 89 页;《字林西报》1927 年 7 月 18 日。

③ 《冯玉祥日记》(2),江苏古籍出版社 1992 年版,第 95、19 页。

④ ［苏］C. H. 纳乌莫夫:《在中国的土地上》,莫斯科出版社 1974 年版,第 26 页。

⑤ 《冯玉祥与国民军》,中国社会科学出版社 1982 年版,第 34—35、11 页。

情况下,冯玉祥于1924年12月14日通电取消了国民军的名义①,此后又屡次给国民军二军、三军写信,让他们也赶快取消国民军的名号②。1925年2月19日,他在日记中写道:"……前几日与孙禹行言几条应办之事,一取消国民军……均已实行矣。"③但是,冯玉祥随后在李大钊及国民党左派人士徐谦劝说之下重新振作起来,又认为该名称便于接近国民党及得到苏联援助,故在军中没有真正禁用该名,他自己在讲话中仍称所部为国民军。1926年初,国民军所处环境再度逆转,冯玉祥在通电"下野"后,又于1月4日通电"不再延用国民军的名义"④。但是,这又是掩人耳目的手法。不久,他又分别授予魏益三及方振武以国民军四军和五军的名义⑤。这种真真假假的态度及手法,既表现了冯本人的性格特征,又反映了他的政治态度的摇摆。直到五原誓师时,冯玉祥才又公开打出国民军联军的旗号。

尽管如此,冯玉祥与北洋其他军阀还是有区别的,这主要是其背后没有任何帝国主义背景。这是他能接近资产阶级民主革命的政治基础。所以,中国共产党及国民党左派人士重视对冯玉祥及国民军的改造工作,从而对国民革命起了重大作用。

(二)

从1924年11月到1926年4月,国民军为控制北洋中央政权及扩充地盘,与段祺瑞执政府及奉、直、晋等系军阀明争暗斗,使北方政局扑朔迷离。1925年底,国民军与奉系军阀发生战争,虽然与全国人民反奉斗争的大趋势一致,但仍是军阀战争,很少有进步成分。

北京政变后,奉系军阀势力急剧膨胀。张作霖一心想完全控制中央政

---

① 《关于取消国民军名义电》1924年12月,《中华民国史档案资料汇编》第3辑,第749页。
② 徐永昌:《求己斋回忆录》,《传记文学》(台北)第49卷第4期,第57页。
③ 《冯玉祥日记》(2),江苏古籍出版社1992年版,第95、19页。
④ 《晨报》1926年1月5日、22日。
⑤ 《晨报》1926年1月5日、22日。

权,故极欲驻兵北京,并为此不惜与国民军一战①。1925年5月,张作霖企图一举将国民军逐出北京,迫段祺瑞下野,然后自登大位②,只是由于五卅运动的爆发及发生中东路事件,张作霖不得不暂时停止行动。对此,冯玉祥表面一再表示忍让,同时秘密联系直系力量反奉③。他与孙传芳相约,先由孙发难进攻苏、皖,国民军二军随即从豫东攻山东,国民军一军出兵热河断奉军后路④。

但是,孙传芳发动反奉战争后,国民军却没有如约出兵配合。冯玉祥之所以失信,虽然与吴佩孚在此时的再起有一定关系,但主要还是他保存实力的投机思想所致。冯玉祥历来在军政行动中都以不蚀老本为前提,企图以最小的代价获得最大的收益,故往往在关键时刻左顾右盼,脚踏两只船,从而坐失良机。冯玉祥想坐山观虎斗,准备在"两方激战至于气尽力竭时,执政府如果有命令,吾再出而以武装调停也"⑤。但是,战局出乎冯氏的预料,奉系医其战线长恐首尾不能相顾,急速撤兵北上,将主力集中在京东,全力监视国民军。因此,国民军最佳的反奉战机转瞬即逝。其后,国民军二军出兵攻打山东,已是战略错误的马后炮,且系二军自行所为。结果,冯玉祥既失好于孙传芳,又促进了张作霖与吴佩孚加速秘密勾结。孙传芳认为冯不讲信义,国民军在北方又失去一反奉盟友。

1925年秋,冯玉祥又与奉军的郭松龄秘密会商反奉。11月22日,双方签订了《冯郭密约》。郭松龄发动的反奉战争实质上也是一场军阀战争,密约除几条空洞政治条文,如"排除军阀专横,永远消灭战祸"、"实行民生政治,改善劳工生活待遇"、"实行强迫教育"、"开发边境,保存国土"等外,核心是双方协议打败奉系之后各自的地盘分配,其中第一条就是有关李景林地盘的条款。密约规定:直隶、热河均归丙(李景林)治理。甲(指国民军)为贯彻和平主张对热河决不攻取;保大铁路线,甲军随意驻扎,但直隶全部

_____

① 《美驻华公使舒尔曼给国务卿的电报》,39300/6290,1925年3月18日。电报称张作霖向外交官透露,他将与国民军一战。转引自[美]薛立敦《冯玉祥的一生》,第231页。
② 《乙丑军阀变乱纪实》,荣孟源、章伯锋编《近代稗海》第5辑,四川人民出版社1987年版,第486页。
③ 《冯玉祥日记》(2),江苏古籍出版社1992年版,第68、127页。
④ 李泰棻:《国民军史稿》(上),西北军内部铅印本,无出版年份,第201页。
⑤ 《冯玉祥日记》(2),江苏古籍出版社1992年版,第68、127页。

收入(保大在内)均归丙军,甲军决不侵夺①。所以,保证李景林的地位与利益是《冯郭密约》最重要的内容之一。

郭松龄十分清楚,自己要想反奉成功,必须得到李景林的支持,而其关键就是保证他的既得利益。李在奉系中非嫡系,也对张作霖不满,是否倒戈,态度尚在犹豫之中。郭也明了国民军想将直隶据为己有。此时,直隶的保大地区已为国民军二、三军所攻占,并仍有继续进兵之势。所以,郭松龄才在密约中把维护李景林的地盘摆在突出的位置。密约签订后,郭松龄还不放心,一再对国民军一军的代表强调说:"他(李景林)就怕你们打他,如能暂时维持他的地盘,我想他没有别的希望。"②

郭松龄反奉后,李景林于 1925 年 11 月 25 日通电"保境安民",并要张作霖将权力交给张学良而下野,实际上已宣布支持郭松龄。与此同时,他还致电国民军表示希望与其合作,并愿将直隶作为国、奉双方之缓冲区域③。

但是,冯玉祥从一开始就不想履行密约。他急切地想得到天津及出海口,认为"直隶应归国民军二、三军,打倒张作霖之后,再商量别的问题"④。本来,李景林对国民军二、三军继续向天津推进就充满疑虑。11 月 30 日,国民军二、三军又兵抵廊坊及沧州,这更使李景林不安。此时,冯玉祥派熊斌及王乃模赴津,要求李景林离开天津去热河,让国民军"借道"援郭。这实际上是表示国民军只允许李景林占据热河。因此,李景林急派韩玉辰偕黄郛赴张家口疏通。但是,冯玉祥仍明确向韩表示,要李让出直隶⑤,从而把其逼上了对立面。12 月 1 日,李景林决定对国民军进行武力抵御。12 月 4 日,李发表讨伐冯玉祥的通电,攻击冯"愚弄部下,利用赤化邪说,以破坏纲常名教之大防"⑥,次日,又通电声明拒绝承认段祺瑞政府所发布的命

---

① 中国第二历史档案馆档藏,转引自《爱国将军冯玉祥》,第 96—97 页。

② 吴锡祺:《冯玉祥、郭松龄联合反对张作霖的经过》,《文史资料选辑》(35),文史资料出版社 1963 年版,第 174 页。

③ 《顺天时报》1925 年 11 月 26 日。

④ 《我的生活》(下),黑龙江人民出版社 1981 年版,第 437、441 页。

⑤ 韩玉辰:《关于李景林与国民军》,《文史资料选辑》(51),文史资料出版社 1963 年版,第 80 页。

⑥ 《时报》1925 年 12 月 5 日。

令①。与此同时,李景林还释放了被郭松龄解津交其拘禁的不同意反奉的军官,查抄了郭部在天津的办事处并逮捕了工作人员,扣留了郭部在天津购置的军需品②。

李景林的反目,对郭松龄反奉及国奉两系力量对比,都发生了重大影响。他扣留了郭部所急需的棉衣,使其士兵身着单衣作战,无法抵御关东的严寒,直接影响了士气和战斗力。郭部由此军心不稳,最终导致失败。国民军在郭松龄尚未得手之际,就违约抢占地盘,是导致郭败亡的重要原因之一。冯玉祥在《我的生活》中说:"……李景林一以日本帝国主义者的挑拨离间,一以不打破权利观念,定要劫持直隶地盘,竟在此一发千钧时候,引起了对国民军二、三军的冲突。"在此,他把与李景林反目的原因归罪对方;然后,他又自相矛盾地指责国民军二、三军要夺取天津:"此时我仍屡次致电陕豫,说我与郭松龄已有密约,若有动作,必须酌商而行";"郭松龄倒奉之功败垂成,一面固然帝国主义的出兵干涉,但是国民二、三军之不顾大局……也是不可抹杀的原因。"③冯玉祥把一切罪责都推给了他人,而闭口不谈自己对郭拆台的行为。

国民军攻津之战进行了近二十天,以李景林部败退山东而告终。国民军虽然占领了华北第一大商埠,却不能说是一场胜仗。国民军先由于轻敌而投入兵力不足,继而由于连续攻城不克而急躁,调重兵强攻致使兵员伤亡惨重并损失大量武器弹药。当时外国人评论说,这是民国以来最激烈的战斗之一④。国民军表面上取得了胜利,而就总体战略而言却是失败了。国民军把即将成为盟友的李景林变为敌人,且又没能够全歼其主力。李景林到山东后很快与张宗昌组成直鲁联军,卷土重来。此外,国民军占领天津后,不仅没有增强自身的实力,反而引起了内部的矛盾斗争。冯玉祥将直督一职让给国民军三军的孙岳,引起了国民军一军将领张之江等人的强烈不

① 《东方杂志》二十三卷第 2 号,第 39 页。
② 《甲寅杂志》二十五卷,第 1 页。
③ 《我的生活》(下),黑龙江人民出版社 1981 年版,第 437、441 页。
④ 《美驻天津领事高思致美国公使马克谟文电》,转引自[美]薛立敦《冯玉祥的一生》,浙江教育出版社 1988 年版,第 235 页。

满与消极①。且孙岳的国民军三军腐败不堪,根本不能承担津沽防御的重任②。国民军对李景林的战争,是冯玉祥在这个时期实行军阀政治的集中体现,亦是导致其在华北失败的重要原因之一。

（三）

五卅运动后,北方群众运动有很大发展。以李大钊为首的中共北方区委和国民党北方执行部,利用国民军控制北京的有利时机,组织民众掀起声势浩大的反对帝国主义及北洋军阀统治的群众斗争。从 1925 年 10 月起,北京民众连续举行游行示威,反对帝国主义策划的关税会议及段祺瑞政府;孙传芳及郭松龄发动反奉战争后,北京人民把反帝与反奉斗争结合起来,民众运动持续高涨。对此,冯玉祥及国民军持一定的同情与支持态度。这固然与冯在当时的政治倾向及一贯的反帝主张有一定的关系,但也包含了某种程度的实用主义政治目的。段祺瑞政府虽然由国奉两系扶植上台,但段本人及大多数皖系分子更接近奉系,虽然与奉系也钩心斗角,矛盾重重,但双方在与国民军对抗上大体是一致的。冯玉祥认为,群众的游行示威能给段政府以巨大的压力,使段不得不更多借重国民军以苟延残喘。事实也确是如此。郭松龄反奉战争爆发后,北京形成了"国民军独占中央政治发言权"③的局面。但是,国民军本身没有完全改造中央政府的实力,认为段政府仍有利用的价值,故对人民群众的反段斗争只允许在一定程度之内,即以不推翻其统治为限。

1925 年 11 月下旬,中共北方区委作出了发动"首都革命"的决议,计划以群众起义的方式,推翻段祺瑞政府,组织国民委员会,建立革命政权④。11 月 27 日,国民党北方执行部派共产党员于树德等为此与国民军将领、北京警备司令鹿钟麟接洽,鹿当即对群众的反段斗争表示支持态度。但是,到了次日(28 日),鹿态度骤变,不仅下令保护段政府,而且禁止群众再举行集

① 《申报》1924 年 1 月 7 日,《大公报》(长沙)1926 年 1 月 12 日。
② 徐永昌:《求己斋回忆录》,《传记文学》(台北)第 49 卷第 5 期,第 87 页。
③ 松涛:《郭松龄倒戈后的时局影响》,《东方杂志》第 22 卷第 23 号,第 2 页。
④ 《向导》第 138 期,《向导汇刊》,第 1255 页。

会,并逮捕 88 名示威群众①,从而使"首都革命"流产。由于国民党右派告密,在冯处攻击共产党要夺权,冯玉祥怕进一步背上"赤化"的"罪名",更不愿段祺瑞执政府在此时垮台而不能为己所用,故指示鹿钟麟改变初衷。当然,"首都革命"在某种程度上带有盲动成分,原本也是不可能取得成功的,而冯玉祥及国民军态度的变化则是其当时政治态度的真实反映。

郭松龄反奉失败后,北方政治形势骤然逆转。反动势力立即猖獗,段祺瑞执政府对群众运动的态度也日趋强硬。奉直军阀公开结盟之后,国民军势单力孤。此时,它不仅不敢进一步靠近进步势力,反而在政治上明显右转,先后向直奉军阀进行妥协活动,并追随段祺瑞政府公开反对群众革命斗争。早在 1925 年 8 月 2 日,段祺瑞为镇压群众运动,曾发布"整顿学风"的通令,对群众的反帝爱国斗争大肆攻击。七个月以后,接替冯玉祥出任"西北边防督办"的张之江,于 1926 年 3 月 6 日分别致电段祺瑞及总理贾德耀,也大肆谈起"学风"。电文称当前"学风日下,士习日偷","恶化横流,邪说暴作";要贾德耀"设法矫正,痛加针砭,务使嚣风异事,扫荡一空",并表示"对此根本问题,万不能不竭尽才力,以图挽救"②。当时的舆论界就认为,"最近国民军四处受敌,为将来恢复起见,自不能不与各方罢战言和,而罢战言和之条件,最要看在排斥共产党"③。国民军上述的态度,与此后震惊中外的三一八惨案不无关系。惨案发生后,国民军代理警卫总司令李鸣钟当即发出布告称:"凡我全城士庶,各安居乐业,不得再行集会"④,公然禁止人民的反抗斗争。随后,李又出席了段政府国务院会议,赞同对徐谦、李大钊的"通缉令"。冯玉祥则表示"勿令各走极端,致重罹惨祸"⑤,并于 3 月 20 日,匆匆离开平地泉赴苏联。他出国访问早在计划之内,但此时急于就道显然是为了逃避舆论,否则就不会谎称到库伦"才知道北京闹出三一八

① 《于树德同志的北方政治状况报告》,《党史研究资料》第 13 期,第 219 页。
② 《语丝》第 71 期(1926 年 3 月 22 日)。
③ 《孤军周报》第 65 期,转引自中国社会科学院社会学研究所青少年研究室主编《青运史资料与研究》第 4—5 期,第 15 页。
④ 《申报》1926 年 3 月 20 日。
⑤ 《惨案之真相——惨案发生前后经过之详情》,《世界日报》1926 年 3 月 20 日,转引自《青运史资料与研究》第 4—5 期,第 191 页。

惨案"①。国民党北京特别市执行委员会在报告书中认为,"国民军现在一反以前所为,为民众所唾弃,国民军实无一自解于民众"②。

此时,国民军甚至不顾自己曾发动北京政变推翻直系中央政权的历史,幻想能重新依附直系吴佩孚。冯玉祥在 1926 年 1 月 1 日再发的下野通电公开吹捧吴佩孚,称"子玉学深养粹,饱受挫折,当能不念前嫌,共谋国是"③。吴佩孚发表与奉系公开结盟的"世电"后,他又发"支电"表示支持④,并派人赴汉口向吴致意。张之江在名义上主军后也向吴佩孚公开表示:"愿追随我帅之后,入京主政。"⑤上述对吴示好的表示遭拒绝后,国民军又转而与奉系谋求妥协,拟以热河、榆关为缓冲地带,后又表示愿将热河无条件交给奉方⑥。奉方对国民军也只是虚与委蛇。实际上,冯玉祥及国民军主要将领过高地估计了对手的力量:奉系军阀在郭松龄倒戈之后实力大损,内部矛盾亦日趋尖锐;吴佩孚此时仅有湖北一省兵力⑦,其十四省联军仅为一张虎皮大旗,直鲁联军之实力也远不如以前。国民军对此视而不见,又想以实用主义权术谋出路。其结果助长了奉直军阀的气焰,远离了进步的政治势力。

1926 年 4 月 10 日晨,国民军突然派兵包围段祺瑞执政府,将其卫队缴械。段祺瑞已于午夜闻讯逃入东交民巷。鹿钟麟以北京警卫总司令的名义发布布告,历数段政府的种种"罪行"后声称,国民军"为国家计,为人民计,迫不得已采取严正办法,严行禁止。一面恢复曹公自由,并电请吴玉帅,即日移节入都,主持一切。"⑧同日,鹿还直接给吴佩孚打电报,表示"惟吴玉帅马首是瞻,政治非所敢问"⑨。这是国民军发动的第二次北京政变。此时冯

---

① 《我的生活》(下),黑龙江人民出版社 1981 年版,第 453 页。
② 《党声》(北京)第 3 期,1926 年 5 月 1 日。
③ 《晨报》1926 年 1 月 5 日。
④ 《大公报》(长沙)1926 年 1 月 10 日、17 日。
⑤ 《大公报》(长沙)1926 年 1 月 10 日、17 日。
⑥ "刘锡廉致张作霖电","张作霖复张树声电稿"(奉天公署档),辽宁档案馆编《奉系军阀密电》(3),中华书局 1987 年版,第 58 页。
⑦ 吴佩孚的军事实力在 1926 年 3 月攻占河南时才得到加强。
⑧ 《顺天时报》1926 年 4 月 11 日。
⑨ 《晨报》1926 年 4 月 11 日。

玉祥虽然不在国内,但上述一切都是按冯的计划进行的。

冯玉祥在出国前,就制订了一个最后的应急方案,计划在必要时推翻段祺瑞政府并释放曹锟,借曹之力与吴佩孚讲和;如果讲和失败就迅速撤出北京,从而一时造成中央权力真空,以使奉直军阀为争夺中央政权而火并,自己充作二虎相斗之后渔利的"卞庄"①。4 月初,段祺瑞企图策划国民军唐之道部叛变为内应并勾结奉军异动②,这为国民军发动政变提供了口实。三一八惨案之后,段祺瑞等已被视为人皆可杀的"国贼",国民军也深受社会舆论的谴责。国民军认为,此时实施冯之计划,既可向直系吴佩孚示好,又可洗刷自己在三一八惨案中沾染的血污,故有是举。

但是,吴佩孚对国民军这份大礼仍无动于衷。此前,他对国民军一再表示"议和"采取了强硬的态度,要国民军无条件投降。经幕僚力劝,才于 4 月 5 日复张之江一电,提出将国民军交阎锡山接收,并要张亲赴汉口接洽等苛刻条件③。此时,吴佩孚更坚持国民军必须"一律缴械"④。国民军无奈,于 4 月 15 日撤离北京,指望奉直军阀为争夺中央政权而反目。但是,国民军的希望再次落空了。

国民军推翻段祺瑞执政府的第二次北京政变,是对有某些进步因素的第一次北京政变的否定,并严重损害了自身的形象及政治声誉。李景林通电攻击冯玉祥,说他"前日拥段(祺瑞),今日驱段;前日捉曹(锟),今日放曹","好恶无常,恩仇不定"⑤。实际上,"恩仇不定"是当时军阀头目的共性。吴佩孚也在此时将敌友易位,与原不共戴天的奉张结盟。吴佩孚拒绝了国民军的示好及北京城,实际上是抛弃了再次问鼎中央政权的机会。

至此,中国政局出现了颇具喜剧色彩的情节。冯玉祥及国民军在政治上一再倒退,仍想留在北洋军阀集团之中;奉直军阀也不谙世界与中国革命大势,把本来还不知国民革命为何物,且有十几万重兵的国民军逼到了除非投奔南方革命政府一方,几乎全无出路的境地。国民军退守南口后,还派韩

---

① 《冯玉祥与国民军》,中国社会科学出版社 1982 年版,第 162—163 页、第 182—183 页。
② 高兴亚:《冯玉祥将军》,北京出版社 1982 年版,第 75 页。
③ 《东方杂志》第 23 卷第 2 号,第 147 页。
④ 陶季玉:《吴佩孚将军生平传》,第 16 页。
⑤ 《晨报》1926 年 4 月 19 日。

复榘、门致中赴汉口向直吴乞和。吴佩孚仍坚持要国民军必须全体缴械①，结果迫使国民军最终上了"梁山"。

（四）

1925 年，国共合作领导的国民革命迅猛发展，广东革命政府日益巩固，全国反帝群众斗争持续高涨。因此西方列强一方面策划"关税会议"等，以缓和中国人民的反帝情绪，一方面加紧促成直奉反动军阀的联合。国民军攻占天津后，中外敌对势力认为，"仿佛南方国民政府与北方国民军可以会合起来，支配全国政权，成功一比较赤色的政府之形势"②。1926 年 1 月 10日，直奉军阀捐弃前嫌，结成了"双方共同以冯玉祥为敌，合力消灭冯和国民党"的军事联盟③。与此同时，各国在华的帝国主义分子加紧反共宣传，并操纵组成"中国反赤大同盟"④。

1926 年 2 月 20 日，上海《字林西报》发表伦敦通讯，透露英国武装干涉中国革命的计划，扬言要派遣一支十万人的侵略军，"分南北两部，多数人将配置于天津、上海之间。第一部分军队将在天津上岸，将力求早与冯玉祥决战，且已获得张作霖之默许"⑤。直奉军阀公开结盟后，英国《泰晤士报》评论说："使张作霖和吴佩孚达成协议，就能够把整个华北和华中紧紧地掌握在铁拳之中，在这之后对付革命的南方就不难了。"⑥这充分说明，西方列强把干涉中国革命的战略重点放在北方。国民军控制着京畿，且有较强的军事实力，故一时成为中外反动派的心头之患。吴佩孚之所以将其主力倾巢北上，固然有与奉系争夺北洋中央政权及狂热的复仇心理有关，但主要还

---

① 《张作霖复张之江电》(奉天公署档)，《奉系军阀密电》(3)，第 55 页。
② 中央档案馆编：《中共中央文件选集》第 2 册，中央党校出版社 1983 年版，第 111 页。
③ 孟星魁：《直系军阀大联合的酝酿和失败经过》，政协全国委员会文史资料研究会编《文史资料选集》(35)，第 99—100 页。
④ 华岗：《中国大革命史(1925—1927 年)》，文史出版社 1982 年版，第 152 页。
⑤ 《字林西报》1926 年 2 月 20 日，转引自华岗《中国大革命史(1925—1927)》，第 150页。
⑥ 拉狄克：《对中国最近世态的评价》，《苏联〈真理报〉有关中国革命文献资料选辑》第 1 辑，四川省社会科学院出版社 1985 年版，第 165 页。

是出于和西方列强对中国革命大势的共同认识。他根本没有把广东革命政府的力量放在眼中，仍视其为偏师就可对付的无足轻重的地方力量。吴佩孚要充当"反赤"的急先锋，攻击冯玉祥"秘结赤党，盘踞神京，号召乱徒，利用邪说"①。张作霖、张宗昌等在进攻国民军时也以"讨赤"相号召。国民军退出北京后，奉直军阀的联合扩展为与晋、陕、甘等地方军阀的联盟，并于1926 年 5 月 10 日在京成立讨赤联军办事处②。国民军领导在主观上虽然日益右倾，但在实际上国民军却充当了革命的盾牌，不自觉也不情愿地成为大革命的同盟军，并被迫完全投向广东革命政府一方，这就是历史赋予国民军在南口大战前的特殊政治角色。

1926 年 4 月下旬起，国民军在从察北多伦至直隶易县并延伸到晋北的千里战线上，抵抗直、奉、晋三系军阀的联合进攻，战争的中心点在京西的南口，故史称"南口大战"。与此同时，国民军二军残部李虎臣(云龙)及名义上隶属国民军三军的杨虎城，联合率部抵抗吴佩孚委任的讨贼联军陕甘总司令刘镇华"镇嵩军"对陕西的进攻，开始了长达八个月之久的"西安守卫战"。该战虽然独立于南口战场之外，但也是国民军抵抗北洋军阀联合围剿的重要组成部分。南口大战对中国近代历史进程产生了重大影响。

冯玉祥出国前，曾派马伯援赴广东请援③。4 月 10 日，广东国民政府在与马伯援洽谈后致函冯玉祥，表示要"期于相当时期会师中原，共赴国难，打倒帝国主义，完成国民革命"④。但是，此时双方仅互视为盟友。奉、直、晋的"联合讨赤军"的总兵力达 50 万人以上，而国民军各军总兵力共约 20万人，能直接投入战斗的仅为 16 万人。所以，国民军十分迫切希望广东革命政府的支援和配合。广东革命政府也正准备出兵入湘援助唐生智，对国民军在北方的作用十分重视，故加紧对冯进行工作。4 月 5 日至 6 日，鲍罗廷和于右任在库伦连续与冯玉祥会谈，商议国民军与广东革命政府合作，并

---

① 《张宗昌转吴佩孚等通电》,(奉天公署档)《奉系军阀密电》第 3 册,第 4—5 页。
② 《申报》1926 年 5 月 20 日。
③ 《大公报》(长沙)1926 年 4 月 17 日。
④ 郭廷以:《中华民国史事日志》第 2 册,台北"中央研究院"近代史研究所 1984 年版,第 33、37 页。

劝冯加入国民党①。尽管如此,直到 5 月上旬为止,国民军抵抗奉直军阀进攻的南口大战,仍属军阀混战,性质没有发生任何变化。

冯玉祥经过激烈的思想斗争,于 5 月 10 日,即在到达莫斯科的第二天,经徐谦介绍加入了国民党②。不久,他又表示让国民军集体加入国民党。这是冯玉祥在政治上真正的进步。此前,冯玉祥长期标榜自己是"君子群而不党"。这既反映他对政党政治的无知,同时也说明他害怕政党的组织纪律会削弱个人权势而失去对军队的控制。现在,他改变了自己与国民党及广东革命政府的关系,由盟友变为属下,走出其人生道路重要的一步。

6 月 3 日,蒋介石电邀冯玉祥来粤共商大计③。6 月中旬,冯玉祥致谭延闿和蒋介石一密函,报告派刘骥、李鸣钟由苏赴粤,"全权"商定国民军与广东合作办法,并催促广东方面早日北伐。他在函中进一步表示:"毅然加入国民党,与诸同志联合战线共同奋斗。"④不久徐谦由苏联回到广东,向国民政府报告冯已在莫斯科率全军加入国民党。刘骥到广东后,代表冯办理了加入国民党的手续,并与国民政府商定:(1)冯玉祥率所部国民军接受孙中山先生的三民主义和联俄、联共、扶助农工三大政策,从北方协助国民革命军的北伐;(2)国民政府对国民军按照国民革命军的标准,一律待遇。刘骥将此决定托苏联顾问电发莫斯科。几天后,冯玉祥复电表示完全同意⑤。

至此,冯玉祥及国民军与国民党及广东国民政府的关系已经明确。国民军已从北洋军阀集团分化出来,转化为有比较明确的政治纲领、接受孙中山三大政策、站在国共合作旗帜下的革命武装力量。国民军的上述转化,是在 1926 年 5 月至 7 月底完成的。9 月 17 日,冯玉祥回国后在内蒙古五原举行"誓师",只不过是把上述的一切公布于世而已。

冯玉祥及国民军投身于第一次国内革命斗争,使南口大战的性质发生了根本变化,即由北洋军阀集团内部的混战而演变成第一次国内革命战争

---

① [美]盛岳:《莫斯科和中国革命》,奚伯铨、丁则勤译,台北现代史料编刊社 1980 年版,第 150 页。

② 《冯玉祥日记》(2),江苏古籍出版社 1992 年版,第 178 页。

③ 《中华民国史事日志》第 2 册,台北"中研院"近代史研究所 1984 年版,第 53 页。

④ 《冯玉祥致蒋介石、谭延闿密函》,特字 3 页,中国第二历史档案馆馆藏,转引自《爱国将军冯玉祥》,第 111 页。

⑤ 中国第二历史档案馆馆藏,转引自《爱国将军冯玉祥》,第 111 页。

的重要组成部分。冯玉祥在加入国民党后,就明确地认识到了这一点。5月下旬,他在苏联发表讲话说:"国民军大致可以说为国民党的目的而战。"①冯玉祥虽然身在苏联,但仍然牢牢地控制着国民军,并通过苏联的外交途径,不断对南口战事下达指令。7月下旬,他致信张之江,说北伐军已进攻两湖,要国民军坚守南口,以牵制吴佩孚。冯玉祥已认识到南口战役对于配合广东国民政府北伐的战略价值。

吴佩孚再起之后,拼凑的兵力号称有20万人。他率其嫡系精锐北上攻打国民军,计有6个师另12个旅,共10万余众。所余在两湖的仅为地方杂牌军,这就给广东国民政府北伐造成了有利的战略时机。6月初,广东国民革命军为援助唐生智而进入湖南,将叶开鑫击败。吴佩孚仅令湖北鄂军驰援,自己想在打败国民军后再南返,但因直军在南口连遭败绩而不能脱身②。6月15日,广东国民革命军第四军进逼长沙。吴佩孚在长辛店虽然焦急万分,但仍不肯动用在南口主力的一兵一卒,只是派才收编的原唐之道的两个旅自直隶大名南下救急。7月1日,广东国民政府公开发表北伐宣言,并于7月9日誓师出征。7月12日,北伐军攻克长沙。国民军在南口苦战给广东国民政府造成最佳战机,使其由最初的援湘而转为公开的宣言北伐。孙传芳比吴佩孚清醒,认为直系战略南重于北③。但是,吴佩孚复仇心切,必欲将国民军全歼而后快;又怕南下失去抢夺与操纵北京中央政权的机会,故仍在长辛店坐视不动。8月15日,国民军从南口撤退。8月19日,北伐军攻克平江、汨罗,22日占岳阳。此时,吴佩孚才匆匆只身南下,于25日赶到汉口。他虽然急令直军主力南下增援(留下5个旅),但大部因没有军车等原因迟迟没有开拔,行动较快的一部于9月15日才赶到郑州。但是,北伐军早已于8月27日攻占汀泗桥,29日克贺胜桥,直抵武昌城下了。吴佩孚败局已定。

广东革命政府北伐时,总兵力仅为10万人,且大部未经过改造。其对手直奉军阀(包括孙传芳)总兵力达75万人以上。因此,国民军在北方的

① 《民国日报》1926年5月28日。
② 《晨报》1926年6月29日。
③ 《晨报》1926年7月2日。

举止对全国政局举足轻重。它首先吸引了直奉军阀的全部注意力,继而在南口牵制了直军的主力,使其顾此失彼。北伐军在两湖的胜利,也是国民军在南口一线数月苦战的直接成果,这是不能抹杀的。因此,第一次国内革命战争的北伐实际上有南北两个战场,北方南口大战的历史地位不应忽视。

冯玉祥在是年 9 月说:"一失南口,一得武汉,其所失者少,所得者多。在同志方面计,实已战胜敌人。"①1928 年 7 月 9 日,蒋介石在追悼南口阵亡将士大会上发表演讲,充分肯定了南口战役的功绩。他说:"当革命军自粤出发,未几下桂趋湘,彼时正值西北革命同志,与反革命者激战南口。赖诸烈士之牺牲,直军不能南下守鄂,北伐军才长驱北上,冲破长岳。后日西北同志,先退绥甘,而北伐大军已以破竹之势,消灭反动势力,建立政府于武汉。是北伐成功,多赖南口死难之烈士。革命同志,幸勿忘之也。"②

国民军从南口撤退后,实力大损。1926 年 9 月 16 日,冯玉祥从苏联回国,在五原公开宣布参加国民革命③。他在中国共产党人帮助下整顿国民军,采纳李大钊"固甘援陕,联晋图豫"的战略方针④,率部取道宁夏、甘肃,进军陕西,打败刘镇华的"镇嵩军",一举解除长达八个月之久的西安城围。1927 年 5 月,国民军联军出兵潼关,从侧翼牵制直奉军队,使其无力从河南反扑湖北。5 月底,国民军联军会合北伐军打败了直奉军队,在中原胜利会师,开创了国民革命的新局面。至此,国民军的历史也宣告结束,被国民革命军第二集团军的番号所取代⑤。

冯玉祥及国民军能与北洋军阀决裂,参加第一次国内革命战争,主要是两方面原因促成的:首先,这是因为国共两党长期以来对冯玉祥做了艰苦细致的工作,使他对国民革命有一定的认识,所以,冯玉祥的转变是大革命中错综复杂阶级力量重新组合的直接反映;此外,冯玉祥虽然与阎锡山等其他

① 《致张之江共图大计电》,《冯玉祥政治要电汇编》卷一,北平东方学社 1933 年版,第 71 页。

② 《国民军史稿》(下),西北军内部铅印本,无出版年份,第 491 页。

③ 《就国民军联军总司令通电》,《冯玉祥政治要电汇编》卷一,北平东方学社 1933 年版,第 70—71 页。

④ 于志恭:《关于冯玉祥吊李大钊的诗》,《人物》1980 年第 4 辑,第 102 页。

⑤ 《中华民国史事日志》第 2 册,台北"中央研究院"近代史研究所 1984 年版,第 209 页。

军阀的易帜投机有本质的不同,但在其政治态度转变中被逼迫的成分仍占有很大的比重,其政治思想的基础很不牢固。冯玉祥是在旧军阀意识没有得到根本改造下投入革命战线的,认识到这一点,就不难理解他为什么又迅速蜕化为国民党新军阀了。

原载:《历史研究》2000 年第 5 期

二、冯玉祥与保定

　　冯玉祥是中国近代史上传奇式的人物。他历经了晚清、北洋、国民党政府三个时期，并都产生过重大影响。世人均视他为安徽人。一些较权威的词典，如《中国历史大词典·清史（下）》（中国历史大词典编纂委员会著，上海辞书出版社 1992 年版）、《中国近代史词典》（上海辞书出版社 1982 年版）均在其词条中称他是安徽巢县人。解放前出版的冯玉祥传记，也大都持此说。这是不准确的。实际上，冯玉祥是直隶（河北）人，而且应该说是保定人。

　　冯玉祥于 1882 年 11 月 6 日出生在直隶青县兴集镇，三岁时随家迁居到了保定，并在此成长成人，①度过了十八年。所以，我们从他出生及成长所在地来说，其为直隶籍是没有疑问的。冯玉祥之女冯理达同志就写文章说，他父亲是河北青县人。

　　但是，令人奇怪的是，河北有关各界对冯玉祥是河北籍的事实似乎不太重视，从未将其视为乡梓名人而纪念。保定市新建的军校广场，雕刻了自古以来保定市（包括 22 个所辖县）的著名历史人物，就是没有冯玉祥的形象。之所以出现这种情况，可能与冯玉祥生前一直声称自己为安徽人有一定关系。他是安徽籍一说给世人先入为主的观念，影响了河北人对他是自己同乡的认同。

　　关于人物籍贯，《辞海》的解释是一个人的祖居或出生的地方。② 这种说法本身就很含糊。我们考察一个人物的籍贯，如果祖居地和出生地是一致还好办，如不一致时，以何地为准呢？如以祖居地为准，那要以祖居几代

　　① 冯玉祥：《我的生活》（上），黑龙江人民出版社 1981 年版。
　　② 《辞海》（下），上海辞书出版社 1979 年版。

为准呢？我们如果均以祖居地为准的话，那么很多历史人物的籍贯会重新改写，张作霖应当说是直隶（河北）籍。但是，以出生地作为一个人的籍贯也不全面。如果一个人在出生地只生活了很短的时间，如几个月或几年后迁移他地，很难说此人就是此地人氏。所以，一个人的籍贯，应从其出生地及生长地等方面综合考察，而祖籍不应当是其主要的依据。

冯玉祥的祖籍是安徽巢县竹柯村。但是，这只是他的故乡，而不是家乡。他生前只去过两次故乡。1936 年 3 月 1 日，他第一次去竹柯村，住了 7 天。1937 年元月 2 日，他第二次去祖居地，住了 45 天。他两次共在故园呆了 52 天。① 然而，冯玉祥在保定度过了他人生最美好的青少年时光。

1885 年，冯家迁到保定，先住城里，后定居在城东关外二里的康格庄。最初，他家租赁了村西路南头陈家两间西房。房子很小，房身也非常低。锅台连着土炕，人在屋内都转不过身来。以后，家里省吃俭用积攒了一百六十吊京钱，才在康格庄南头典了一所葛姓的房子。这所房子一共七间：三间正房，两间东房，正房东边还有两个小房间，是典型的保定农村庄户院。冯玉祥在此生活了近十五年。其间，他除随父亲到天津大沽口生活一年外，基本都是住在康格庄这本宅中。直到 18 岁那年，他父亲失业，被迫回安徽谋生，为了筹措路费，才将房子典当给了他人。

当时，康格庄大约有二百多户人家，全都以农业为生。其中以自耕农和半自耕农最多，生活都十分困难。冯玉祥家不从事农耕，但父亲每月才有十二两的饷银，再加上父母均有不良嗜好，故度日捉襟见肘。所以，冯玉祥自幼就和邻里小伙伴一起割草、打柴、捡粮以贴补家用。保定东关外的田野，处处都曾留下他勤劳的足迹。康格庄造就了冯玉祥的农民作风及性格，使他日后带兵从政，都洁身自好，时时刻刻忘不掉在保定农村度过的岁月，以改变劳苦大众的生活为个人终生奋斗的志向。

冯玉祥家住在城外，但却要经常和城里的当铺发生关系。家里断了顿，只好典当家中的物件，父母怕丢面子，就让他跑腿进城。"穷人的孩子早当家"，冯玉祥从八九岁起，每到月底，就随着父亲的护兵窦玉明，带着家里的衣物去东大街当铺典当。月初，他再拿着当票将物品赎回，月月如此，年年

---

① 孟醒红、曹书升：《冯玉祥传》，安徽人民出版社 1998 年版，第 265—268 页。

如此。每当他进东关,心里就充满了羞怯的心理,而一进当铺,代之而来的又是一股愤懑之气。保定东关里的大街小巷,都给冯玉祥留下了心酸的记忆。

冯玉祥断断续续地只上过两年私塾,故文化水平不高(他日后刻苦自学,使自己的文化素养达到了相当高的程度)。然而,由于受保定民风的影响,使他练就了精壮的身体。保定及周围农村,有尚武的风气。每到冬天的傍晚,自七八岁的小孩至三四十岁的大人,都三人一群、五人一伙地聚集在郊原上练习各种武艺。冯玉祥自小就是个武术迷,对摔跤、打拳、举石杠都下过很大的工夫。他平日里天天在院子里踢木桩,出门见大树就用臂膊撞,冬日里,又去乱坟岗中去跑坟头(从坟头上抱头缩身滚下)。后来,冯玉祥能经受长期艰苦军旅生活的考验,全靠这自幼练就的铁打的身体。可以说,保定古城给了他日后叱咤风云的健康资本。

冯玉祥在 12 岁时,就补了兵额,虽然不用到军营中生活,但也正式挂名兵籍,开始到营中打靶,吃一份军饷。这年春夏之交,保定突然发生瘟疫,死人很多,不知谁异想天开,调军队进城用枪轰打"瘟神"。冯玉祥身穿军衣,随众在城里放排枪,整整打了一天。他走到北门里时,看见路东有一座外国人的教堂,就托起枪来,朝福音堂的门匾开了两枪。这可以算是他最初的"反帝"壮举吧! 1895 年,冯玉祥父亲所部移防到安肃县(今徐水),全家一度迁至其县城北关。① 第二年,他就在保定正式入伍当兵,开始了几十年的军旅生涯。

1900 年,义和团运动爆发。冯玉祥也立即被卷入当时的潮流之中。他随军去攻打保定城南五十里东流寨的天主教堂,后又奉命镇压义和团。八国联军进犯保定后,冯玉祥与部队失散,跑到城东中阳村朋友家暂避,后步行二百里到固安县大宫村,总算归了队。不久,他又随部溃逃到蠡县。这亡国耻辱使他终生难忘。慈禧太后从西安返回北京时路过保定,冯玉祥随军警卫,身穿蓝布开衩长袍,手拿红漆小筲箩,运黄土垫路,净水泼街。然后,又在火车站站岗,并得以瞻仰这位太后的尊容。

义和团运动之后,冯玉祥随军驻在保定西大寺,后又暂驻城西的丰备

---

① 简又文:《冯玉祥传》(上),台北传记文学社 1982 年版。

仓。当时,他唯一的愿望是每月能多挣几两银子好供养父亲。为当营中的"小教习",他苦练喊号。每天早晨天未明,他就到东关外大校场喊操,放大了喉咙,喊"立正"、"稍息"、"扛枪"、"开步走",大年初一也是如此。练了四年,冯玉祥有了惊人的成绩,声如洪钟,号令千军,也游刃有余。

　　1902年3月,冯玉祥离开淮军而改投袁世凯卫队,在第三营充当正兵。该部营盘在保定城西。8月中旬,袁世凯将总督衙门移到天津,至此,冯玉祥才随部离开了保定,时年21岁。以后,由于军务繁忙,他很少有机会回去。直到1912年初,冯玉祥在参加辛亥滦州起义失败后,被押解回籍,才回到了阔别近十年之久的古城。他到康格庄后,看到旧居如昔,邻里无恙,听到久违的乡音,心里颇有一种说不出的愉快。街坊邻居大半还认识他,高兴地叫着其小名说:科宝回来了,几年不见,你发福多了。那种亲热的神情,使冯玉祥真要感动地流下泪来,觉得眼前丑恶阴险的世界,到底还有温暖可爱的一面。

　　冯玉祥这次是以"有罪"之身回乡,头上又没了辫子(装一条假辫),处境十分危险。保定东关附近有一个清军弹药库,驻防清军对过路人盘查得很严。他再三考虑后,把家搬到城里,在羊肉胡同租了几间房子住下。保定城中,他有很多朋友,其中有一个叫王兆祥的,住在城隍庙街一家古玩铺中。冯玉祥经常与他秘密交往,偷阅报纸。此外,在城里炮台开茶馆的安亮先生,更是他的老朋友,冯玉祥经常去找他谈论时局。保定的乡亲帮助他度过了这困难的岁月。冯玉祥此次在保定仅待了两个月左右,很快就到北京寻找新的出路去了。数十年后,他怀念保定说:"这儿就成了我儿童时代的养育之地,成了我的第二故乡。我现在操的是保定府口音,也是这个缘故。"①

　　保定的文化风俗培养了冯玉祥的情操。他爱听河北梆子,年幼时一高兴就放大喉咙喊上两口。他也爱看保定农村流行的"老调"、"哈哈腔"。"老包斩陈世美"、"汉皇庄拿花得雷"等剧目,给了他以终生的影响。他从小立志,以后长大了,不能做老包,也要做个褚彪,故一生疾恶如仇。②

　　冯玉祥领兵数十万,但布衣粗食,吃饭偏爱保定风味。他当兵时,发饷

------

① 冯玉祥:《我的生活》(上),黑龙江人民出版社1981年版。
② 冯玉祥:《我的生活》(上),黑龙江人民出版社1981年版。

后都到南关平老静饺子馆吃顿牛肉蒸饺解馋,平日,最大的享受就是吃碗"牛肉罩饼"。1928 年,他在打败奉军后北上,到保定后就兴高采烈地请部下吃这个让自己昼思夜想的家乡饭。他以赞美的口气,问大家好吃不好吃,部下均齐声说好。他高兴极了,一连几天,顿顿吃牛肉罩饼。孙良诚吃腻了,再也吃不下去。冯见状问为什么,孙答不爱吃牛肉,冯玉祥一听,忙下令换猪肉罩饼。此事在冯部中传为笑谈。总之,保定造就了冯玉祥燕赵人的性格和作风。

冯玉祥始终不能忘情保定。他风云际会后,又在保定城里馆驿街购置了房产。无论因公因私到保定,都住在自己的私宅。而且,他格外敬重的大嫂也一度居住于此。

冯玉祥的父母都埋葬在保定。他 11 岁那年,母亲游氏得了重病。当药石无灵、群医束手的时候,他跑到保定"刘爷庙",叩头许愿,把额头磕的都肿了起来。母亲去世后,被葬到了安徽"义地"。1905 年 12 月,他父亲在南苑逝世,也被安葬在保定。由于父母均葬在义地乱冢中,故冯玉祥多年为此牵肠挂肚,心中不安。

1922 年,他出任河南督军后,在保定城的西北角买了五亩空地为坟茔地。该地柏树茂盛,大可盈把。1922 年 10 月 13 日夜,冯玉祥住宿在保定安徽义地乱坟中间,次日两点半起,与其大哥冯基善带人动手起坟。六点半,他大哥在前面打幡,自己亲自抬杠,将父母骸骨抬至新的墓地。当时,曹锟正驻节保定,曾责问他为什么不打个招呼。实际上,冯玉祥没有通知官方任何人,没有收受任何人的馈赠,以一平民的身份办完了自己家庭的一件大事。此事在当时引起各方的震动,也在保定留下了经久不息的佳话。

冯玉祥为其父母立了墓碑,碑志是被章太炎誉为晚清"循吏第一"的定县老翰林王瑚(铁珊)撰文,由名书法家山东潍县王寿彭书写,名学者山东胶县柯劭忞篆。1923 年 12 月 16 日,冯玉祥的第一任妻子刘德贞在北京去世,也被安葬于此。1924 年 2 月 19 日,他与李德全结婚。22 日,两人乘火车来保定扫墓。1927 年,奉军占领保定后,冯玉祥父母的坟被奉军阀掘开。北伐之后,他才将双柩移到山西省峪道河赵村,重新安葬。其父的墓碑现存在保定莲池公园内。

冯家坟地紧连冯玉祥出资修建的一个医院。该医院是为纪念一名叫罗感恩的美国大夫而命名的。这个大夫在湖南常德曾为冯夫人的叔父(神经病)诊治,被其枪杀。冯玉祥赠八千元给其妻为赔偿费,但其妻坚辞不受。冯玉祥就用此款在军中建造了一座可以移动的木质行营基督教礼拜堂,叫感恩堂。后来,他又把为造福乡梓而建立的医院命名为"思罗"。

综上所述,冯玉祥是地地道道的保定人。

冯玉祥之所以总爱说自己是安徽人,有源于父亲怀念家乡的感情因素,也有军政生涯政治需要的原因。

保定是李鸿章淮军驻节总部,安徽籍人众多。冯玉祥首先就是在淮军五营练军当兵,军营中接触的父辈人士均为皖籍,随父亲结交老乡是现实生活的需要。后来,他改投袁世凯的北洋军,其军中的皖籍军官仍占相当大的比重,故仍需与安徽人联络感情,实际上,他也由此奠定了日后升迁的社会基础。冯玉祥在军中洁身自好,勤学苦练,得到协统陆建章的赏识。陆是安徽蒙城人,把自己的内侄女嫁给了冯。陆建章用人原则是安徽人优先,故其对冯的器重包含了对皖籍的认同。进入民国后,皖系军阀集团先于直系当政。此时,冯玉祥已升任旅长,不得不以祖籍为巢县的事实来与皖系军政人物打交道。所以,他首先以皖籍而闻名于世。但是,冯玉祥自己感情上更与直隶人接近。他在北洋左路备补军当营长、团长,直到旅长,由于陆建章的安插,其中下级军官大多为皖籍,被人称为皖派。但是,这些人在后来均未成为冯氏西北军事集团的骨干。北京政变前,他手下的参谋长蒋鸿遇是直隶人,五个旅长(五虎将)中的张之江、刘郁芬、鹿钟麟也是直隶籍;十三个团长中,张树声、韩复榘、刘汝明、孙连仲、冯治安、刘玉山等也均是直隶人,其余除葛金章、过之纲为安徽人外,也都是河南、山东、吉林籍。①这固然与他最初招兵以直隶、河南籍居多及后来和陆建章关系恶化,使一些与陆接近的皖籍中下级军官离职而去有关,但也不可否认,他用人的指导思想中有重用直隶人的倾向。在北洋军阀集团中,他最终站到了直系一方,这其中有多方面原因,但是地缘因素也起了一定的作用。

总之,保定是冯玉祥真正的故乡,冯玉祥也是保定的骄傲。我们强调他

---

① 《北洋军阀人物索引》,载《文史参考资料汇编》,民盟天津市委员会文史资料小组1980年编,第90—103页。

是直隶保定籍,对于认识和研究其性格、气质乃至整个军政生涯都有一定意义。

原载:《河北大学成人教育学院学报》2003 年第 1 期

三、冯玉祥与基督教

冯玉祥是民国史上著名的军事活动家,先后经历了晚清、北洋军阀、国民党政府三个不同历史时期,并一度以"基督将军"著称。他与基督教的关系很复杂,世人所传多具传奇色彩。下面试就该问题作初步探讨。

(一)

冯玉祥幼年生活在直隶保定农村,其父是清练军下级军官,家境贫寒。冯玉祥早年失学,文化水平低,和大多数中国人一样,随父母信仰多神教。他拜过财神,敬过观音菩萨,经常去庙里叩头请愿,仍时时觉得"存心不诚,自恨得了不得"①。1898 年前后,他加入了在北方社会秘密流行的教门——理门(又称家理、在理)②。该教只有简单的仪式,主要教规是戒绝烟酒,团结互助。冯玉祥终生遵守这些清规戒律。当时,他是中国传统宗教信仰的捍卫者,对随帝国主义侵略而传入的"洋教"充满仇恨。他 11 岁入伍,14 岁随营打靶,一次借打"瘟神"之机,竟向美国长老会教堂的木匾连放数枪③。然而,他日后竟迷恋上了与中国传统宗教信仰格格不入的基督教。

马克思说,"宗教感情"本身是"社会的产物"。④ 义和团运动后,冯玉祥在精神上受到巨大震动,对清政府的腐败无能不满,同时又对中国"神

---

① 《冯总司令演讲集》,民德书局 1927 年 11 月版,第 2—4 页。
② 简又文:《冯玉祥传》,《传记文学》第 36 卷第 1 期,台北传记文学社 1980 年 5 月版,第 133 页。
③ 冯玉祥:《我的生活》(上),黑龙江人民出版社 1982 年 2 月版,第 25 页。
④ 马克思:《关于费尔巴哈的提纲》,《马克思恩格斯选集》第 1 卷,人民出版社 1972 年 5 月版。

仙"的信仰发生动摇,在精神上开始了新的追求。1907年,他随军到辽宁新
民驻防,开始接触西方文化。不久,又秘密组织反清团体"武学研究会"。
辛亥革命时期,他参与了滦州起义的密谋,精神面貌出现了一些变化。

清王朝灭亡后,中国社会在思想文化方面出现了异常混乱的局面,尊孔
复古被再度鼓吹,外国教会也加强对中国意识形态领域的渗透。当时,很多
人在精神上处于茫然之中,冯玉祥也是如此。原来头脑中的"反满复汉"等
狭隘民族主义思想已失去意义,精神上的空虚使他盲目地追求思想上新的
寄托。

早在1905年,冯玉祥患病得北京教会医院治愈,对教会产生了好感,在
辽宁新民又听传教士结合中国儒家哲理宣讲基督教义,更引起他的兴趣。
民国元年,他投靠袁世凯新建的"左路备补军",任前营营长,开始到北京崇
文门教堂听美国基督教青年会北美协会干事长穆德牧师讲道(王正廷任翻
译),对"博爱"、"利他"的说教有了一定的了解,后加入查经班,经常到基督
教亚斯立教堂主任牧师刘芳家去研究圣经。不久,刘芳以教区长的身份为
冯玉祥施洗。①

恩格斯在论述基督教之所以能够成为世界宗教的原因时指出:"基督
教又通过它的创始人的牺牲,为大家渴求的、摆脱堕落世界获取内心得救、
获取思想安慰,提供了人人易解的形式。"②上述特点,吸引冯玉祥接受了基
督教。基督教(新教)在清末的活动,具有较浓厚的资本主义色彩,其在华
传播西学及若干活动,客观上对中国封建社会的解体起了一种催化作用。

冯玉祥曾寻求过救国的道路,但由于家庭、环境、教育等方面的原因,不
能正确地找到近代中国落后的根源,而是错误地认为"基督教的'博爱平
等'的教义是当时进步的思潮,……而且教会带来科学知识"③,"基督徒都
不准妇女缠足,不准吸鸦片烟,男女孩子都读书识字",故而得出结论,"假
如全国人民都如此,我们的国家就有了盼望"。④

---

① 冯玉祥:《我的生活》,黑龙江人民出版社1982年2月版,第25页。
② 恩格斯:《布鲁诺·鲍威尔和早期基督教》(1882年4月下半月),《马克思恩格斯全集》第19卷,人民出版社1963年版,第335页。
③ 冯玉祥:《我的读书生话》,作家书屋刊行,第1页。
④ 《冯总司令演讲集》,民德书局1927年11月版,第2—4页。

冯玉祥长期生活于行伍,军阀的政治起伏使他的精神追求沾染了一定的实用主义色彩,他的"救国救民"理想,包含着想要出人头地的个人因素。他常常以"将相本无我,男儿当自强"①来激励自己,带兵之后,也和所有旧军阀一样视兵如命。当时,冯玉祥治军,严禁军中有结盟入会的旧习,但他也明白,没有精神支柱维系军心,士兵就不能被驱使卖命,军队就没有凝聚力,不能有持久的团结。他认为,鼓吹"博爱"、"牺牲"的基督教是军队"精神教育极好的资料",若"在军队中加以深入宣传,必受强大教益"②。所以,他领洗后不久,就把基督教引入军中,决心当个"用教派"③。

总之,冯玉祥皈依基督教的动机,是某种意义上精神追求自我完善的因素与扩大个人权势的企图交织在一起的产物。他在北洋军阀系统的发迹几乎与信仰基督教同时起步;尔后其宗教热情才随精神上的新追求的增强而减弱。

(二)

冯玉祥在军中大力宣传基督教,在营房设教堂,凡查经、祈祷、歌颂、讲道、主日等宗教活动,都极力开展。他曾亲自为士兵宣传教义,讲解耶稣圣诞,支持官兵领洗。1918年6月,他率第十六混成旅驻湖南常德,对基督教更为热心,规定基督教圣诗为军歌,把美以美会六百字传教文改编为士兵六百字识字课本,为向士兵布道。每至礼拜日,他便集合全体官兵,请一位牧师宣讲教义,以后又组织由牧师与军官联合组成的车轮讲演团,并特设基督教青年会④。他曾电邀刘芳牧师来常德为全体官兵讲道,并为包括常德知县薛笃弼在内的一百多人施行洗礼⑤。为了适应军队特点,他专门建立了一座能拆迁的行营礼拜堂。当时,冯玉祥袖围十字,日读圣经,早晚祈祷,对基督教非常虔诚。他此间的日记,充满了宗教活动的记载。1924年3月,

---

① 《冯玉祥日记》第一编第三卷,民国史料编辑社、北平东方学社1932年版,第59页。
② 冯玉祥:《我的生活》,黑龙江人民出版社1982年2月版,第25页。
③ 《在新乡行营对全体官佐之训话》,《冯玉祥革命史》,上海三民公司印行,第40页。
④ 冯玉祥:《我的生活》,黑龙江人民出版社1982年2月版,第25页。
⑤ 刘芳:《我和冯玉祥的往来》,《天津文史资料选辑》(七),第128、131页。

他在亚斯立教堂登台讲道,听众蜂拥而至,轰动一时。4 月,美以美华北会议推荐冯为代表,参加在美国召开的总议会(冯因故没有成行)。这样,他以"基督教将军"而闻名于世。

在冯玉祥的鼓动下,冯部官兵大部成为基督徒。1921 年 2 月 23 日,他在日记中写道:"沈牧师为目兵施洗,受洗得 677 人,余勗以当效基督博爱牺牲,为人民服务。"①1924 年,冯玉祥在京出任陆军检阅使,所部一师三旅,共计三万余人,士兵领洗者半数以上,军官领洗者达十之八九②。是年 2 月,冯部一次有千余名官兵受洗;3 月,有五千官兵在南苑受洗③。冯部的高级将领如张之江、李鸣钟等都是虔诚的教徒。

冯玉祥除利用基督教教义驱使士兵打仗外,不吸烟、不饮酒、不嫖赌、不抢劫之类的教规,对冯部士兵起了一定的约束作用,使之战斗力较强,军纪较好。不过,总的说来,冯玉祥治军方法仍然是封建家长式的,传统的封建意识、观念、作风在冯军中仍起着主导作用。

随着冯玉祥地位的升迁,基督教也成为他进行政治活动的媒介。在常德,他通过"教友"徐谦与孙中山建立了书信联系④。1922 年 10 月,冯玉祥自河南到北京任"陆军检阅使",经多方奔走联系,在刘芳家中成立了"政界基督教祈祷会",参加者均为政界著名人物,如王宠惠(国务总理)、颜惠庆(外交总长)、王正廷(农商总长)、张英华(财政总长)、李禾(海军次长)、余日章(基督教全国青年协会总干事)、徐谦等。通过"祈祷会",冯玉祥扩大了自己的政治影响。

此时,徐谦长期驻留冯军,代表孙中山劝说冯玉祥反直。孔祥熙、陈友仁等国民党要员也以"教友"身份来访,还给冯玉祥带来孙中山手书的《建国大纲》。日本东京中华基督教青年会总干事马伯援与冯交往甚密,每次回国均谒冯,并数次充当冯的秘密信使。1924 年 2 月 19 日,冯玉祥经基督

① 《冯玉祥日记》第一编第二卷,民国史料编辑社,北平东方学社 1932 年版,第 5 页。《冯玉祥日记》第一编第二卷,民国史料编辑社,北平东方学社 1932 年版,第 5 页。
② 詹姆斯·谢立丹:《中国军阀——冯玉祥的生平》,美国斯坦福大学 1966 年版,第 122 页。
③ 刘芳:《我和冯玉祥的往来》,《天津文史资料选辑》(七),第 128、131 页。
④ 李泰棻:《国民军史稿》,第 46 页。

教徒宋发祥介绍,用基督教仪式与李德全结婚。李德全是通县人,为第三代基督徒,时任基督教青年会干事。是年 10 月 22 日,冯玉祥发动北京政变,随后,他委托马伯援持亲笔信赴广州,再次邀请孙中山来京主持大计。孙中山在北京病重期间,冯玉祥迫于环境,未能前去探视,派李德全持亲笔信到协和医院问候,并送去一部《圣经》,请其日夕诵颂、祈祷。孙中山含泪答道:"先者将为后,后者将为先(耶稣语)。余自幼为基督徒,而冯中年才信教,其教徒生活,比我先着。"①对冯的宗教生活及政治态度均有称赞。

冯玉祥在北洋时期,曾担任过两年湘西镇守使,八个月陕西督军,五个半月河南督军,在任内他实行过一些禁烟、禁赌、放足等措施②。这在很大程度上他是从基督教的"仁爱"、"维护正义"等教义出发,来实施自己改良社会的政纲。段祺瑞执政府成立后,他曾上"五个条陈"为施政方针,主张"打破雇佣体制,建设廉洁政府","对外讲信修睦,以人道正义为根基,扫除一切攘夺欺诈行为"③,等等,明显地表现出他的"基督精神"。

总之,在冯玉祥北洋军阀时期的军政生涯中,其文治武功无不打上基督教的烙印。

(三)

1925 年 1 月,冯玉祥在张家口就任"西北边防督办"。这时,他的思想仍然非常混乱,但追求进步的倾向日益明显。他开始与李大钊等共产党员往来,在所控制的区域对工农运动有所保护,并与苏联建立了关系。5 月,他同意李大钊的建议,建立了设有研究政治经济学和三民主义小组的"军人俱乐部",并使之逐步成为政治工作的基础。不久,冯玉祥又开办了干部学校,有 12 名共产党员以国民党员的身份出任教员,校内还设立了合法的

---

① 陈崇桂:《冯玉祥传》,第 87 页,转引简又文:《冯玉祥传》,台北传记文学出版社 1982 年版,第 225 页。

② 《冯玉祥训令汇编》第二编,政治之部,第十四卷,民政,上海军事社 1934 年版,第 16—17 页。

③ 《冯玉祥先生名著集》(上),军事出版社,第 138—139 页。

国民党分部①。这些情况表明,冯玉祥已开始在军队的精神教育中注入了新的因素。

不过,他在张垣仍组织"西北基督教协进会",以 35 名高级军官为董事,张之江任主席;聘干事 7 人,陈崇桂牧师为总干事长,浦化人、余心清、胡庭樟等为干事。其嫡系部队每个连队都有随军牧师。当苏联顾问建议在军队建立政治工作时,冯玉祥指着几位传教士郑重其事地说:"这就是我的政治工作人员。"②

但是,随着与进步人士的接近及国内人民反帝斗争的高涨,冯玉祥对基督教的态度发生了重大的变化。

五卅惨案后,冯玉祥异常愤怒,数次通电痛斥英日帝国主义的暴行,并先后汇款两万元抚恤伤亡工人,派顾问彭程万至沪慰问。6 月 3 日,广州又发生沙基惨案,为此,他主张"全国官佐目兵夫一律缠黑纱,机关一律下半旗,职员每日演讲沪案二次"③。但是,中华全国基督教协进会却召集在华各基督教差会传教士举行紧急会议,策划进行干预,支持上海公共租界工部局,美国两名传教士还出庭作证,为英方的所作所为辩护。6 月初,协进会发表《告全国同道书》,向教徒说明情况,为美、日帝国主义开脱罪责。对基督教会的上述态度,冯玉祥先是疑惑,继而非常气愤,便仗义执言,以中国基督教徒的身份发出著名的《为沪案告世界基督徒电》,质问道:"工人受压迫正如压伤的芦苇,中国人民之于今日正如将残之灯灭,不见基督徒有披发缨冠之救,抑强扶弱之义,以表彰公理,然则基督教徒,所学何事? 更不知各国传教于中土者所为何事? 岂非徒具基督教之名,而无基督教之实乎? ……岂非别有用意耶? 非基督教徒辄谓教士来华假布道之名,行侦察之实。"他还尖锐地指出:"以英吉利奉基督教为国教之国,始以鸦片毒害中国,继以暴力割取香港等地,复占关税剥夺主权,……吾不禁为基督教危矣。"④当

---

① [苏]维·马·普里马科夫:《冯玉祥与国民军》,中国社会科学出版社 1982 年 10 月版,第 47、207 页。

② [苏]亚·伊·切列潘诺夫:《中国国民革命军的北伐——一个驻华军事顾问的札记》,中国社会科学出版社 1981 年版,第 326 页。

③ 《冯玉祥日记》第一编第六卷,北平民国史料编辑社 1932 年版,第 82、99 页。

④ 《为沪案告全世界基督徒电》,《冯玉祥政治要电汇编(外义)》,北平东方学社 1933 年版,第 15—19 页。

时,有个叫古德诺的牧师,久在冯军传道,为冯的老教友,竟称遇害群众为暴徒,冯勃然大怒,把他逐出门外,与之绝交。9月9日,他对美国政策研究会秘书鲁利济说:"美国在中国传教者共六千七百余人,而说公道话者仅有一百七十人,美国国民一万万人中只一百七十人主持公理,主持公义,诚百思不得其解。"①血的事实,使他开始对自己的信仰有所反思。不久,他在一次讲话时说:"宗教与政治要分开,不要混在一起,各人自己信教,不要牵扯属员,传教自由,各听其便。"②表示了新的观点,不再在军中强迫推行基督教。随后,他断然下令中止了军中基督教的礼拜仪式,并迫令所有牧师改任其他军职。冯部加强了以三民主义为主的政治思想工作,宗教势力随之减弱,次年5月,冯玉祥在赴苏途中加入了国民党。9月16日,冯玉祥在内蒙古五原誓师,使所部国民军从旧军队变为一支站在国共合作旗帜下的进步武装。"基督将军"和"基督雄师"都不复存在了。

1927年11月,冯玉祥在总结自己对基督教态度变化时说:"前年在北京,常和国民党做秘密工作的朋友徐季龙、李石曾等谈话;去年又往苏俄考察一次,才知道宗教有很多的地方,都是骗人的工具,害人的鸦片","我从信蛇拜佛起,一直到现在信仰三民主义——由多神而一神,由一神而主义,这是兄弟信仰方面的经过情形。"③中原大战后,他失去权势,住在山西汾阳峪道河,曾对过去进行深刻反省。他在一首诗中写道:"新旧基督教,多把愚人骗,有的做侦察,假名救穷人"④,并声称:"我的根本思想,由唯心窠臼,转到唯物的基础。"⑤但是,他终究没有脱离基督教,之所以如此,主要还是从实用主义态度出发,利用宗教为自己的政治活动服务。不过,从此之后,他的宗教活动已和民族解放和民主斗争结合起来。

抗战期间,冯玉祥在与共产党和进步人士的合作与往来的同时,仍保持着同教会的接触,时常出席做礼拜、祷告,到各教会学校讲演布道,利用教会为抗日战争和救济难民发起献金运动,并致力于不同教组织的团结活动。

---

① 《冯玉祥日记》第一编第六卷,北平民国史料编辑社1932年版,第82、99页。
② 《冯焕章先生演讲集》,西北边防督办署1925年8月版,第90、43页。
③ 《冯总司令演讲集》,民德书局1927年11月版,第2—4页。
④ 《由峪道河到泰山》,第6页。
⑤ 《马电诠译》,第16—17页。

他对教会人士说:"二十六个国家还可以联盟,一个国家的教派不能联合起来吗?"①

抗日战争结束后,冯玉祥被迫出走。他在美国利用美以美教会教友的身份投入反对蒋介石独裁统治的民主斗争。1947 年 10 月 10 日,他应留美基督教学生会的邀请,发表了著名的《国庆演词》,进行和平民主宣传。他还到美国各地演讲,使美国各教会掀起了反对政府援蒋的运动。1947 年 11 月,冯玉祥在美国与唐明照、赖亚力、吴茂荪等人成立了"旅美中国和平民主联盟",筹备会就是在纽约宗教界人士刘良模家中召开的。联盟成立以后,冯玉祥被公推为主席。1947 年 12 月,美国国会通过了"紧急援华"拨款 6000 万美元,为此,冯玉祥亲自打电话给美国国务卿表示反对,并应邀到华盛顿作证,发表了两个多小时的意见。此举产生了直接的结果,使原已通过的 6000 万美元紧急援华款减为 1800 万美元。旅美中国和平民主联盟认为冯玉祥对此有相当的功劳。②

(四)

近代是中国历史异常复杂的时期,各种人物应运而生。冯玉祥不是社会的先进分子,但又有进步的要求。他知识水平不高,求知欲较强,在刻苦自修的过程中,曾拼命吸取东西方新旧文化中的各种知识。在北京政变前,他所接受的西方"理论"主要是基督教教义而已,并给予这些先入为主的"理论"以极大的热情,深受其影响。他虽有反帝爱国之志,但由于受教会的影响,长期对美英等帝国主义国家抱有幻想。如果说,冯玉祥早期对基督教是完全盲从迷信的话,那么,五卅惨案之后,他对基督教的态度发生了变化,开始有了比较科学的取舍。

冯玉祥曾以"基督将军"而著称,但应该指出,基督教不是他治军的唯一手段。他既拜基督,又敬关(羽)岳(飞),要官兵"钦仰二人之忠义"③。

---

① 高兴亚:《冯玉祥将军》,北京人民出版社 1982 年 10 月版,第 191 页。
② 访问肖树滋同志的记录。1947 年肖在美国以冯玉祥秘书的名义参加了上述活动。
③ 《冯玉祥日记》第一编第二卷,北平民国史料编辑社 1932 年版,第 5 页。

他还对社会上崇洋媚外之风表示不满。1921 年 11 月 30 日,他在西安对教会学校学生说:"吾国近年来,乃效法东西洋皮毛文明,对于本国数千年殆留之精神文明,则弃如敝屣,…… 不惟不足以救国,适所以速亡也。"①中国封建的文化传统在他精神底处根深蒂固。他所信仰的乃是中国化的基督教。

冯玉祥的可贵之处在于从未以"基督将军"为资本,去投靠帝国主义,并始终表现出坚定的反帝立场和高度的爱国热情。他与很多外国传教士有交往,但从不姑息他们侵犯中国权益的行为。在常德,一位意大利天主教神父庇藏犯罪教民,冯玉祥手捧"湘西镇守使"大印在教堂前大声疾呼,迫使神父低头认错,交出违法者②。他曾明确表示:"我们信基督教,不是信洋教,不是巴结洋人。"③保持了高尚的民族气节。这正是他能与反动派彻底决裂,并能转变为民主战士的思想基础。

冯玉祥在其后半生的宗教活动中,发挥了早期基督教的进步因素,把"平等"、"博爱"、"牺牲"的教义与爱国主义思想、民主斗争事业结合起来,使个人的思想境界提高到了新的阶段。

原载:《文史哲》1991 年第 2 期

---

① 《冯玉祥日记》第一篇第三卷,北平民国史料编辑社 1932 年版,第 35 页。
② 冯玉祥:《我的生活》,黑龙江人民出版社 1982 年 2 月版,第 295 页。
③ 《冯焕章先生演讲集》,西北边防督办署 1925 年 8 月版,第 90、43 页。

四、冯玉祥与孙中山

冯玉祥是我国近代史上著名的军事政治活动家,杰出的爱国者。他在其复杂的一生中,走过弯路,也做过对人民有益的事。孙中山先生在政治上与他有一定交往。研究冯与孙中山的关系,对探讨他前半生的政治倾向及当时的北方政局,有一定的意义。

(一)

冯玉祥是北洋军阀集团中的一员,但有较强烈的爱国主义情绪,对军阀腐朽的统治不满,在护国战争及反张勋复辟等重大政治事件中曾持较正确的立场,故和其他军阀头目存在一定的矛盾,有接近进步势力的思想基础。但是,由于他长期生活在军阀营垒中,故思想进步的起点较低,并沾染了某些实用主义政治权术。他与孙中山先生关系的建立与发展,均反映出此时期冯的政治特色。

1917 年 9 月,孙中山在广州成立了护法政府,反对拒绝恢复《临时约法》的皖系军阀政权。段祺瑞对此非常仇视,力图用武力统一全国,调兵遣将对南方大举进攻,从而爆发了"护法战争"。当时,北洋军阀集团内部并不统一,以冯国璋为首的直系出于与皖系争权的目的"反战"。冯玉祥随其老长官陆建章依附直系,故对进攻南方表示消极。11 月,冯奉命率所部第十六混成旅去福建,增援与南方护法军作战的军阀李厚基,但是,他到了浦口之后,就寻找借口屯兵不动。1918 年 2 月 1 日,他又奉命转道湖北去进攻湘西,14 日到达武穴,突然两次发出主张和平、反对内战的通电,这就是所谓的"武穴主和"。

不能否认,他的此举在一定程度上是受陆建章等人影响的结果,但和当时沽名钓誉的其他直系军阀的主和言行相比,还是有些区别。他在 14 日"寒电"中,只是单纯反对内战;而在 18 日"巧电"中,却公开表示了对孙中山护法主张的同情和支持。他说:"夫察此次战争,人以护法为口实,我以北派为号召,名义之间已不若人";并明确提出"惟望国会早开,罢兵修好。"①

冯玉祥并不是护法战争中北洋军队内唯一主和者,却是敢于明确同情孙中山与护法者的第一人。这是冯玉祥政治上的一个进步。段祺瑞对此恼怒万分,给予冯玉祥以"暂准留任,戴罪图功"的处分。为此,他与曹锟搭上了关系,并于 1918 年 6 月率部进驻常德。此后,他又多次发电主和,并单独致电南方护法政府,主张召开和平会议。这一切均引起孙中山先生对他的注意,并通过国民党员徐谦与他建立了政治上的联系。

1920 年 7 月,北洋军阀集团爆发了直皖战争。7 月 19 日,段祺瑞的皖系垮台,北京政府被直系把持。与此同时,冯玉祥奉命去湖北,对皖系吴光新施加军事压力。他在离湘赴鄂后,曾给在上海的孙中山写了一封信,信中说:"中国已濒于危亡,真正救中国者只先生一人,百折不回,再接再厉,无论如何失败、我行我素,始终如一。此种精神,凡谋国者,当为之感奋。私衷仰慕,已非一日。今欲追随,乞多指示。"这时,孙中山先生困在上海,但对冯玉祥仍非常重视,认为冯在思想上与其他军阀不同,说:"作北方革命事业,冯玉祥是唯一适当人才。"②不久,冯玉祥接徐谦回书,谓中山先生接来书深慰,但又系念情殷、欲谦及钮永建先生到汉慰问官兵,并面商一切,可否许以前来等语。冯即致书欢迎。8 月,冯率第十六混成旅到武汉,驻湛家机。9 月,徐谦等来到冯部告诉冯玉祥,说孙中山对他非常器重,以为北方革命大业非冯莫属。冯玉祥听了非常兴奋。③

是年 11 月,冯玉祥驻军信阳,由于吴佩孚等人的排斥,所部数月领不到军饷,生活无着,甚至被迫截留运税洋的火车,所以,"梦中愁饷曾哭泣",情绪非常低落。当时,接徐谦来信:"……中山先生将委以北方革命事业,不

---

① 《冯玉祥政治要电汇编》卷一(内政篇),北平东方学社 1923 年版,第 718 页、第 910 页。
② 孙嘉会:《冯玉祥小传》,香港中华书局 1932 年 10 月版,第 60 页。
③ 李泰棻:《国民军史稿》,第 46 页。

可稍存退志……"①不久,孙中山重返广州大元帅府,冯派他的秘书任佑民带其亲笔信去答访,任在粤秀楼拜会了孙中山,代表冯向中山先生表示了仰慕之意,并表示北方如果有用冯之处,当尽力以赴。孙中山详细询问了冯部情况②。孙曾相告:"决将联络苏联。以平等待我的民族只有苏联";并赞成冯到陕西,嘱与靖国军合作。③

靖国军是成立于1918年1月的陕西民军,孙中山派于右任为总司令,主要领导人有胡景翼等。1921年6月,冯玉祥随直系闫相文驱逐了陕西督军陈树藩后,升任第十一师师长。他抵陕后,即与胡景翼相往来,并邀胡与闫相文晤谈。8月27日,冯玉祥就任陕督,胡于9日宣告取消靖国军名义。

1922年10月底,冯玉祥被任命为"陆军检阅使"。次年1月,孙中山密派徐谦、钮永建、王法勤、丁惟汾、李石曾等到南苑冯军驻地,并长期驻冯军中,并让孔祥熙把自己手书的《建国大纲》转赠给冯玉祥,并劝冯采取联奉、联段、倒直的策略。

(二)

冯玉祥是北洋军阀集团的高级将领,和孙中山的联系表明其追求进步的倾向。但是,当时他对孙中山的事业既不理解也无信心,在政治上困难时,和孙中山联系多一些,处境顺利后,联系就少一些,其动机还有实用主义目的。冯玉祥在北洋集团中势单力孤,又没有地盘,故在追求进步的政治倾向中,包含着联系孙中山以备不测的企图。

当时,冯玉祥自视为北洋正统,还想维护"北洋团体"的利益,从未有脱离北洋军阀集团的想法。他在常德时,南方护法政府曾派代表劝参加护法,他以北方人不习水土为由拒绝了。④ 他当上陕督后不久,在一次讲话中说:

---

① 孙嘉会:《冯玉祥小传》,香港中华书局1932年10月版,第62页。
② 吴锡祺:《冯玉祥参加国民党的经过》,中国人民政治协商会议全国委员会文史研究委员会存稿。
③ 高兴亚:《冯玉祥将军》,北京出版社1982年10月版,第36页。
④ 简又文:《冯玉祥传》,《传记文学》第36卷第5期,台北传记文学社1980年5月版,第139页。

"孙中山北伐之声溢于两广,系虚张声势,将来恐难成事实……"①冯的教友马伯援,曾来往于他和孙中山之间。第一次直奉战争期间,冯率部助直战奉时,嘱马赴粤,以五条意见请教于孙中山。其内容如下:(一)结合拥护共和者,为一大团体而救危亡;(二)由本团体主持正义,除却扰乱国家治安及妨碍国家进步者;(三)关于政治上之主张,由国民代表公决;代表之资格,由多数人民意见决定之;(四)本团体以实行改革政治、风俗为目的;关于主张改革之见,须先力行以示范;(五)本团体实事求是,各派得力人物,开诚讨论,而谋进行,中山先生处,最好派汪精卫来,大家切实讨救国。② 上述表明,他不知道政党的含义,不了解孙中山的三民主义,只有些抽象的拥护共和及救亡的愿望。在冯的心目中,孙中山只是"各派得力人物"之一,是共和派的领袖而已。

冯玉祥出任陆军检阅使之后,支持曹锟、吴佩孚"召集旧国会"及"恢复法统"的政治号召。对此,孙中山曾提出严厉批评,写密信给徐谦,让他告冯,"北京国会为不合法,若仍声声以此非法国会为言,当无商量之余地。倘北方武人知其冒牌之非,而有彻底之觉悟,以救国为前提,吾等亦不坚持合法国会,盖国会分子多属无望,则当用革命手段以救国。"③

1922 年 6 月,孙中山发表宣言,提出实行兵工制及裁兵的具体计划,全国正式军队不得超过五十万,直系应立即将所部军队半数改为工兵,其余半数留待与全国军队同时以次论编。为此,孙曾询及冯的意见,而冯玉祥则认为:"……不先谋容纳之地而毅然裁之,窃恐流失所之兵,将不免有变而为逃者。国家多裁一人,即民间多增一匪,兵愈裁而匪愈多,匪愈多而兵愈不能裁,甚非计之得也。……欲谋裁兵,先谋出路。"④实际上是拒绝了孙中山的主张。

曹锟贿选之前,冯玉祥拥曹是不遗余力的。他积极参与为曹当总统而驱逐黎元洪的活动,并拒绝了孙中山联奉反直的建议。他在日记里写道:"吾到北京后,黎氏派人说我奸曹。又徐季龙(谦)电云,若助奉张,伊给饷,

---

① 《冯玉祥日记》第一编卷一,民国史料编辑社北平东方学社 1932 年版,第 36、38 页。
② 高兴亚:《冯玉祥将军》,北京出版社 1982 年 10 月版,第 40 页。
③ 中国第一档案馆:《历史档案》1984 年第 3 期,第 77 页。
④ 高兴亚:《冯玉祥将军》,北京出版社 1982 年 10 月版,第 46 页。

噫,见小利而忘大义,可得谓之人呼!"①其政治态度是很明显的。

曹锟贿选之后,"冯玉祥有逼宫之功,而未得相当酬极,颇为抑郁。"②他只得个"扬威上将"的虚名,不满由此而生,于是在全国人民反直声浪的推动下,开始另谋出路。1923年12月,冯玉祥夫人刘氏去世,马伯援来吊唁,对他谈起孙中山联俄联共的计划。冯玉祥当即表示:"目前直系兵力数倍于我,如有冒险行动,必遭失败,待时机到来,我一定有所举动。请将此意转达给中山先生和季龙。"③

(三)

1924年10月21日,冯玉祥乘直系主力在山海关与奉系张作霖激战之机,秘密回师首都,发动了著名的北京政变。冯玉祥在《我的生活》中回忆道:"这么多年来,不断和国民党朋友的交往……对革命建国事业的憧憬,益加具体化而信心益加巩固坚强。……誓必相机推倒曹吴……"④政变前,徐谦等一直参与策划;而冯的同盟者胡景翼、孙岳等人也和孙中山早有秘密往来。孙中山也在政变后说:"这回发生的政治上的大变化,这回变化之中,有一部分革命的力量。"⑤由此,也可以窥见北京政变和孙中山及国民党的关系。

1924年9月10日,冯玉祥与孙岳在南苑草亭密谋政变,随后又联络了胡景翼加入同盟并议定迎孙中山北上。9月21日,冯玉祥到古北口后,又与奉方代表马炳南晤谈,再次强调以迎中山先生北上为合作的先决条件。10月22日,冯军占领北京,27日,孙中山电贺冯玉祥,"义旗事举,大憝肃清。诸兄功在国家,同深庆幸,建设大计,即欲决定,拟即日北上,与诸兄磋商……"⑥11月1日,冯玉祥与胡景翼、孙岳等联名给孙中山复电:"……顷

① 《冯玉祥日记》第一编卷一,北平民国史料编辑社1932年版,第38页。
② 《晨报》1923年10月7日。
③ 吴锡祺:《冯玉祥参加国民党的经过》,中国人民政协会议全国委员会文史资料研究委员会未刊稿。
④ 冯玉祥:《我的生活》(三),三户图书社1944年版,第2页。
⑤ 《孙中山选集》,北京人民出版社,第920页。
⑥ 《晨报》1924年11月1日。

奉感电,深荷(阙)垂。……先生国家元勋,爱国情切,宏谟硕国,佩仰凤深,万乞发抒谠论。俾国内人士知所遵从。并盼早日莅都,指导一切,共策进行,无任叩跻之至。……"①3日,冯玉祥再一次电请孙中山从速起驾:"辛亥革命,未竟全功,以致先生政策,无由施展。今幸偕同友军定首都。此役既平,一切建设方略,尚赖指挥,望速命驾北来,俾亲教诲,同深企盼。"②同日,冯玉祥委马伯援持亲笔信赴广州,信中说:"先生党国伟人,革命先进,务希即日北上,指导一切……"③11月4日,孙中山再次电致冯玉祥等:"东电奉悉、至佩荩筹。此时所务,一在歼除元恶,肃清余孽。一在(勘)求治本,建设有序。诸兄开始伟业,必能克底于成。承邀入都,义当就道。数日之后,即轻装北上,共图良晤。先此奉复……"④11月8日,孙中山电告冯玉祥"支鱼电均奉悉。辱承敦劝,感荷不胜。文准于元日由粤起行,经沪北上,共图良举,晤教匪遥,先此奉达。"⑤

11月5日,冯玉祥派鹿钟麟带兵把溥仪驱逐出宫。为此,孙中山致电冯玉祥:"报载执事鱼日令,前清皇室全体退出旧皇城,自由择居,并将溥仪帝号革除。此举实大快人心,无任佩慰,复辟祸根既除,共和国基础自固,可为民国前途贺。"⑥以上电函,表明了孙中山对冯玉祥的支持及冯盼其早日北上的态度。

冯玉祥邀请孙中山北上,有在政治上追求进步的目的,他想使中央政府实行委员制执行政务⑦,就说明了这一点。但是,对此举的评价不能过高。他曾对张绍曾说:"一方面我又派人南下去欢迎孙中山北来,做我们的导师,主持和平会议,组织政府,实行中山先生《建国大纲》中所写的那些政策……""我想还让你当国务总理,叫老段主军,你主政,中山先生做总统。

---

① 上海《民国日报》1924年11月13日。
② 《晨报》1924年11月4日。
③ 李泰棻:《国民军史稿》,西北军内部铅印本,第128页。
④ 《民国日报》1924年11月13日。
⑤ 《晨报》1924年11月11日。
⑥ 《民国日报》1924年11月14日。
⑦ 《向导》合订本(2),第743页。

我们这些人都听从指挥,把中国治理成为世界上最大的强国。"①这表明他在政治上既混乱又无知,企图把各派政治力量纠合在一起,来实现自己的"救国救民"的主张。冯玉祥所部国民军一、二、三军当时总共只有四万多人,又在奉直军阀的包围之中,所以想尽量拉拢各方,联段、迎孙均出自于同一政治目的。因此,冯玉祥主要是把孙中山先生当做一派势力的代表而邀其北上的。10 月 28 日,冯玉祥就北京政变通电各方,孙中山的名字被排在第二十九位;②10 月 30 日,他又发出讨吴通电,孙被排在第二十一位,③虽然他可能为减少其进步色彩而故意如此,但也说明一定问题。其原因是,他虽然敬仰孙中山,但还不真正理解孙中山事业的意义,不知道什么是帝国主义,更不清楚什么是政党及政党的作用,认为君子"群而不党"。实际上,他在 10 月 26 日发出邀请段祺瑞出山的联名通电后,把政治解决的主要希望已寄托在段而不是孙中山的身上了。政治上的实用主义最终导致了北京政变失败的结局。

因此,就在孙中山北上的途中,局势很快急转直下。11 月 10 日,冯玉祥应邀赴津与段祺瑞、张作霖等会晤,在受到巨大的政治军事压力之后,采取退让态度。11 月 15 日,他与张作霖联名发出推举段祺瑞为中华民国临时总执政的通电。11 月 24 日,段祺瑞重新上台,25 日,冯玉祥通电下野。④北京政变后出现的一线光明又消失了。孙中山密切注视着冯玉祥态度的变化,并指出:"当初北京初次发生变化的时候,国民军的行动好像真有革命色彩,后来……,就一天不如一天,似乎受到别种力量牵制,不像革命运动。"⑤

(四)

12 月 4 日,孙中山先生到达天津,前来欢迎的各界团体一百多个,人数

---

①　张绍程:《张绍曾事迹回忆》,载《文史资料》(三十),中国人民政治协商会议文史资料编辑委员会编辑,中华书局 1961 年版,第 228 页。

②　《益世报》1924 年 10 月 29 日。

③　《晨报》1924 年 11 月 4 日。

④　《冯玉祥政治要电汇编》卷一,第 49 页。

⑤　《孙中山选集》,人民出版社 1956 年版,第 900 页。

约在一万左右。冯玉祥派熊斌代表自己前去迎接,并为中山先生到京作了周密细致的安排。他对担任北京警备司令的鹿钟麟说:"孙先生到京后,一定尽力保护";"国民军的队伍,就等于孙先生的队伍,应听从孙先生指挥"。冯部国民军与在京的国民党人士发起组织了"中央公园北京各团体欢迎孙中山先生大会"筹备处,并决定:(一)在公园门悬挂青天白日旗一对,以示国民军与孙先生革命宗旨一致;(二)所有参加欢迎的官兵,一律军服,佩戴红花;(三)调军乐队一队,担任奏乐;(四)调步兵两连,全副武装,担任仪仗队;(五)预备汽车数辆,车前各插青天白日小旗一面;(六)在迎面处置大幅标语三个,一为"中华民国万岁",二为"国民军万岁",三为"孙中山先生万岁"。①(后因中山先生病重,原定的盛大欢迎集会取消。)

12月31日下午,中山先生到京,数万群众到车站欢迎。冯玉祥派鹿钟麟等恭迎,并布置国民军一军第十一师大刀队和手枪队、国民军二军学生军第一队第二队、国民军三军步兵一团警戒。但是,冯玉祥本人却没有会见孙中山先生,并于1925年1月13日离京西天台山赴张家口,就任了执政府的"西北边防督办"。

1925年2月1日,段祺瑞为对抗孙中山提出的"国民会议"建议而炮制了"善后会议",为此,国民党中央执行委员会发布宣言,拒不参加。冯玉祥却派薛笃弼参加,从而违背了孙中山在"北上宣言"中所提出的政治主张。

孙中山卧病协和医院后,冯玉祥每天都打长途电话问讯,并命令鹿钟麟要想尽一切办法抢救。2月27日,他派夫人李德全持他亲笔函来问候,信中说:"兹闻尊体违和,至深系念,久拟躬身趋候,藉聆大教,并慰下怀。只以适染采薪,未能如愿,私表抱歉……兹嘱内子赴京代候起居,务乞为国珍重,善自调摄……是所至祷。专此布肃,敬颂痊祺。"②他还送中山先生一部圣经,请其日日诵读,祈祷。中山先生含泪答道:"先者将为后,后者将为先

---

① 鹿钟麟:《孙中山先生北上与冯玉祥》,中国人民政治协商会议文史资料委员会存稿,第38—40页。

② 鹿钟麟:《孙中山北上与冯玉祥》,中国人民政治协商会议全国委员会文史资料研究委员会存稿,第19页。

（耶稣语），余自幼为基督徒，冯则中年才信议，而其教徒生活比我先着"；①
并赠送冯六千册《三民主义》、一千册《建国大纲》和《建国方略》。冯玉祥
收到书后，便发给部队作为官兵的必读书。

孙中山先生逝世后，冯玉祥极为悲痛，命令国民军全军戴孝七日，还担
负了全部殡葬费用，但本人却没有前往吊唁，派鹿钟麟及国民军一军参谋长
李兴中代为主持一切。他之所以如此，主要有以下两个原因：一、认为政权
已经让段祺瑞所得，与中山先生见面无从谈起；二、也怕接近孙中山先生再
引起段祺瑞、张作霖的猜疑和不满，增加自己政治上的困难。

冯玉祥在《我的生活》中说，他从读了孙中山手书的《建国大纲》后就
"完全成为中山先生的信徒了"，这是言过其实的。北京政变后冯的表现就
证明了这一点。直到1925年5月，经长期犹豫不决之后，他才在李大钊等
人的帮助下，接受联俄、联共、扶助农工的三大政策，准许在国民军中建立合
法的国民党分部。他自己也曾自责说："……与中山并世而生，闻革命之
旨，独恨迟晓……"②"就革命的观点说过去，若说是中国革命者，是一个中
山主义者，我都不配。"③这是有一定道理的。

总之，冯玉祥的一生，长期存在着进步与倒退的矛盾斗争。他与孙中山
的关系也反映了这一点。孙中山先生对冯玉祥的影响，是他后来加入国民
党、举行五原誓师、参加北伐的原因之一，但总的说来，不是决定性的因素。
冯玉祥进步的思想基础，是强烈的爱国主义心理；而其最终转变，是在中国
共产党的帮助下才实现的。

原载:《河北大学学报》(哲学社会科学版)1987年第3期

---

① 陈崇桂:《冯玉祥传》,第87页,转引简又文《冯玉祥传》,台北传记文学社1982年版,
第225页。
② 《冯玉祥政治复电汇编》卷一(内政篇),北平东方学社1933年版,第70页。
③ 冯玉祥:《我的生活》(三),三户图书社1944年版,第131页。

五、评冯玉祥《我的生活》
有关护国战争的自述

冯玉祥是中国近代史上著名的军事家、政治家。他在民国初年反对袁世凯称帝,参加护国军讨袁,逼迫陈宧独立等,几乎已是研习中国近代史的定论,国内出版的传记如此记述①,周恩来同志也是这样评价。② 只有美籍传记作者薛立敦对此说持有疑义③,但尚无有力论证。实际上,人们对冯玉祥在护国军时期的评述主要是以他的回忆录《我的生活》为依据。《我的生活》文字生动,通俗易懂,在学术界及民众中有重大影响。但是,很多内容却有待商榷。其中,冯玉祥有关护国战争的记述以及自己反袁并促使陈宧独立的内容,似有不当之处。笔者对此进行辨析,并想对回忆录、日记等类史料的使用发表一些粗浅的看法。

（一）

1914 年 10 月,冯玉祥部被改编为第十六混成旅。1915 年 2 月,陈宧(号二庵)督理四川军务,并通过袁世凯命第十六混成旅随己入川。但是,陆建章不愿意放弃自己这支近卫亲军,只命冯玉祥率一个团离陕。1915 年 5 月,冯玉祥率部离陕。此时,袁世凯已在暗中进行帝制活动。

1915 年 9 月,冯玉祥率部到达四川阆中,同时接到了陕西及成都方面拥袁世凯称帝的电报,均要求他在上面签名。据说,他"随即集合官兵痛快

① 还有孟醒仁、曹书升:《冯玉祥传》,郭绪印、陈兴唐:《爱国将军冯玉祥》等;简又文:《冯玉祥传》,台北传记文学社 1982 年版,第 70—73 页。
② 周恩来:《寿冯焕章先生六十大庆》,《新华日报》1941 年 11 月 14 日。
③ [美]薛立敦:《冯玉祥的一生》,浙江教育出版社 1988 年版。

淋漓地讲了一番反对帝制的道理","讲完话,我就把谢绝署名的电报发出"。①

关于他拒绝在通电上签名一事,简又文则在《冯玉祥传》中说:"未几,某钜公领衔发出拥戴袁氏为帝之电,令全国师旅长将官一律列名。陕督以此事征冯之意,冯则答应加入川方;及川督问他,又答以加入陕西。两边搪塞过,卒之,这一条背叛民国的大逆名毕竟无'冯玉祥'的名字在后边。"②这与冯称自己谢绝署名已有出入。

薛立敦则认为,"尽管冯一再宣称,他未附和这一逆行,但实际上他也许签了名"。1959 年 5 月,薛在台湾曾拜访了当年冯玉祥麾下的一个军官。据这个军官说:"冯虽不赞成袁世凯的计划,但也勉强在拥袁的电报上签了名。"③

冯玉祥不赞同帝制,没有在拥袁称帝电报上的签名是实情。所以,他才在《我的生活》中斩钉截铁地说:"这个通电如今在中国史料书册上和当时的报纸上还保存着,读者可以翻出来看看。"④笔者查阅了王士珍领衔于1915 年 9 月 21 日发出的劝袁世凯当皇帝的通电及其附件的电文,确实没有第十六混成旅旅长冯玉祥的名字,⑤薛立敦的调查结果是错误的。

1915 年 12 月 25 日,蔡锷、李烈钧等在云南组织护国军公开讨袁。蔡锷亲自率军自滇入川。袁世凯派曹锟为总司令率北洋军入川,抵御护国军。护国军刘云锋部逼近叙府时,陈宧急调冯玉祥第十六混成旅增援。

是时,冯玉祥只率一个混成营进驻顺庆,其所余各部则分别驻在川陕各地。当时,袁世凯政府各方的指挥系统相当混乱,北京的统帅办事处和参谋部,成都的陈宧、陕西的陆建章、重庆的曹锟都不断给第十六混成旅下达命令。因此,冯玉祥得以在向各方面反复请示中,驻在内江迟迟不进,并乘机把分驻在各地的所部调向川内集中。

① 冯玉祥:《我的生活》(上),黑龙江人民出版社 1981 年版,第 199 页。
② 简又文:《冯玉祥传》,台北传记文学社 1982 年版,第 70 页。
③ [美]薛立敦:《冯玉祥的一生》,浙江教育出版社 1988 年版,第 75、95 页。
④ 冯玉祥:《我的生活》(上),黑龙江人民出版社 1981 年版,第 199 页。
⑤ 章伯锋、李宗一:《北洋军阀(1912—1928)》第二卷,湖北人民出版社 1990 年版,第1997—1999 页。

冯玉祥说:"我是绝对不能站到帝制一边,去和护国军为敌……但现在我们面前只摆着两条路:一是随着陈将军的态度为转移……一是拒绝陈将军的命令,自己单独主张。若是不问是非,只以陈将军的态度为转移,这与我平素的思想意志绝对违反,不消说我是死也不肯干的。"其这番表述似有夸大之感。冯玉祥暗中不赞成帝制是实,但其公开的军政举措,基本上是以陈宧的命令为转移。他在此称死也不能完全听陈宧的指令,也言之过甚了。据冯玉祥讲,他于1916年元旦在顺庆写了三封信,一给陈宧,"详述对护国军不可开仗的道理";二给陈的参谋刘一清,要他劝说陈,不要与护国军作战,并进而与蔡合作;三给蔡锷将军,表示赞成其主张,但因"我们力量单薄,又处重围,受着很厉害的压迫,事实上不能立刻有所动作,但必定竭力设法避免与您打仗,不久的将来,亦必寻求机会与您携手,共同负起打倒帝制的任务"。他命蒋鸿遇和张之江先带信赴成都,面见陈和刘一清,然后再去自流井,设法找到蔡将军,面陈了一切。蒋鸿遇与护国军第一梯团长刘云峰是同乡,和蔡将军本人在云南密切的交往。所以,他才派其前去联络。冯玉祥称,他率部进驻泸州后,二人各自返回。蒋还带回了蔡将军的亲笔信。蔡在信中对第十六混成旅的处境表示理解,将来合作不成问题,并希望我们驻在泸州,较为方便。①

冯玉祥上述派人与护国军秘密联系是属实的。但此时所派人员却不是蒋鸿遇、张之江。

1916年2月4日,蔡锷在护国军攻占叙府之后致电唐继尧称:"现冯逆有意归诚。"②但是,他没有提及冯玉祥对其示意的途径,并对此仍有怀疑。因此,这很难确定就是指蒋鸿遇的首次赴护国军营之行。此外,该电还表明,依照冯玉祥的所述时间,他派蒋前去联系近一个多月之后,双方还没有进行实质性的谈判。所以,蔡锷在2月8日给刘云峰的信中,仍称"冯逆溃退(乘舟逃遁)至江支(安)一带……"③此后,他在2月17日与刘云峰通报军情的信中,没有提及第十六混成旅的位置及动态。④ 不过,他在给纳溪、

① 冯玉祥:《我的生活》(上),黑龙江人民出版社1981年版,第212—213页。
② 李希泌、曾业英、徐辉琪:《护国运动资料选编》(下),中华书局1984年版,第420页。
③ 《革命文献》(第四十七集),文物供应出版社1969年版,第285—288页。
④ 李希泌、曾业英、徐辉琪:《护国运动资料选编》(上),中华书局1984年版,第252页。

泸州战场各支队长的命令(2月22日、24日、25日、27日)及29日致唐继尧电报中,也没有提及冯之第十六混成旅。他既没说其已有合作的表示,也没有把他列入敌对力量之列。① 这不是无意的,说明他对冯玉祥的态度有了某些变化。2月29日,他在致唐继尧等电中提及第十六混成旅时,仍称其为"余孽"。② 直到3月2日,他在第十六混成旅攻占叙府之后才在致唐继尧电报中说:"冯玉祥两次派人来信,决心效顺。主张在倒袁后推冯,并担任联络北军。冯曾在滦州起义,后为袁所骗,故深恨之,其部曲亦多识大义。现已嘱令速举,并二庵宣布。"③但是,蔡锷在该电中没有说明来者是谁,与冯玉祥所称第一次派人去护国军中的时间也相差近两个月。这表明,蔡虽然已知道了其要合作的态度,但对其意是否真诚并没有完全把握。直到4月5日,蔡锷才在致唐继尧电中称:"冯旅效顺,似非虚伪,望容兄派员与接洽,促之速动为要。"④此时,他才对冯的诚意基本相信了。所以,在2月份,护国军刘云峰部与冯玉祥第十六混成旅仍处于敌对状态并发生了战事。冯玉祥说他在1916年元旦就派蒋鸿遇去与蔡锷联系,不久就已与其确立了合作关系。这在蔡锷的上述中并没有得到印证。蒋鸿遇不会在路上走了近两个月。这是为什么呢?

冯玉祥的部将张之江的回忆解答了这一疑问。⑤ 如依张之江所言,冯玉祥最初只是派外国传教士与蔡锷联系,而没有派蒋鸿遇。其让蒋去与护国军联系是在3月初攻占叙府之后。他有意不提前者,绝不是记忆之误。冯玉祥最初只派外国传教士为信使,恰恰说明了他从护国战争一开始就采取了骑墙的态度。外国传教士的行动不会让各方怀疑,而且不是自己的部下。这既能让其替他向护国军通好,又可以为自己留有退身的余地。他如果派部下去护国军联络,就与此不同了,一旦败露,他就无法自存。所以,基

① 李希泌、曾业英、徐辉琪:《护国运动资料选编》(上),中华书局1984年版,第257—261页。

② 《致唐继尧等廿九子电》,《近代史资料》,1963年第4期,第29页。

③ 《蔡锷集》,文史资料出版社1952年版,第102页。

④ 章伯锋、李宗一:《北洋军阀(1912—1928)》第二卷,湖北人民出版社1990年版,第483页。

⑤ 政协全国委员会文史资料研究会,云南、贵州、四川、广西、广东、湖南等省区政协文史资料研究会编:《护国讨袁亲历记》,文史资料出版社1985年版,第464、467页。

督徒冯玉祥让教友去从事这一秘密使命,是煞费苦心的。然而,他在二十多年以后,却在回忆录中偷梁换柱,力图掩盖这一事实。他把派蒋与蔡联系的时间提前了两个多月,并有意隐瞒最初只派牧师为信使,是明显的谎言。这既能掩饰自己与护国军作战的真实原因,也不暴露自己当时真实的政治立场,还能拔高自己反袁的态度。张之江所言证明,蔡锷在3月2日致唐继尧电中所谈冯有意归诚及两次来的人就是指这个唐教士。冯玉祥以外国传教士为代表,拟与护国军建立不战不和的特殊关系没有成功,才导致了其与护国军的战事。这正是冯玉祥想极力回避的。

(二)

冯玉祥在护国战争中表现的最大疑点是与护国军的叙府之战。

据冯玉祥说,护国军刘云峰部攻占叙府后,他极欲与刘部接洽,免得发生误会。蒋鸿迁知道刘有一个董姓表弟,即冒充董某之名,向那边叫电话(是用电报通话),那边接电话的是刘的参谋长张壁(抗战后当了汉奸)。电话叫通,这边把和蔡锷接洽的经过,以及避免冲突的意思说明以后,不料那边声称说:"不是通电,就是缴械,再也没有别的话说。"说完,挂的线已断,再也叫不应了。不久,冯玉祥就奉命去收复叙府。他决定把队伍开往南溪,并又派蒋鸿迁去见刘云峰和张某进行第二次接洽,但是又遭到刘云峰的拒绝。此时,陈宦、陆建章及北京统帅办事处都来电催他向护国军进攻。为此,冯玉祥又第三次派蒋鸿迁去见张壁,但仍无结果。他不得已派人通知刘云峰,请他自动退出叙府,表示只要我们站稳脚步,随即撤退,请他千万不要误会;于是,一面前进,一面朝天放枪,打了一天,进到叙府附近的催科山。此后,他派人通知刘云峰,不要后撤,说自己马上撤退,随即率部经南溪、富顺,直退至隆昌。然而,各方责难电报纷至沓来。其中尤以曹锟责备最重。此时,他又派人送信给陈及总参议刘一清,申明此仗不能打的道理,并请陈早日表明态度。刘是原清二十镇的参谋长,与冯有些历史渊源。此后不久,冯玉祥见到刘一清。刘谈到陈也与蔡锷有书信往来,并向他建议,以为冯此刻处境过于险恶,倒不如攻下叙府,一免张敬尧、曹锟等对他有不测之举,二则以之与刘云峰接洽,也比较容易些。冯玉祥看他说的有理,当即表示接受。于是,他率部从自流井出发,并又派蒋鸿迁持函先到叙府与刘云峰接洽,一是说明共同促陈独立一事正努力进行,不久必有佳音;二是说明张敬尧、曹锟是袁的死党,他们众兵压迫我们,逼我们攻取叙府,务请你让防,三日后我即撤退,仍由你接防。蒋当即与之签订协定,秘密保存起来。蒋鸿迁回来,冯玉祥即率队挺进,两方一接触,刘云峰即照约撤退。冯玉祥派张之江、蒋鸿迁又兼程追上他,交他一封转给蔡锷的信,详陈一切经过。冯玉祥占领叙府的第二天,就接到陆建章急电,说西安被围,令他星夜率队支援。接电之后,他即不顾一切,将队伍撤向自流井,把叙府仍交刘云峰接防。①在此,冯玉祥把其与护国军发生冲突的原因完全归结给张壁及刘云峰,而进攻叙府又是出自于刘一清先生的建议,并没有发生什么激烈的战事,是护国军根据与蒋鸿迁达成的协议主动撤退让防的。

但是,此说与刘云峰的回忆不符。刘在回忆录中根本没有提到冯玉祥前三次派蒋鸿迁通好,而且称蒋是在叙府失守后才前来与自己联系的。他说,叙府失守后,本部从横江反攻,行至长江南岸某村时,冯即派其参谋长蒋鸿迁来,彼言:"冯旅长系辛亥革命滦州首义之人,袁做皇帝,彼不赞成,前日之战,乃不得已耳,今闻你要攻叙府,彼此不要作无谓之牺牲,你要叙府,送给你就是了。"余言:"彼既不赞成袁做皇帝,即是同志,我等出兵,为打袁皇帝,冯旅长即是同志,当然不能再打仗,叙府无论谁占,都无关系,不过冯旅长不能派兵援助张敬尧。"蒋云:"冯与张是仇人,今既不愿同你打仗,安能再去援张?"余云:"冯若不援张,请冯仍在叙府,余还在横江,你可担保否?"蒋云:"我愿以人格担保,若无实在把握,决不来欺骗老同学,即与之订约。"②若如刘云峰所述,冯玉祥之言则是假的。

如前述,冯称他第四次派蒋鸿迁去见刘云峰是在攻叙府前,与其达成协议后,刘部主动将叙府让出。不过,他又称其在叙府被迫与护国军发生两次战事。关于第一次战事,他没说具体时间:只称让部下"一面前进一面朝天放枪","蒋鸿迁还偷偷地把炮弹倒入山沟中",打到叙府附近后就主动后

---

① 冯玉祥:《我的生活》(上),黑龙江人民出版社1981年版,第224—225页。
② 政协全国委员会文史资料研究会,云南、贵州、四川、广西、广东、湖南等省区政协文史资料研究会编:《护国讨袁亲历记》,文史资料出版社1985年版,第54页。

撤。而第二次是基本没有打仗就占领该城。可他又说:"我们在叙府一仗,虽然没有认真地打,但两方面也颇有些伤亡。"①既然没有打仗,双方哪里来的伤亡?

第十六混成旅是经过激烈的战事才攻占叙府的,这从各方面的史料得到证实。护国军占领叙府之后,陈宧十分恐慌,他悬赏五十万元,命第十六混成旅由泸州攻叙府。据刘云峰回忆,其部与冯旅第一次战事发生在2月13日。护国军田钟谷营与冯部激战一日,未退一步,但全营士兵只剩八十余人。②据时任护国军第八团第一营连长的金汉鼎回忆,"这次战役毙伤冯旅二百余人,俘九人,获步枪四十余支,骡马五匹,子弹一万多发。"③刘云峰说,其部占领叙府之后,主力被调到纳溪作战,而留守仅留田营、吕超、周良和两支队。田营不满百人,吕、周两支队与新兵共三四百人。吕、周两支队见敌即溃,田营及士兵连鏖战至下午,士兵连被包围,全连官兵均战殁。锦江浮桥亦被炮弹炸断。刘云峰所在之碉堡也炸倒,他被埋在瓦石堆中,后由人挖出。至夜间,他派人送命令给田营,要其退出叙府。日后,他在北京与冯玉祥晤面,冯甚称赞士兵连,全连阵亡,无一逃者。④金汉鼎也说,冯玉祥乘护国军守军单薄,举全旅向叙府进犯,刘云峰"指挥田兆谷营长和谭兆福的炮兵连奋力搏击,激战竟日,给冯旅很大杀伤。我军后因弹尽无接,于薄暮时安全撤离叙府。"⑤

冯玉祥部将刘汝明也承认,叙府是第十六混成旅攻占的,而不是护国军主动退出的。他在"不光荣的作战"一节中,讲述了自己率部攻击叙府的经过。⑥张之江也曾说,第十六混成旅第一次与护国军刘部发生冲突时,"冯

① 冯玉祥:《我的生活》(上),黑龙江人民出版社1981年版,第220页。
② 政协全国委员会文史资料研究会,云南、贵州、四川、广西、广东、湖南等省区政协文史资料研究会编:《护国讨袁亲历记》,文史资料出版社1985年版,第51页。
③ 政协全国委员会文史资料研究会,云南、贵州、四川、广西、广东、湖南等省区政协文史资料研究会编:《护国讨袁亲历记》,文史资料出版社1985年版,第63页。
④ 政协全国委员会文史资料研究会,云南、贵州、四川、广西、广东、湖南等省区政协文史资料研究会编:《护国讨袁亲历记》,文史资料出版社1985年版,第53—54页。
⑤ 政协全国委员会文史资料研究会,云南、贵州、四川、广西、广东、湖南等省区政协文史资料研究会编:《护国讨袁亲历记》,文史资料出版社1985年版,第63页。
⑥ 刘汝明:《刘汝明回忆录》,台北传记文学社1968年版,第16—18页。

有两种心情表露,一方面,在他苦下工夫练兵以来部队还未正式作战,这经过实际考验,看到部队确实有很强的战斗力,且能指挥得意,颇有自得之意;另一方面,又不愿作无谓的牺牲。"①

2月3日,冯玉祥致电陈宦,报告其部第一次与护国军作战的战况。电文称:"职率所部攻叙、屏,本月三十一号早行抵叙东北方五十里之柳桥山谷中,与敌遇接战,我军猛攻,敌恃险隘,死力抗拒……毙敌逆约三百余人,内有逆首田营长钟谷一名,连排长七名,生擒十余名,并起获管退炮两尊,枪械、弹药、马匹及战利品无算。我军阵亡连长王品清一员,伤亡士兵三十余名……"②上述战报虽有夸大的成分(田钟谷营长未战死),但有一点是肯定的,即双方曾发生激烈战事,而非仅仅是朝天放枪的行军。

3月2日,他再次致电陈,报告攻占叙府情况。电文说:"职同四旅赵团长率部攻叙,于三月一日与敌接战。我军奋勇猛攻,敌恃险死抗,鏖战一昼夜……至二日早,大江左岸一带之险要阵地,均皆次第完全占领。现在正在追击中,毙敌甚众,俘虏五十余名,夺获战利品甚多,我军伤亡官兵百数十名。叙府已无敌迹,商民欢忭。"③3月3日,他又给北京统帅办事处、陆参两部致电,报告"毙敌千余名","俘虏、投降百余名";其所部也有"数名军官战死"。3月5日,他又致电陆军部,除报告上述"战果"外,还报告"夺取大炮二尊,步枪四百余支,炮弹十余箱,枪弹十万余粒"。④ 冯玉祥的上述战报也同样被夸大了,但有一点不是捏造的,即第十六混成旅是在经过战事之后占领叙州的。

冯玉祥率第十六混成旅攻占叙府是护国战争中较激烈的战事。这不仅大挫护国军讨袁的锐气,而且大长了袁世凯搞洪宪帝制的威风。

袁世凯本来在3月3日就接到了冯的报捷电,但迟迟没有作出相应的反应。此前,袁曾发出悬赏令,声称克复叙州、泸州的主将封郡王,兵弁赏

① 政协全国委员会文史资料研究会编:《文史资料存稿选编(晚清北洋)》(下),文史资料出版社2002年版,第465页。

② 李希泌、曾业英、徐辉琪:《护国运动资料选编》(上),中华书局1984年版,第224页。

③ 李希泌、曾业英、徐辉琪:《护国运动资料选编》(上),中华书局1984年版,第231页。

④ 中国第二历史档案馆:《中华民国史档案资料汇编》第三辑,军事(二),江苏古籍出版社1991年版,第390—391页。

30 万。① 收到佳讯的袁没有及时表示喜悦和奖赏,3 月 7 日,他才以命令的形式给第十六混成旅下达了嘉奖令,而没有具体的封赏内容。② 直到 3 月 20 日,他才发布命令,"冯玉祥授为陆军中将"。③ 其封王的许诺也没有兑现。

必须指出,冯玉祥在《我的生活》中,对袁世凯的奖赏未提一字。刘汝明说袁世凯不仅给冯封赏,还命第十六混成旅与第四混成旅合编为第五师,由冯担任师长,而冯玉祥对此"一口坚辞"。④ 这充分说明,冯玉祥也认为其与护国军冲突及由此得到袁世凯的奖励是不光彩的,故才极力隐瞒一些事实。

(三)

护国军撤出叙府且后退守安边,收拾部队,准备反攻。⑤ 3 月 16 日,冯玉祥才派蒋鸿迁与护国军刘云峰部缔结局部停战协议。其内容如下:

一、双方先行局部谋和,俟陈将军表示川省独立,应将取消帝制与改选总统之宗旨明白宣布,并改组护国军。对于反对护国军之宗旨者,须出兵征讨,并力成全。

二、未宣布以前,叙府下游一带,护国军第一军及护国军所属军队之作战运动,冯军不得加以妨碍。为暂时防止误会及冲突起见,刘军不得过安边场,冯军不得过板树溪。双方不得越过金沙江之两岸。

三、其他联合问题,应由陈将军及蔡总司令商定,分令各军遵守。⑥

该协议清楚地表明,此件签订于冯部攻占叙府之后,而不是在此之前。双方协议暂时不再交战,划定了为避免冲突的缓冲区。但是,冯玉祥在《我

---

① 李希泌、曾业英、徐辉琪:《护国运动资料选编》(上),中华书局 1984 年版,第 231 页。

② 《政府公报》1916 年 3 月 8 日,62 号。

③ 《政府公报》1916 年 3 月 20 日,74 号。高荫祖《中华民国大事记》说,冯玉祥还被授予三等男爵,但《政府公报》中没有此封令。

④ 刘汝明:《刘汝明回忆录》,台北传记文学社 1968 年版,第 18 页。

⑤ 李希泌、曾业英、徐辉琪:《护国运动资料选编》(上),中华书局 1984 年版,第 232—233 页。

⑥ 高兴亚:《冯玉祥将军》,北京人民出版社 1982 年版,第 16 页。

的生活》中仅提有协议，而根本不提其内容。其原因很简单，他如果如实提及协议内容，就难以自圆其说了。

冯玉祥称他在率部进驻叙府后，曾先后接到曹锟、张敬尧、陈宦催逼继续进兵的电报，但他不仅拒绝再进攻，而且以回援西安为由撤离了叙府。这点似与史实不符。首先，冯玉祥在时间上采取了障眼法，好像攻占叙府后，仅仅驻扎几天就交给护国军了。实际并非如此。他是3月初攻占叙府的，而陕变发生在5月。是年5月初，陆建章派其子陆承武去镇压民军。5月8日，陆承武被胡景翼擒获。5月9日，陈树藩宣布陕西独立，并派人包围西安。冯玉祥只有在此时才能接到陆令回援的电报并撤离叙府。所以，冯率第十六混成旅驻在叙府足足有两个多月。冯玉祥不提及蒋鸿遹与护国军所订协议的内容，也是为了隐瞒这一事实，①掩饰自己在护国战争中最关键时期所持骑墙观风乃至投机的立场。

恰恰是在第十六混成旅驻军叙府的两个多月中，国内局势发生了巨大变化。

1916年3月15日，陆荣廷宣布广西独立。全国反袁阵营为之大振。3月17日，护国军发起反攻并收复纳溪，从而扭转了川西战局。北洋军张敬尧师退守泸州。3月22日，袁世凯被迫下令撤销承认帝制案，但仍想保住大总统位。26日，袁以黎元洪、徐世昌、段祺瑞名义致电蔡锷，建议停战议和。但是，蔡锷称："吾侪揭义旗，自须贯彻始终，方肯罢休。"②3月31日，陈宦、张敬尧与蔡锷商定，自是日起，两军停战一周。后来，双方又商定延长两月。4月6日，龙济光被迫宣布广东独立，4月12日，浙江巡按使屈映光宣布浙江独立，4月26日，湖南48县代表集会，推举程潜为湖南护国军总司令，誓师讨袁。5月8日，护国军军务院在广东肇庆成立，以唐继尧为抚军长，反袁军政势力初步组建了与袁政府相对抗的政权。袁政权已处风雨之中，朝不保夕。而在此一段时间内，冯玉祥率部一直据守叙府，没有公开站到护国军一边。直到袁世凯垮台大局已定，他才应陈宦之命撤离叙府，率

---

① 刘汝明其回忆录中对此记载称，其部占领叙府后旋即撤出。实际上，是由第十六混成旅第二团接防。详见贾玉璋《冯玉祥同护国军洽谈起义的经过》，《护国讨袁亲历记》，第187页。

② 李希泌、曾业英、徐辉琪：《护国运动资料选编》（下），中华书局1984年版，第472页。

部开往成都。

固然，冯玉祥在此时与护国军有秘密联系，但并没有真正站在护国军一边。他在与各方周旋的同时，公开活动基本是以陈宧的动向为转移的。袁世凯宣布取消帝制之后，他又曾派唐姓牧师与护国军交涉，仍"谓系奉陈二庵意，商讨反袁，推举日后总统之事"。① 实际上，他先后派蒋鸿遇、张之江与护国军谈判取得实质性进展，也是在陈宧拥袁态度开始发生变化之后。

陈宧是袁世凯的亲信，曾竭力拥他称帝。冯玉祥在对帝制态度上虽然与陈宧有一定的区别，但其观风向、保实力的心理与陈宧有相似之处。他在与护国军联系、谈判过程中，以争取陈宧为由拖延时间，既有真实意图，也有等待事态发展的成分。陈宧的态度变化后，冯的立场才开始明朗。

陈宧在袁取消帝制后，才产生与袁脱离关系的念头。这从蔡锷在1916年3月31日致赵又新的命令中可以看出。电文称："陈两次派人来信，主张一致倒袁，而取联邦之制，并推举段、冯、徐为继任总统。"② 此后，陈在与护国军达成停火协议，并派刘一清等与蔡锷谈判时，又声称"最要之件为须仍一致承认今大总统"③。4月12日，蔡锷电告唐继尧称："陈二庵意在暂留袁，以和缓袁系之心，不欲急去袁，以树众敌……弟现正设法促冯、伍迫陈宣告独立，有无把握，尚难逆知。"④这表明陈在去袁的态度上是犹豫的。

冯玉祥说，他率该旅以援陕为名撤离叙府，"走了两天，在路上又接到陕西的电报，当即下马翻译，知道陆将军已让出西安，叫我停止赴陕，北进既不必要，便将部队集中自流井"。他称，在撤出叙府之前，曾又派张之江访见蔡锷："我到自流井不久，张之江亦即赶到，带有松坡先生给我同刘一清先生的信，另外还有致蒋鸿遇一信，内容大致相同，要我们加紧促成陈将军独立，否则将以武力驱陈。"我在自流井休息了数天，陈将军来电说："闻贵部有援西安之行，但成都万分危险，务请中止赴陕，速来成共挽危局。"同时，曹锟、张继尧以及北京统帅办事处也都来电报阻止我赴援陕西。我当即

---

① 李希泌、曾业英、徐辉琪:《护国运动资料选编》(下)，中华书局1984年版，第474页。
② 李希泌、曾业英、徐辉琪:《护国运动资料选编》(下)，中华书局1984年版，第476页。
③ 李希泌、曾业英、徐辉琪:《护国运动资料选编》(下)，中华书局1984年版，第494页。
④ 李希泌、曾业英、徐辉琪:《护国运动资料选编》(下)，中华书局1984年版，第491页。

——复电,谓"即赴成都"。① 冯玉祥的这些叙述也禁不起推敲。

按冯玉祥所说,他离开叙府的时间,是在陆建章离开西安前两天。陆是5月25日离陕的,故他应是5月22日左右出发,到自流井的时间应该在5月26日左右。在此,他还特意强调了两件事:一是蔡锷在信中要他促陈独立;一是陈给他发告急电,让他率部赴成都救急。这就为回忆录中下面的情节提供了伏笔,即他赴成都是应陈召,促陈独立是在蔡锷建议下进行的。

实际上,第十六混合旅撤离叙府与陕变没有多大关系。冯玉祥是奉陈之命才将叙府交给护国军的。他不仅回避了这一点,而且也没有提及陈在成都告急的原因。为什么呢? 这很清楚,他如果承认是奉陈之命撤离叙府,又怎么能说自己去成都逼其反袁独立呢?

实际情况是,陈宧与护国军停火之后,就开始与之秘密谈判。他见各省先后纷纷反袁独立,北洋集团内部冯国璋、张勋也对袁再当总统持有异议,自己在四川的统治也摇摇欲坠,故拥袁的态度开始转变。1916年4月底,陈宧就已向蔡锷表示,要反袁独立。他于5月3日、12日两次致电袁世凯劝其下野。此后,他虽然仍左右摇摆,但最终于5月22日,宣布四川独立。然而此时,冯玉祥刚从叙府出发,哪能陈兵成都向陈宧施压?

蔡锷要冯劝陈独立是无疑的。这从其4月12日给唐继尧的电报中得到了印证。冯玉祥也是这样做的。为此,他派张之江去成都。但这绝不能说明,他在陈宧反袁独立上起到了决定作用。蔡锷也曾要求伍祥祯促陈独立。冯玉祥把自己反袁及对陈的作用都夸大了。此时,蔡锷曾要求冯玉祥将其所部编为护国军,但直至5月,他仍摇摆不定。② 简又文说,冯部在5月中旬奉陈令将叙府交给护国军后去了成都,在途中又奉陈令被改编为护国军第五师,冯氏为师长。③ 5月13日,上海《字林西报》也刊载冯部改编为护国军。④ 蔡锷在5月20日致唐继尧电中也说,是陈要护国军接收叙府的,并提出"一须真正滇军,二须刘晓岚统帅"。⑤ 这就印证了简又文所述冯

---

① 冯玉祥:《我的生活》(上),黑龙江人民出版社1981年版,第224—225页。
② 《革命文献》(第四十七集),文物供应出版社1969年版,第31页。
③ 简又文:《冯玉祥传》,台北传记文学社1982年版,第231页。
④ [美]薛立敦:《冯玉祥的一生》,浙江教育出版社1988年版,第80页。
⑤ 致唐继尧等廿电(5月20日):《近代史资料》1964年第4期,第46页。

部撤离叙府的原因及时间是准确的。但是,冯玉祥不仅有意不提自己是奉陈令才撤离叙府及改编护国军第五师一节,并均在时间上使用了障眼法。他只是在叙述完自己已促成陈独立后,才顺便提及:"一切都很顺利地照预定的条款进行。时我们的队伍改编为护国军第五师,驻在成都东面一带。"①其被改编为护国军的时间就变成 5 月下旬了。这样,虽然能突出自己在促陈独立中的作用,但怎么也不能自圆其说。

冯玉祥说,护国战争"这一时期可算是我平生最大的痛苦时期","我那时不过区区的一个旅长,人数不过四千,而且散驻各地,不能集中……同时,环绕我周围的袁氏嫡系兵力总不下数万,时时有把我消灭的企图。在这种情况下,我若是不顾一切,鲁莽从事,那不但牺牲了自己,于革命毫无裨补,而且反会把事情弄糟的。"②他在此强调自己的力量弱小,之所以不能公开站到护国军一边是因为处在北洋军重重包围之中,一有举动就会被消灭。实际上,此说是站不住脚的。第十六混成旅与护国军对峙的方向就完全没有北洋军队。他如果加入护国军就立刻会与刘云峰部联成一线,会完全改变川西战局。但他没有这样做,他对战局还存有疑虑。

薛立敦认为:"倘若冯称其自始同情护国军的说法属实,那么对其投机取巧行为的批评是恰如其分的。因为如果他同情造反者,就绝不会借端拒绝刘云峰要其那时通电讨袁的正常要求。冯所谓其部处于袁的嫡系部队重重包围之中也是不确的。因为在滇军挺进的方向根本没有北洋军。"③所以,他得出结论说:"冯对护国军持同情态度是毫无疑问的。但是,从历史角度来看,对冯而言,这种同情是次要的。冯在川的行动清楚地表明:他最关心的是怎样才能保存自己的实力,种种考虑均为此目的。"④

薛的上述分析不无道理。冯玉祥口口声声说自己支持护国军,但又与之发生了激烈的战事,尔后又谎报战功,这很难说是为了应付各方的压力而被迫所为。

而薛立敦的另一论断则不准确。他说:冯玉祥派密使与蔡锷联系后,使

---

① 冯玉祥:《我的生活》(上),黑龙江人民出版社 1981 年版,第 226 页。
② 冯玉祥:《我的生活》(上),黑龙江人民出版社 1981 年版,第 227 页。
③ [美]薛立敦:《冯玉祥的一生》,浙江教育出版社 1988 年版,第 80 页。
④ [美]薛立敦:《冯玉祥的一生》,浙江教育出版社 1988 年版,第 81 页。

蔡"认为冯已加入了革命阵营。但实际冯在与滇军谈判"。① 他认为,冯玉祥之所以如此,是由于陆建章还持拥袁的政治态度,其所部主力还留在陕西的原因。他写道:"只要该省仍属袁的势力范围,若宣布反袁,一定会使这些部队被缴械,它在一定程度上成了冯必须忠于袁的人质。"②

薛氏这番分析是错误的。冯玉祥在四川的政治态度与陆建章及自己留陕部队的命运没有多大关系。其留陕的第二团在 1916 年 2 月 7 日(春节后第五天)就从襄城开拔,取道广元进入四川。③ 所以,陕西方面根本不可能将此部队扣为人质。上文已述,冯玉祥主动派人与蔡锷联系确实早于 3 月份,尽管谈判内容仅为要求停战、秘密结盟等,但此举本身就表明了冯不赞成帝制的态度。当然,陈宧在当时也与蔡锷秘密联系。但是,冯玉祥的手法比陈宧更为巧妙,他在相当长的时间内,一面以陈的态度来掩饰自己的立场,一面以争取陈为由拖延时间。当然,他真正的态度并不完全是以陈立场为转移,他力图通过刘一清、张之江等人对陈施加影响,以谋求最大的政治利益。然而,在自己的回忆录中,他把真实所为都掩盖了。

总之,冯玉祥在护国战争中之所为,已明显暴露了其一生的政治特色。冯在军政生涯中,表现有"桀骜不驯、难于驾驭"的个性,也暴露在军阀政治起伏中所沾染的实用主义权术。他每一次重大军政行动的动机,往往既有出自"主持正义"的一面,也有保存实力观风投机的一面。冯玉祥虽然不赞同袁世凯称帝,但在护国战争中,迟迟没有旗帜鲜明地公开反对袁世凯,并参与了围剿护国军的战事。他公开反袁是在陈宧宣布独立之后,故对陈政治态度的转变并没有起决定性作用。所以,冯玉祥在这重大的历史事件中,并没有那么大功劳。

(四)

冯玉祥《我的生活》是研究其一生的重要史料,但有些内容应加以辨

---

① 〔美〕薛立敦:《冯玉祥的一生》,浙江教育出版社 1988 年版,第 79 页。
② 〔美〕薛立敦:《冯玉祥的一生》,浙江教育出版社 1988 年版,第 80—81 页。
③ 《蔡锷集》,文史资料出版社 1952 年版,第 187 页。

析。除本文所谈的其与护国战争的有关章节外,还有一些较明显的问题点,限于篇幅略作列举。

例如:他在护法战争期间于武穴通电"主和",发表主张和平、拥护孙中山护法主张的言论。其初衷是为陆建章夺取安徽制造舆论,此后因形势变化才作罢。但是,其在回忆录中却对此避而不谈,说自己完全是为反对皖系武力统一政策。①

他参加了曹锟贿选的第一步驱黎活动,还助其收买报纸及议员,并为此受到全国进步舆论的谴责。但是,他却在书中对自己的活动只字不提,仅一味大批直系贿选的"无耻"。②

冯玉祥说,北京政变后,是孙岳在北苑会议上提议请段祺瑞出山,从而断送了"此革命的全功"。实际情况并非如此。段祺瑞是冯玉祥发动政变的密谋者之一,其重返政治舞台是由此决定的,绝不是哪个人偶然提议的结果。冯玉祥是联络段祺瑞并策划其出山的始作俑者。他把责任推给孙岳,是移罪于死去的老战友。③

冯玉祥在书中把郭松龄反奉失败的原因归结为李景林"违约异动"及"国民军二、三军不顾大局"。把一切罪责都推给别人,而闭口不谈自己的违约行动。实际上,冯玉祥在郭松龄反奉尚未得手之时,就违约抢占地盘,将本来已成盟友的李景林又变成了敌人,使郭松龄背后受敌。这是导致其失败的重要原因之一。④

1926 年 3 月 18 日,北京发生流血惨案。冯玉祥在内蒙古集宁得知此事后,曾致电国民军北京军事负责人李鸣钟"妥为调解,勿令各走极端,致重罹惨祸"。然后,他就匆匆就道出国。但是,他在 3 月 26 日的日记中却说自己在蒙古库伦阅报时才知道此事。而其在《我的生活》中又称,他到库伦后不久,"许多国民党朋友从北平取道海参崴,到广东去,经过库伦,由他们谈话里才知道北京闹起了三一八惨案"⑤。两说均是欲盖弥彰。

---

① 刘敬忠:《冯玉祥与武穴主和》,《河北大学成人教育学院学报》2004 年第 1 期。
② 刘敬忠:《冯玉祥与曹锟贿选》,《河北大学学报》1990 年第 1 期。
③ 刘敬忠:《国民军史纲》,人民出版社 2004 年版,第 10 页。
④ 刘敬忠:《国民军史纲》,人民出版社 2004 年版,第 213—215 页。
⑤ 刘敬忠:《国民军史纲》,人民出版社 2004 年版,第 301 页。

此外,他在谈及其与孙中山及国民党人士的交往,和段祺瑞及执政府的政治交易,与胡景翼、孙岳的国民军二军、三军的关系,对苏联的秘密外交,支持孙传芳反奉战争,1926 年初试图向吴佩孚妥协及发动第二次北京政变等等,不仅有刻意回避的情节,也存在着歪曲、失实的描述。

回忆录及日记是重要史料,尤其是像冯玉祥这样在历史上有重大影响的人物,以当事人的身份记述当时事,其价值是毋庸置疑的。尤为特殊的是,冯玉祥有追求时代潮流的进步倾向,有平民化的传奇色彩,更提高了世人及研究者对其回忆录的兴趣与重视。因此,众多研究者以他所言作为第一手材料,来评判其功过及所参与的重大历史事件。近年出版的冯玉祥传记,基本以他的《我的生活》、《冯玉祥自传》、《我所认识的蒋介石》等书为依据。众多著述大段抄录其中冯的自说自述,基本没有考证、不作辨析,①从而降低了其学术价值。出现上述情况的原因是多方面的,主要还是作者的政治观念及感情代替了科学研究。不可否认,任何论者在审视一个历史人物时,都有自己的政治理念,而在其研究过程中,又会形成一定的感情色彩,这是我们史学工作者应极力克服的。

北洋军阀各系头面人物,除袁世凯外,大都没有回忆录性质的文字留世,就连有秀才功名、又长期失意闲居的吴佩孚也是如此。唯独行伍出身的冯玉祥,其在世之时,不仅出版了自己的日记,还发表了自己不同历史时期的回忆录。这与其生活经历、性格均有一定关系。冯玉祥少年失学,渴望文化知识,故刻苦自学以补先天之不足。此后,他随着北洋宦海的沉浮,在追求军事权势的同时,也较多地考虑到自己身后的留名。为此,他在失意之后,格外重视撰写回忆录。这既是为自己立传立言,也是其政治活动的延续,为东山再起作宣传。但是在他写回忆录时,其所参与的一些重大军政事件大多已开始凝滞,世人对其已有一定的是非价值取向。所以,他从个人政治名利出发,有意回避或重构了一些重大史实。其日记也是如此。

近代著名历史学家陈恭禄先生说:"史料真实性的另一问题是讳饰与虚报。人们报告事件,关涉自己部分,常比较详细,因而忽视其他部分,于无

---

① 孟醒仁、曹书开:《冯玉祥传》,安徽人民出版社 1998 年版。

意中歪曲事实。更有本于个人的名利及集团利益,讳失败而夸大成功……"①这是他在谈及反面人物记载历史事件时告诫史学工作者的。实际上,不仅反面人物,就是对历史有贡献的人物也未必没有文过饰非的问题,爱讲"过五关斩六将"而不提"走麦城",这是人之常情。我们不要因某个人物在历史上的地位和名声,而忽视对其所提供史料的科学辨析。

新中国成立以来,由于政府的提倡与组织,回忆录大增,各级政协所编辑出版的文史资料均属此类。其基本是当时人写当时事,大多有较高的史料价值。但由于记忆、地位及受"左"的指导思想影响等原因,其间难免出现偏误,文中也不乏存在讳饰的问题,这些值得史学工作者重视。

原载:《史学月刊》2008 年第 4 期

---

① 陈恭禄:《中国近代史资料概述》,中华书局 1982 年版,第 32 页。

六、冯玉祥与武穴主和

1918 年 2 月,冯玉祥在武穴两次通电主和,这是他在护法战争期间的重要举措,受到各方势力的瞩目。以往论者在对此历史事件的叙述中,多将重点集中在冯玉祥的和平主张,并作出较高评价,但却少于关注事件幕后的缘由。① 实际上,在冯玉祥主和呼吁后面,还隐含着其更大的军政企图。下文试就此进行论述。

（一）

1917 年 10 月护法战争爆发。闽督李厚基因广东护法军压迫,屡向段祺瑞求援。段为与护法军对抗,也出于剪除异己的目的,派冯玉祥率第十六混成旅南下增援。冯不愿为皖系充当炮灰,先以兵力薄弱为借口,提出准其增加工兵、辎重各一连为先决;后又借口京汉路铁桥被洪水冲毁而拖延,直到得知傅良佐被湘军所逐,陆军部有意改令其援湘后,才急令部队由廊坊绕道京汉路、陇海路向南京进发。他待所部开拔后,电复陆军部:"部队已遵前令出发在途,遽难调转。"②冯玉祥的举动颇耐人寻味,对其而言,"援闽"与"援湘"只在于南下的路径,其之所以选择开赴江苏,是陆建章的幕后指使。陆是北洋元老之一,虽属皖籍,却与段祺瑞、徐树铮等不睦,自他在陕西

---

① 在现已出版的有关冯玉祥的传记、学术专著以及相关武穴主和的论文中,只有高兴亚的《冯玉祥将军》一书对冯的图皖之举有所涉及,但其也为冯辩护称"陆借冯玉祥主张和平来反对皖系,趁机为自己火中取栗,驱逐倪嗣冲,夺取安徽地盘",并且此书也未就此展开论述。

② 吴景南:《冯玉祥武穴通电主和前后》,《天津文史资料》,天津人民出版社 1988 年版,第 45 页。

被陈树藩驱逐,即欲借直皖之隙,依仗其内侄女婿冯玉祥的部队,夺取皖系干将倪嗣冲的地盘。从相关史料中可窥察冯玉祥与陆建章图皖意图。首先,段祺瑞在冯临行前警告其"和陆朗斋将军不要常常来往"①,这可以看出皖系对冯已有警觉;更能说明问题的是冯玉祥对倪嗣冲更加提防,他在率部南下时嘱咐先行的邹心镜注意两事,"(1)列车到达徐州后,须俟第二列到后集结行进。(2)在蚌埠时应特别戒备,以防意外。"②由此可见,冯玉祥此次率军南驰,其心另藏戎机。

11月12日,冯玉祥率部进抵浦口,江苏督军李纯殷勤款待。李拨给冯部"林明敦"步枪一千支,并极力挽留冯驻在浦口,称愿尽力相助给养及其他物品。冯"当即决定暂驻浦口,静待和平消息"。③ 他向陆军部索求军需及款项,借此向中央敷衍,以达屯兵浦口之目的。

李纯对冯玉祥的礼遇是直系同皖系斗法的策略之一。冯国璋要维持自己的地位和直系在长江流域的势力,其在陆建章的撮合下,指使李纯对冯玉祥曲意维护,加以拉拢和利用,以与皖系的武力政策相对抗。李纯为防止客军假途灭虢,也有借冯扼守浦口,既为其看守门户,又阻止鲁军南下的目的。李纯身为直系长江势力的翘楚,皖系早就欲除之后快,徐树铮就表示"欲求国事进步,非先更易鄂王、苏李,万无招手之地。李去则赣之陈无能为,惟虑其才不足以当此要冲,即可量为移调"。④ 天津督军会议后,张怀芝率山东暂编第一师由津浦路南下,会合倪嗣冲的安武军二十营,经浦口渡长江假赣境以攻粤北。时人即认为这是皖系阴谋,即"只待热热闹闹之时,于暗中令张怀芝、张敬尧等集中津浦路南段,一鼓打下南京,赶走李纯,处斩冯玉祥,生擒陈光远,横刀鄂岳、隔绝荆湘"。⑤

冯玉祥也正是利用冯国璋、李纯对自己的倚重,在此等待时机,来实现其与陆建章的图皖计划。倪嗣冲在安徽的统治并不稳固,军队又没有战斗

① 冯玉祥:《我的生活》,黑龙江出版社1981年版,第260页。
② 吴景南:《冯玉祥武穴通电主和前后》,《天津文史资料》,天津人民出版社1988年版,第45页。
③ 冯玉祥:《我的生活》,黑龙江出版社1981年版,第261页。
④ 李新、李宗一:《中华民国史》(第二编第三卷),中华书局1987年版。
⑤ 广州《民国日报》1918年1月5日。

力;浦口距安庆、合肥只几步之遥,冯玉祥正可以在时机成熟的情况下,再直接由浦口向安徽发起进攻。他曾派人至蚌埠窥察,但被倪嗣冲捕杀。① 此时,冯军原参谋长邱斌向陆军部揭露了冯玉祥的图谋,即其之所以"骤变宗旨,百般支吾,不肯前进",是由于"某老为主谋,依某师为护符"。② 有鉴于此,中央拟将冯旅划归张怀芝节制,但是冯玉祥却电称:"愿属苏督不愿隶鲁受张怀芝指挥。"③

在直皖矛盾层织的情况下,南方护法军于 1 月 28 日攻克岳州。皖系将失利归咎于直系的主和政策,纷纷压迫冯国璋下令讨伐西南,调离驻兵浦口的冯玉祥,处分不肯假道的陈光远。在皖系的压力下,冯国璋被迫做出主战的姿态,他告之李纯:"事已至此,无可磋商,惟苏省须出兵一旅,……交张宗昌带,免得西南指责,以留苏督人格,并可塞主战各督之口,俟战有利,再觅机言和。"④李纯因此催促冯玉祥开出江苏。冯玉祥只好离开浦口,另寻图皖之机。

(二)

1 月 29 日,冯玉祥率部自浦口逆江西进。他在途中曾于安庆、九江等地停留观望形势。2 月 5 日,冯玉祥以黄石港水浅,船只不能继续上驶为由在武穴登岸。随后,他于 14、18 日通电主和。

冯玉祥痛陈内战之非,指出总统下令讨伐,实出胁迫,因此,对于改道援鄂之命令,不敢冒昧服从。他向北京政府请求:"迅速罢兵,以全和局。"⑤他还表示对南方护法军的同情,即"人以护法为口实,我以北派为号召,名义之间,已不若人,况民意机关已归乌有",进而提出"国会早开,民气早申,罢兵修好,早定时局"。⑥ 冯的和平主张是值得肯定的,这也得到了孙中山的

① 广州《民国日报》1918 年 1 月 3 日。
② 中国第二历史档案馆、云南档案馆合编:《护法战争》,档案出版社 1993 年版,第 913 页。
③ 上海《申报》1918 年 1 月 13 日。
④ 章伯锋:《北洋军阀》第三卷,武汉出版社 1990 年版,第 484 页。
⑤ 冯玉祥:《冯玉祥选集》(中),人民出版社 1988 年版,第 59 页。
⑥ 冯玉祥:《冯玉祥选集》(中),人民出版社 1988 年版,第 63 页。

关注。但他又否认与西南通谊，称："其心无他，断无附和党人为不顾廉耻之事，且拥护中央之心始终未改。其军队不进者，恐士兵不振，有碍前方运作，所以暂驻武穴，以待命令。"①此外，他在当地监视电报局，扣留皖、鄂两省探报，收充当地军警及帮会武装，阻挠商船通过，派一营驻蕲州，一营驻广济②，"派军队二营会同武穴原有之水师一营将田家镇炮台把守，并将武穴沿江各岸设置大炮数十尊，专防他军进攻"。③ 这表明冯的举动绝非一般的申明政见，其中隐含着更深的想法。

冯玉祥在武穴的行动严重打击了皖系的武力政策。段祺瑞因其"托故逗留，通电主和"，以"勒提盐款"④为由，免去冯玉祥的第十六混成旅旅长的官阶，派董世禄代理。冯玉祥则针锋相对，他虽称将赴汉待罪，却又以全旅士兵的名义，通电中央收回成命，否则"即请将我官兵九千九百五十三人一律枪毙，以谢天下"，⑤他还授意全旅军官96人电请中央："为本旅计，为大局计，只知巩固团体，拥护中央，誓死绝不敢任我旅长遽去，以懈士气而误大局也。但成命一日不收回，军心一日不稳固，万恳俯鉴哀忱，早日收回成命。"⑥此外，他指使地方去电挽留。一时之间，武穴成为全国舆论的焦点。在外界看来，冯玉祥兵不过九千，身处弹丸之地，又与西南势力相隔重重，竟在北方主战派杀伐声不绝之时，倡言和平，其后肯定有某方的支持，这将引起长江流域情势大的变动。

冯玉祥发出主和通电之后，冯国璋电告曹锟、王占元对冯旅"严重警戒"，并拟订对武穴事件的原则，即"一、各方分别去电，切实劝诫。二、赶召陆建章来京。三、下令褫夺军职，责成倪张两路以武力压迫。以上三策依次

---

① 中国第二历史档案馆、云南档案馆合编：《护法战争》，档案出版社1993年版，第910页。

② 中国第二历史档案馆、云南档案馆合编：《护法战争》，档案出版社1993年版，第903页。

③ 广州《民国日报》1918年2月23日。

④ 中国第二历史档案馆编：《中华民国史档案资料汇编》第三辑，军事卷（二），江苏古籍出版社1994年版，第472页。

⑤ 简又文：《冯玉祥传》，传记文学出版社1983年版，第90页。

⑥ 中国第二历史档案馆、云南档案馆合编：《护法战争》，档案出版社1993年版，第915页。

行之。"①这只不过是表面文章。倪嗣冲屡请中央处置冯玉祥，冯国璋则对皖省代表李辅臣说："不必俟发命令，可嘱丹忱径自领兵攻讨"②，这对防守尚不足恃的倪嗣冲来说，分明就是挖苦。他称不应因武穴事件影响对西南用兵，即："中央讨伐命令，业经颁布，自当贯彻始终。断不以国军一小部分之冯旅，偶然歧异，遂生疑阻。"③但此时冯旅正附鲁军施从滨师之背，阻断其后方联络，使之进退失据，倪嗣冲又恨不得将所有皖军都回防本省，南下用兵根本就无从谈起。对于倪嗣冲指责李纯和冯玉祥的勾结，冯国璋则辩解："李督对于中央，向无违碍举动。近派一旅赴赣，已交张中将宗昌接统，……协助同系，尤足证明，谣言云云，万不足信。……将来冯旅既有反测，苏省方面，可无他虑。"④由此可见，冯国璋的举动无不表现出对冯玉祥的保护。实际上，冯玉祥主和的表示，很大程度上是出于冯国璋的授意。冯国璋在段系的压力之下，虽违心主战，但很希望冯玉祥的军队能公开主和，以挫段系的气焰⑤。冯玉祥也恰恰是在冯国璋的授意下，附和其和平之念，来实现其图皖的真实目的。

在直系地方实力派看来，武穴事件既可以打击段系的嚣张气焰，又能起到牵制其军事部署的作用，因此他们对冯玉祥的异举采取观望态度，甚至是与冯玉祥暗通声气。李纯虽斥责冯玉祥"以一旅长发出位之言，殊出意外，大部去电切责，当可憬然悔悟"。⑥ 但他在冯被褫职后，又致电北京历陈处分冯旅殊失公允。值得关注的是，李纯乘这一时机，借口张敬尧军队已开赴湖北，于 2 月 19 日，派第七十四混成旅进驻徐州⑦；并电请中央政府，要求统一江苏军权，划驻徐州之新安武军十营归己节制⑧；同时，他将应解中央

① 广州《民国日报》1918 年 2 月 21 日。
② 广州《民国日报》1918 年 2 月 19 日。
③ 中国第二历史档案馆、云南档案馆合编：《护法战争》，档案出版社 1993 年版，第 921 页。
④ 中国第二历史档案馆、云南档案馆合编：《护法战争》，档案出版社 1993 年版，第 912 页。
⑤ 高兴亚：《冯玉祥将军》，北京出版社 1982 年版，第 25 页。
⑥ 中国第二历史档案馆、云南档案馆合编：《护法战争》，档案出版社 1993 年版，第 908 页。
⑦ 广州《民国日报》1918 年 2 月 19 日。
⑧ 广州《民国日报》1918 年 2 月 25 日。

各款达二百四十万元"全数扣留,声明作为特别费用"①;陈光远在得知冯玉祥在武穴主和的消息后,通电称:"冯旅长玉祥通电发出后,诚恐言辞传播,宵小乘机,遵即转饬九江镇守使于沿江要隘,加意严防"②,却对驻在九江的潘鸿钧旅,仍旧不准假道;王占元对冯玉祥在武穴的主和行动处之泰然,当有武汉绅商叩问武(穴)、黄(岗)间是否将起兵祸时,他称事出误会,决与鄂境无碍③如此言行,可以说明其对冯玉祥的纵容。

<h2 style="text-align:center">(三)</h2>

冯玉祥止步武穴的同时,安徽也传出不稳的消息。亚东通讯社报道:"闻最近之将来,皖籍绅商拟发布一种逐倪迎冯之宣言。而署名于此宣言者,首列即朗斋将军,次为柏烈武、孙少武二氏。"④三人虽旨趣各异,但同属皖籍,就号召力而言,已经对倪在安徽的统治构成了威胁。陆军部电告倪嗣冲称冯玉祥有攻皖的准备,即:"冯玉祥停兵武穴,蓄意图皖,孙少侯、柏文蔚、陆建章均在其处,一攻安庆,一调江苏陆绍武(陆建章子)之游击队由浦口进攻蚌埠,并煽动蚌埠附近之军队,以为响应等语。希严察侦备,以遏乱萌。"⑤有报道称,冯玉祥与"皖南镇守使马联甲"⑥、"海州镇守使白宝山、徐州镇守使张文生"⑦、"原驻武穴之营长吕森林、九江镇守使吴金彪"⑧暗通声气,拟南北呼应,以驱逐倪嗣冲。《民国日报》预测,将来冯、倪果真兵戎相见,则"上游出一旅,下游亦出一旅,以夹攻皖省"⑨,即冯旅一出,则响应

---

① 广州《民国日报》1918 年 2 月 18 日。
② 中国第二历史档案馆、云南档案馆合编:《护法战争》,档案出版社 1993 年版,第 911 页。
③ 上海《申报》1918 年 2 月 28 日。
④ 广州《民国日报》1918 年 2 月 23 日。
⑤ 中国第二历史档案馆、云南档案馆合编:《护法战争》,档案出版社 1993 年版,第 915 页。
⑥ 广州《民国日报》1918 年 2 月 21 日。
⑦ 广州《民国日报》1918 年 2 月 23 日。
⑧ 广州《民国日报》1918 年 2 月 23 日。
⑨ 广州《民国日报》1918 年 2 月 19 日。

云从，不出半月，倪的统治就会瓦解。倪嗣冲对此惊呼"事变之来，恐在日前"①，他急调步兵十营、炮兵一营赴宿松、华阳等处设防，同时电请中央调派"得力"兵舰进驻安庆，巩固江防。2 月 14 日，倪嗣冲急电中央，称："近日谣诼之来，日必数起，或谓冯旅拟勾结党匪进攻皖省，或谓拟由宿松一带进犯皖北，甚至上海报馆发行号外，以至安庆、华阳一带人心惊疑，罔知所措。"②21 日，倪又电称"皖省兵力，本属有限，现虽派运十营前赴宿松扼要防守，万一该旅勾结各方土匪，同时并举，则分别震慑，尤非兵力充裕不能弭患无形"。③ 他主张先解决肘腋之患，即"曹、张驻鄂各军，正在进行，冯旅如有反动，与大局殊有影响。现已派队前赴华阳等处设防，施师至洵者，已有三团兵力，已不薄弱，似须先将冯旅解决，再向赣西抄进，方无后顾之忧。"④

陆建章的行踪也引人关注。《民国日报》2 月 28 日报道："兹据某机关所得南京密电谓，陆氏确已于十六日来宁。……出入督署一日数次，似有重要计划云云，又一消息云，陆已赴武穴与冯玉祥有所接洽。"⑤中央致电陆建章，请其早日来京，并请其劝慰冯玉祥服从中央。但是，陆正以安徽讨逆军总司令的名义，联络皖境反倪民军，活动于鄂皖边境及霍山、六安一带⑥，故以"建章人微言轻，纵百般劝导亦断难生效"辞之。⑦ 冯的部下高兴亚称："陆借冯玉祥主张和平来反对皖系，趁机为自己火中取栗，驱逐倪嗣冲，夺取安徽地盘。"⑧实际上，陆利用冯实现其政治野心，冯也希望在实现老长官"皖人督皖"的迷梦之后，为自己赢得更多的好处。正如外界评论："（陆）为

① 中国第二历史档案馆、云南档案馆合编：《护法战争》，档案出版社 1993 年版，第 906 页。

② 中国第二历史档案馆、云南档案馆合编：《护法战争》，档案出版社 1993 年版，第 903 页。

③ 中国第二历史档案馆、云南档案馆合编：《护法战争》，档案出版社 1993 年版，第 909 页。

④ 中国第二历史档案馆、云南档案馆合编：《护法战争》，档案出版社 1993 年版，第 907 页。

⑤ 广州《民国日报》1918 年 2 月 28 日。

⑥ 徐道邻：《徐树铮先生文集合刊》，转引自《中华民国史事纪要》1918 年 1—6 月，第 733 页。

⑦ 广州《民国日报》1918 年 2 月 23 日。

⑧ 高兴亚：《冯玉祥将军》，北京出版社 1982 年版，第 26 页。

之穿针引线,益如磁石之相吸引。"①

除了主和通电外,冯玉祥还借维护元首的名义,为自己讨伐倪嗣冲的合理性制造舆论。2月23日,他通电表示"玉祥迫于爱国之热忱,不敢冒昧言战以误将来。如有不以国家为前提,而以破坏为能事者,玉祥切愿为国前驱,万死不辞"②,将矛头直指宣战最甚的倪嗣冲。他称:"总统、总理始终以和平为心,中外共知,而某省则曰元首主和,即将独立。元首则曰本愿息事宁人,唯恐强藩独立,不得不进而宣战。"③这暗指倪嗣冲在蚌埠劫持冯国璋,威逼其返京之事。《申报》报道:"冯旅讨倪,十日前即有传说,……该旅军队每人身边均有冯氏发布之讨倪誓词,……可证实冯旅态度突变,其目的盖有所在矣。誓词如下:陆军第十六混成旅讨逆誓师词。倪贼倡乱,破坏纪纲,元首被逼,国会云亡,轻启战景,兄弟阋墙,贻殃中土,腾笑列强,此贼不去,国何能康,声罪致讨,我旅维扬,永矢勿忘。"④该誓词内容与冯玉祥的主和通电相互印证,有力地说明了其对进攻安徽有周密的筹备。此外,冯玉祥还向安徽散布耳目,侦察皖省局势,为其可能的行动准备。他甚至决定先发制人,解决进驻九江龙开河附近的潘鸿钧旅,只是因其所派军队辨错方向才无功而返⑤。由此可知,冯、陆二人攻皖已发动在即。

但是,局势突变。2月25日,经徐树铮策划,奉军在秦皇岛截夺军械,随后编成六个混成旅,迅速占领丰台、廊坊,威胁京畿。张作霖以拥护总统为名,提出罢免李纯、惩办冯玉祥。此时,身处中央的冯国璋成为傀儡,完全受制于奉皖两系。冯玉祥认识到攻皖已不可能,即使其得手,自己与陆建章也不会得到占据安徽的合法名义。而倪嗣冲则有恃无恐,其派重兵集结于皖鄂边境。与此同时,陆续开到的北洋军队对武穴形成包围,冯旅随时都有被围歼的危险。长江三督的态度也开始软化,王占元即与曹锟、张敬尧联名通电对冯斥责,望"苏赣两督切实劝导,另其服从中央命令,……倘再抗违,

---

① 广州《民国日报》1918年2月19日。
② 广州《民国日报》1918年2月23日。
③ 广州《民国日报》1918年2月19日。
④ 上海《申报》1918年2月22日。
⑤ 吴景南:《冯玉祥武穴通电主和前后》,《天津文史资料》,天津人民出版社1988年版,第45页。

即饬鲁皖两督速派重兵严重警戒,勒令解散"。① 冯玉祥处境尴尬,他只有立即放弃进攻安徽的计划,另寻他图。然而陆建章仍强逼冯向安徽进发。冯无奈,只得假意集合队伍动员,然后又佯装骑马摔伤,不服从陆之命令。陆见状悻悻而去。② 冯玉祥随后派张之江、吴景南分赴曹锟、张怀芝处,以取得曹、张的谅解和庇护。曹锟拟将冯收归己用,也借查办之名,派孙岳来武穴促冯开拔,命冯为援湘右翼司令,派参谋门致中、副官颜念慈为监军,又向段祺瑞代冯缓颊,请从宽处分,以观后效。段也怕与冯玉祥僵持不下会出现不测,遂顺势给冯革职留任的处分。不久之后,冯率军向湘西出发,占领石首、公安,6月攻陷常德。他致电中央称:"回首以思,愧悔万分,故抵津、澧之后,即经派队痛击,为民请命,幸获胜利,迭挫敌锋,……非敢图报,聊赎前愆。仍当激励言兵,奋速收复常德,以纾钧座西顾之忧,而副期望裁成之至意。"③作为奖赏,北京政府恢复冯的第十六混成旅旅长的职位,领陆军中将衔,令其兼署常德镇守使。

(四)

冯玉祥的武穴主和是其早期军政活动中颇为特殊的事件。他的口号与真实的动机有很大的差距,所以,他的举动呈现出复杂多面的特点。冯玉祥的反战和拥护孙中山的护法主张是值得肯定的,但这并不是该事件的主题。他以维护总统、吁言和平为旗帜,作出周密的计划,想一举攻占安徽,但随着形势的变化,他又收起了主和口号,掩饰己之最初企图,服从皖段的武力政策,使该事件以虎头蛇尾告终。事实证明,他后来的行动是对其此前主和的直接否定,这也说明其原来的政治主张只不过是为实现更大的军政企图找借口。冯玉祥在事后称:"我和平之义已昭告天下,我一旅之众,再也无法

① 广州《民国日报》1918年2月19日。
② 吴景南:《冯玉祥武穴通电主和前后》,《天津文史资料》,天津人民出版社1988年版,第45页。
③ 中国第二历史档案馆、云南档案馆合编:《护法战争》,档案出版社1993年版,第918页。

大举,情势已不容我再逗留,即接受了曹仲三的劝告。"①这样的辩解是苍白无力的。可以说,他在这一时期的作为是以攻皖为中心的,这既暴露了其对地盘的野心,也是其军阀政治的直接表现。

尽管如此,冯玉祥的武穴主和对其后的军政生涯有重大的影响。他的举动引起了孙中山的重视,故在此后派人与其进行政治联络;冯玉祥还由此依附曹吴势力,更为重要的是,他以李鸣钟代邹心镜,张之江代董世禄,分任第一、二团团长,将陆建章的私党清除,开始真正的掌握了第十六混成旅,这使他完全摆脱了陆建章对他的控制,为其以后的发展奠定了基础。

原载:《河北大学成人教育学院学报》2004 年第 1 期

---

① 冯玉祥:《我的生活》,黑龙江出版社 1981 年版,第 263 页。

七、胡憨战争与善后会议

1925 年春,段祺瑞为使自己当政合法化,在北京召开了一个与各派政治力量的会议,这就是所谓的"善后会议"。会议自开幕之始,就成为各派势力争权夺利的场所。更为引人注目的是,会议期间,国民军二军胡景翼与镇嵩军刘镇华、憨玉琨为争夺河南发生了一场激烈的战争,史称"胡憨战争"。胡憨战争不但与该会标榜的"解决时局纠纷"、"谋求和平统一"的宗旨背道而驰,给会议造成了严重危机,而且对会议的进程及结果乃至当时政局都产生了深刻的影响。然而,长期以来,学术界对此却涉及甚少。下面就这一问题进行探讨。

(一)

胡憨战争自 1925 年 1 月 23 日在河南禹县发生冲突始,2 月 22 日正式开战,至 4 月 2 日憨玉琨兵败服毒自杀止,始终与段祺瑞所倡导的善后会议相伴。这场战争表面上是二者为争夺河南而发生,但实际上是奉系、国民军系与段祺瑞皖系钩心斗角、进行混战的发端,有着非常复杂的社会背景。

北京政变后,北洋中央政府成立了由冯玉祥控制的黄郛摄政内阁。为解决国民二军的地盘问题,黄郛于 1924 年 11 月 8 日任命胡景翼为河南督办,孙岳为河南省长。① 段祺瑞因需要冯的支持,故与张作霖、冯玉祥在天津召开会议,同意国民军沿京汉线发展。因此,国民军二军视河南为自己的地盘。

1925 年 11 月 21 日,段祺瑞在各方"推戴"下重新上台,但其身边除了

---

① 《政府公报》1924 年 11 月第 8 期。

安福系政客外,并没有什么实力。然而,他又不甘居傀儡,故召集"善后会议",以此达到产生御用的国民会议,制定宪法,从法统上确立其合法地位的目的;并欲乘机收地方财权、军权于自己手中。此外,他又想方设法欲安插王揖唐到安徽当督军,想从国民二军手中夺得河南,故唆使陕西督军刘镇华出兵攻豫,再以自己的亲信吴新田代刘出任陕督。这样他一举可以控制陕皖豫等数省。

此时,吴佩孚已逃到河南。11月下旬,国民军二军、三军开始南下向河南进发。但是,当胡景翼部与吴军张福来部在彰德对峙时,刘镇华的部下憨玉琨已抢先占领了洛阳、郑州、开封。

北京政变后,刘镇华急于投靠段祺瑞以求自保,曾向其子段宏业行贿二十万元①,保住陕督位置。刘镇华及镇嵩军头目憨玉琨、张治公等均是河南人,在陕西属客籍,所据陕西不过西安及周围数县。所以,他一心想攫取河南,这样既可荣归故里,又可安抚有野心的憨玉琨等人。段让他夺豫正迎合了其上述心理。1924年11月8日,刘通电表示:"愿调河南,陕西督理一缺即与胡笠僧,则陕人治陕、豫人治豫,顺理成章。"②他派憨玉琨出兵河南就是欲达此目的。憨玉琨占据豫西二十余县,大量收编土匪扩充军队,并野心勃勃,想脱离刘镇华,"自霸中原"③。与胡景翼国民二军形成对峙的局面。

1924年12月6日,段祺瑞又重新任命胡景翼为河南督办。这是他有悖自己本意、屈从国民军压力的结果。冯玉祥在段祺瑞就任临时执政的当天就宣布"下野",从而给段造成巨大的政治压力。段祺瑞为了维护自己的统治,不得不对国民军有所安抚,故下此令。此外,他还进一步摆出调停姿态,让憨部让出开封、郑州。但是,段又想在河南造成胡憨互相牵制,以使二人均依附于他的局面。

胡景翼在河南立足未稳,不乐意看到憨玉琨势力膨胀,为了避免战端,曾请与刘、憨有关系的张钫(伯英)出面调停,局势一度缓和。胡、憨并曾有

---

① 章伯锋:《北洋军阀》第五卷,武汉出版社1990年版,第209页。
② 《刘镇华谋督豫》,《上海民国日报》1924年11月18日。
③ 《胡刘两军开火证实》,《晨报》1924年12月9日。

合作的打算。① 他计划国民二军全力沿京汉路南下,攻取汉口,让憨玉琨部经老河口、襄樊沿汉江南下,攻取汉阳,会师武昌。事成之后,胡据湖北,憨占河南。憨对此也甚赞成,曾向刘镇华请示。但是刘对此表示了拒绝之意。然而,憨的决心尚未因刘的态度而有所动摇。

但是,段祺瑞及奉系张作霖均害怕国民二军势力扩充,欲对其釜底抽薪。段联络晋阎、陕刘和甘陆搞三省同盟,"欲扶植与胡景翼足以对峙之势力于河南"②,极力挑拨胡憨关系。此外,胡景翼也没有兑现曾答应让憨玉琨任河南军务帮办的诺言。因此,胡憨关系迅速恶化。此后,胡虽然又同意让憨玉琨任豫陕甘剿匪副司令,但仍得不到憨的谅解。此时,遏制或消灭国民二军一时成为北方各实力派共同的战略目标,憨玉琨则成了各方实现上述目标的最有力的工具。奉张、晋阎、陕刘和憨订立了联合消灭国民二、三军的密约,至于河南军民两政一切善后事宜,届时三方协商处理③。因此,憨玉琨决心与胡景翼反目。

(二)

1924 年 11 月 21 日,段祺瑞发出"马"电宣布将就任临时执政;并宣称将于一个月内召开以"解决时局纠纷,筹备建设方针为主旨"的善后会议,三个月内召开"援美国费府会议先例,解决一切根本问题"的国民会议④。12 月 24 日,段政府公布了《善后会议条例》,25 日,特派许世英"筹备善后会议事宜"。

12 月 30 日,根据此条例,段发出致"各军首领各省区及蒙藏青海军民长官卅电",1925 年 1 月 1 日,又分别发出致"孙中山和黎宋卿、章太炎的东电",⑤邀其或派代表参加善后会议。国内各派军政势力对此反应不一。

---

① 沈云龙:近代中国史料丛刊《中华民国史料》第 13 卷,台湾:文海出版社 1998 年版,第 629—630 页。

② 《危机一发之河南问题》,《申报》1925 年 2 月 23 日。

③ 韩玉辰:《关于李景林与国民军》,《文史资料选辑》第十八分册第 51 辑,中国文史出版社 1986 年版,第 77—81 页。

④ 《善后会议公报》第 533 卷(1),台湾:文海出版社 1998 年版,第 2 页。

⑤ 《善后会议公报》第 533 卷(1),台湾:文海出版社 1998 年版,第 2—5 页。

奉系、西南军阀、山西阎锡山及长江流域直系残余势力,从维护自己利害关系出发,大体对善后会议都抱利用和支持的态度。黎元洪、①章太炎则拒绝参与善后会议。②

国共两党均坚决反对善后会议。孙中山主张召集"国民会议"解决国事,12 月 26 日发出反对善后会议的通电。1925 年 1 月 17 日,孙中山在"筱"电中又声称,如果善后会议能容纳各人民团体代表,他也予以赞同③,因段祺瑞拒绝了这个条件,故国民党拒绝出席会议。共产党则积极宣传"国民会议"的主张,在全国发动了轰轰烈烈的国民会议运动。故此,对待善后会议的态度成为当时政治态度的试金石。

冯玉祥的下野,是以退为进的策略。一方面,他与国共两党人士来往密切;另一方面,对待善后会议的态度暧昧微妙。他借此会召开之机,向段施加压力,与之讨价;在得到一些实利后,采取了与段合作的态度,派代表与会,并企图通过该会获得更多的利益。

胡景翼的态度则有一番变化的过程。他督豫后,在国共两党人士的帮助下,颇想有所作为。他在河南积极推行联俄、联共、扶助农工三大政策,工运、农运等开展得有声有色。他还于 12 月 23 日致电给孙中山,响应"国民会议"的主张④。

但是,胡景翼毕竟是个旧军人,有较强的实用主义思想。他一方面要与冯玉祥在政治上保持一致,另一方面又得依靠段祺瑞巩固自己在河南的地位,想通过善后会议确立和巩固自己在河南的合法地位。1925 年 1 月 6 日,胡发出参与善后会议的"鱼"电,派于右任为国民二军全权代表,李述膺为河南军务帮办代表,刘守中为河南省全权代表。⑤ 后因于右任不能与会,2 月 6 日又改派李仲三、张炽章接任。⑥ 部下岳维峻 1 月 17 日也发出"筱"

---

① 《黎饶辞善后会议》,《申报》1925 年 1 月 16 日。
② 《章太炎反对善后会议》,《申报》1925 年 1 月 28 日。
③ 《善后会议公报》第 533 卷(1),台湾:文海出版社 1998 年版,第 12 页。
④ 中国第二历史档案馆:中华民国史料丛刊《善后会议》,档案出版社 1985 年版,第 6 页。
⑤ 《善后会议公报》第 533 卷(1),台湾:文海出版社 1998 年版,第 15 页。
⑥ 《善后会议公报》第 533 卷(4),台湾:文海出版社 1998 年版,第 11 页。

电,派马骧与会,①25 日又改派寇遐列席。② 依附于国民二军的米振标于 1 月 19 日发"效"电,派夏东晓出席会议。③

国民三军孙岳除了要与国民一、二军在政治保持一致外,又要依靠段解决其驻军地盘问题。北京政变后,孙岳部占据保定、大名两地。但李景林督直后,坚持要收回两地。孙岳如离保,则"京畿一带之冯军,与西北一带之冯军,及西南一带之胡军,皆不能联成一气,遇事将有呼应不灵四面受敌之忧"④。因此,孙、李就保大两地进行着激烈的争夺。段祺瑞迫于奉张的压力,设法将孙岳调离保定,但孙岳以辞职为筹码向段施压。段为了安抚国民军,又任孙岳为豫陕甘剿匪总司令,并许孙军暂驻保定,以维持国民军京汉线的联络。孙岳也想通过善后会议求得驻地问题的解决,于 1 月 16 日发出"铣"电,响应善后会议,派高级顾问王法勤、总参议徐卓增为代表。⑤ 因王法勤不能与会,31 日又改派参谋长刘汝贤接替。⑥ 部下何遂 20 日发出"号"电,派吕公望与会,⑦28 日又改派金兆炎出席。⑧

刘镇华对善后会议当然持支持态度,企图借拥护中央,取得更多的实利,1 月 16 日致"铣"电,派驻京代表楚伟经、陕西财政厅长梁文渊为全权代表,⑨30 日又改派郭毓章、王泽敀与会。⑩ 段为笼络刘镇华和憨玉琨,在允许憨驻豫的同时,并答应刘镇华请"授憨相当名义"⑪的要求,于 1 月 18 日任憨为豫陕甘剿匪副司令。憨也企望依靠段取得河南,在 22 日发"养"电,派代表齐真如出席善后会议。⑫ 实际上,胡景翼、憨玉琨及刘镇华,都对"善

---

①《善后会议公报》第 533 卷(1),台湾:文海出版社 1998 年版,第 26 页。

②《善后会议公报》第 533 卷(1),台湾:文海出版社 1998 年版,第 32 页。

③《善后会议公报》第 533 卷(1),台湾:文海出版社 1998 年版,第 29 页。

④《大堪注目之直省长问题》,《申报》1925 年 1 月 13 日。

⑤《善后会议公报》第 533 卷(1),台湾:文海出版社 1998 年版,第 24 页。

⑥《善后会议公报》第 533 卷(2),台湾:文海出版社 1998 年版,第 18 页。

⑦《善后会议公报》第 533 卷(1),台湾:文海出版社 1998 年版,第 29 页。

⑧《善后会议公报》第 533 卷(2),台湾:文海出版社 1998 年版,第 18 页。

⑨《善后会议公报》第 533 卷(1),台湾:文海出版社 1998 年版,第 25 页。

⑩《善后会议公报》第 533 卷(1),台湾:文海出版社 1998 年版,第 38 页。

⑪ 中国社科院近史所民国史研究室:中华民国史料丛稿《大事记》第九辑,中华书局 1978 年版,第 223 页。

⑫《善后会议公报》第 533 卷(2),台湾:文海出版社 1998 年版,第 17 页。

后会议"寄予希望,把其当做争夺河南的另一个战场。

（三）

　　就在善后会议开幕之前,河南局势迅速恶化。1925 年 1 月 23 日,禹县地方民团、土匪在憨玉琨的唆使下,收缴了胡部曹世英旅的枪械,从而发生了冲突。至此,双方都加紧备战。

　　虽然战云密布,善后会议仍于 2 月 1 日开场。

　　会议声称"解决纠纷",然而,时值会议开幕之际,各地军事行动及敌对行为并未停止,且河南又将有爆发战争之势。在会员的提议下,2 月 4 日,段祺瑞通电全国,要求"善后会议开会期内,各方军事行动及其他敌对行为均须完全停止,各方如有争执,均应提出善后会议,听候解决"①。

　　冯玉祥鉴于国民二军的不利处境,出面调停。当时,国民二军有一部分驻在陕西渭北,2 月 9 日,冯致电各方,谓"以职权论,渭北应归陕,豫西应归豫;以驻军论,渭北之师应归豫,豫西之师应归陕"②。对于想占据河南的刘镇华憨玉琨来说,此种方法难以接受。冯调停失败。

　　此时,胡景翼收到李景林送来的关于奉张、晋阎、陕刘和憨玉琨联合攻豫的密约。李景林因不愿舍弃现有直隶的地位而冒进攻河南之险,才有是举。③ 胡得此消息后,决心与憨开战。

　　河南危机是段自己一手造成的,但又不欲在会议期间发生战事,怕会议"无法自圆其说,且恐因此而牵涉他方面之战事,则更将无法收拾"④。但是,胡、憨双方没有顾及段政府的通电,于 2 月 22 日正式开战。这使段处于尴尬地位,急忙派孙岳入豫调停。

　　孙岳与胡憨均有很深的关系,憨任豫陕甘剿匪副司令乃孙岳所保荐。且憨曾一度游说孙岳,挑拨胡孙关系,谓"公为省长不得到任,为剿匪司令,

　　① 《国内专电》,《申报》1925 年 2 月 6 日。
　　② 《胡憨有和缓希望》,《申报》1925 年 2 月 20 日。
　　③ 韩玉辰:《关于李景林与国民军》,中国文史出版社 1986 年版,第 77—81 页。
　　④ 《胡憨仍对峙巩洛间》,《申报》1925 年 3 月 10 日。

而军队亦不能赴豫,不如与琨合作,协力骗胡,平分军民"。① 因胡孙关系更非同一般,故孙岳作为调人双方均能接受。

段派孙岳做调人,既"可以两全的手段处置河南的胡憨争端,又可使孙岳军队离保定,了却直隶孙李相争的一段旧公案"②。此外,他还企图使国民二、三军争夺河南,达到削弱国民军的目的。

孙岳因与李景林争夺保大两区,尚无就食之地。段派其做调人,实际上给他提供了一个向外发展的机会,所以孙岳也乐于接受。但其最终目的是什么,孙岳自己也拿不定主意,抱走着瞧的心理受任。然而,其骨干将领徐永昌等人坚决主张以此为由,西进占陕图甘③,所以,孙岳偏袒胡景翼是必然的。

2 月 24 日,段祺瑞执政据孙岳所拟的办法电令胡憨所部,"按照现驻地点,各退五十里驻扎,以免步哨接触,致启衅端,除特派孙岳驻地检查外,着即各率所部,遵令移驻,勿得迟延"④。但两方置若罔闻。

此时,孙岳不得不有些调停的表示,首倡在新乡召开和平会议,协商解决办法,憨未响应,又倡在郑州举行,也未成功。孙岳已知道无法解决胡憨矛盾,故已决心助胡打憨。

胡憨之战的爆发,打乱了善后会议正常议程。2 月 27 日,善后会议召开第四次大会。熊希龄会员离开原定会议主题,就河南有军事行动向大会提出质问,认为这"殊与本会信用相关,且本会亦难免根本摇动"⑤,并请政府代表说明此事。身为大会主席的汤漪害怕战事冲击会议,故极力掩饰真相,敷衍说:"段执政声称决不致发生战事,惟该处军队统系复杂,容有误会,……已派孙禹行省长前往调查,一定负责制止,并无战事发生。"⑥汤的答复并不足以释疑。会员杨永泰"极为赞成"熊的提议,并进一步要求政府

① 《豫西问题与孙岳》,《申报》1925 年 2 月 21 日。
② 立民:《胡憨战争》,《东方杂志》,1925 年第 22 卷第 4 期,第 5 页。
③ 徐永昌:《求已斋回忆录》,《传记文学》第 49 卷,台湾:传记文学出版社 1986 年版,第 57—59 页。
④ 《段合肥对豫之第一道灵》,《长沙大公报》1925 年 3 月 1 日。
⑤ 《善后会议公报》第 535 卷(4),台湾:文海出版社 1998 年版,第 35 页。
⑥ 《善后会议公报》第 535 卷(4),台湾:文海出版社 1998 年版,第 35—36 页。

军事当局说明此事。① 有鉴于此,胡憨代表也极力掩饰真相。胡代表李仲三强调胡景翼和孙岳都有电报到京,声明"并无战事,不过小有冲突"②。憨代表齐真如则大肆攻击报纸上载的有关河南战事消息是误传,并声称其实"战事亦不致如何激烈"③。胡景翼与憨玉琨本来对善后会议取支持态度,但双方开战是与该会宗旨完全相悖的,故他们不得不极力掩饰真相。刘镇华代表王泽敛则攻击胡代表言之不实,以使胡景翼遭受大会的谴责④。上述言论交锋更使与会代表不满。熊希龄又一次追问和提议,请政府说明事真相。⑤ 在此情况下,政府委员张树元继续敷衍,谓报纸宣传不可靠,政府正在尽力调解,并强调"大战决不至于发生"。⑥

无论段政府和胡、憨代表如何掩饰中原战火,但事实上战事愈益扩大。段政府无力制止,但为了使善后会议继续下去,对于会员的质问,只得搪塞和敷衍。因此,各派政治力量纷纷以此为借口,对会议提出非难。会员江亢虎反对会议继续进行,认为"解决时局纠纷一事,当由执政府自身处理之,此类会议,不能操其权,亦不必分其责,即就事实论之,亦绝非此类会议所可能"⑦。胡适虽对善后会议"有许多怀疑之点"⑧,但最终抱着尝试态度出席了会议,及河南战事发生,即致函和打电话询问此事。政府敷衍塞责,胡适愤而辞善后会议会员,认为"在此战争状态之下,绝对无成功希望,万难再行列席"⑨,汤漪等百般劝阻,胡态度非常坚决,中途退场了。

会议自开幕以来,未决一案,现又面临各方的攻击,更难收场,段也"不欲豫省战事之延长,致使善后会议添一不治之恶症"⑩,故极力息事宁人。

3月3日,孙岳又发通电,主张胡、憨各派全权代表至偃师开会,商讨和

---

① 《善后会议公报》第535卷(4),台湾:文海出版社1998年版,第36页。
② 《善后会议公报》第535卷(4),台湾:文海出版社1998年版,第37页。
③ 《善后会议公报》第535卷(4),台湾:文海出版社1998年版,第37—38页。
④ 《善后会议公报》第535卷(4),台湾:文海出版社1998年版,第37页。
⑤ 《善后会议公报》第535卷(4),台湾:文海出版社1998年版,第47页。
⑥ 《善后会议公报》第535卷(4),台湾:文海出版社1998年版,第57—58页。
⑦ 《江亢虎对善后会议之演说》,《申报》1925年3月7日。
⑧ 中国社科院近史所民国史研究室:《胡适来往书信选》(上),香港:中华书局香港分局1983年版,第296页。
⑨ 《胡适辞善后会议会员》,《晨报》1925年3月6日。
⑩ 《郾师和平会议之前途》,《申报》1925年3月9日。

平解决办法。此时双方大战正酣,没有响应孙岳的通电。6 日,孙岳宣布调停失败,并谴责刘镇华矫称中央命令,助憨攻胡,妨碍和平会议,有意破坏大局,[1]并令国民三军助胡攻憨。事实上,国民三军早已参战。至此,战争又进一步升级。

战事的发展,严重影响了会议的进程。各代表以此为借口,拒绝出席会议,致使 3 月 10 日第六次大会不足法定人数,改开预备会。出席会议的会员就河南战争问题引发了是否应当休会的激烈的争论。任可澄首先提议"休会一星期",因"各方面极力作战,本会议从容讨论,岂非笑柄"。[2] 李桓(洪兆麟代表)"非常赞成"。[3] 有鉴于此,政府委员贾德耀竟然声称双方均来电谓已退兵,[4]其实战事正激烈。至于休会的提议,遭到刘朝望(王揖唐代表)和国民二军代表的强烈反对。刘朝望把制止战争和休会割裂开来[5]。寇遐援引两广战事发生于善后会议开幕之前,而该会能照常进行,若因河南战争而休会,道理上是行不通的。他还说明议事细则并无休会之规定,设此例一开,如"再发生战事时,本会议是否又当援例休会"。[6] 李仲三更是态度强硬,以"退席"相要挟反对休会[7]。与此同时,国民军代表还要求政府"先判明双方之曲直是非",然后才能"解决纠纷",况"胡督办对于本会议殊为抱歉",如果休会,可能对"时局前途妨碍更甚"。[8] 国民军代表之所以持这种态度,因善后会议以"谋和平"为目标,如果因河南战事而休会,他们就得承担破坏和平的罪名,遭受谴责,故不得不为自己开脱责任。刘镇华和憨玉琨的代表则保持沉默,一方面说明他们也怕承担休会之责,另一方面也反映出刘、憨理屈的心态。由于休会的提议遭到如此强烈的反对,任可澄被迫自请撤回。

---

① 沈云龙:近代中国史料丛刊《中华民国史料》第 13 卷,台湾:文海出版社 1998 年版,第 626—627 页。

② 《善后会议公报》第 537 卷(6),台湾:文海出版社 1998 年版,第 14—15 页。

③ 《善后会议公报》第 537 卷(6),台湾:文海出版社 1998 年版,第 16—17 页。

④ 《善后会议公报》第 537 卷(6),台湾:文海出版社 1998 年版,第 22 页。

⑤ 《善后会议公报》第 537 卷(6),台湾:文海出版社 1998 年版,第 22 页。

⑥ 《善后会议公报》第 537 卷(6),台湾:文海出版社 1998 年版,第 20 页。

⑦ 《善后会议公报》第 537 卷(6),台湾:文海出版社 1998 年版,第 22 页。

⑧ 《善后会议公报》第 537 卷(6),台湾:文海出版社 1998 年版,第 22—23 页。

3月18日,会议举行谈话会,任可澄又要求政府"设法使各战区之军事行动,一律停止"。① 但战争并非空言就能制止,政府对此无能为力,故对任的建议不闻不问。战争和会议像两道平行线,各自向前延伸。至21日,国民军占据潼关,堵住刘镇华的归路,4月2日,在国民二、三军的联合进攻下,憨玉琨兵败服毒自杀。战争结束后,善后会议得以继续进行。但是,政府的权威及法律地位丧失已尽。会议虽然通过了收束军事案,整理财政案,国民会议组织条例三大案,但已毫无意义,4月21日,会议在段祺瑞百般委曲求全之下,无任何具体积极结果而闭幕。胡憨战争是导致善后会议失败的原因之一。

(四)

1925年是民国北洋时期最动乱的年头之一,善后会议及胡憨战争是这个可怕岁月的不祥发端。

段祺瑞发起了善后会议,以"善后"为务,但是却无力制止战争。所以,当时的《申报》评论说:"作战双方,於会中意见,付之不睬,即执政直接告诫,亦复不能遵从,是故该会成为滑稽之装饰品。"②

胡憨战争冲击了"善后会议",从而也就沉重地打击了段祺瑞执政府。胡、憨二人无视政府的权威,大打出手。段政府的命令没有任何效力,"明知两方不真心服从,而终不得不发其命令;明知事非空言所能调和了,而终不得不出于调和;明知孙岳对于胡军一方有特别关系,而终不得不派孙岳赴豫做调人;对于善后会议的质问,则用虚言去掩饰;对于两军的来电报捷,则大都予以敷衍"③,这哪有一点儿中央政府的权威。北洋中央政权一代不如一代,皖不如袁,直不如皖,段再次上台更不如直,胡憨战争就是明证。

战争与善后会议的结局,使段祺瑞原来北洋之虎的余威丧失殆尽。不仅西南军阀看不起他,长江流域的直系势力也视他为可有可无。此后,他们

---

① 费保彦:《善后会议史》,寰宇印刷局1925年版,第105页。
② 《外报之善后会议观》,《申报》1925年3月31日。
③ 立民:《胡憨战争两面观》,《东方杂志》,1925年第22卷第11期,第4页。

望其不再生畏,把目光再次投向了在岳州蛰伏的吴佩孚。所以,时人说现在的段祺瑞,行为举止"反类于当年的徐世昌了"①。

善后会议与胡憨战争,均是段一手造成的,他本身就是"时局纠纷军阀争斗的酵母"②,这是由他的军阀本性所决定的。自己没有什么军政实力,妄图以个人实用主义权术重整旗鼓,其结局只能落个"北京烤鸭"的下场(张作霖语)。所以,善后会议及胡憨战争,既是段祺瑞军阀本质的暴露,也是其政权短命的预兆。

善后会议及胡憨战争,最大的受益者为国民军系,一定程度上,善后会议成为国民军利用的工具。会前,冯玉祥国民一军就获得察绥等地盘及新扩充的军队编制名义,会后国民二军巩固了其在河南的地位,国民三军由此进驻陕西,孙岳并得到陕督一职。这是冯玉祥等在自成一系后,其军阀实质的充分表现。这说明冯、胡等人在此时靠近进步势力是虚,扩充势力及地盘才是其最终目的。

总之,善后会议与胡憨战争,是研究 1925 年北方政局及冯玉祥国民军政治趋势的重要环节。

原载:《河北大学学报》(哲学社会科学版)2002 年第 1 期

---

① 松涛:《段执政应付时局的方针》,《东方杂志》,1925 年第 22 卷第 11 期,第 2 页。
② 和森:《河南战争的祸首——段祺瑞》,《向导》第三集(105),人民出版社 1954 年版,第 873 页。

八、冯玉祥与曹锟贿选

　　曹锟贿选是民国史上一大政治丑闻。冯玉祥与贿选关系如何？这是研究他前半生政治思想发展的一个重大问题。冯玉祥在世时，世人对此就说法不一。攻之者说他曾参与其事；誉之者则辩驳说无；他自己则说曾坚决反对"贿选"。① 近年来，介绍及研究冯玉祥的专著日渐增多，但对此论述不一。冯洪达、全华心在所著《冯玉祥将军魂归中华》中说：他对"曹锟的贿选和军阀混战都极感厌恶……"②郭绪印、陈兴唐在《爱国将军冯玉祥》中说他："对曹锟贿选和吴佩孚的武力统一政策不满。"③高兴亚在《冯玉祥将军》一书中，只是承认他"乘机参加了索饷运动"，但反对贿选。④ 简又文先生在《冯玉祥传》中认为，冯玉祥误信了王怀庆的话而"上了大当"，从而参与了 6 月 13 日驱黎的活动。⑤ 上述说法，均不准确，并没有说清事情的全部真相与实质。笔者试就其进行探讨。

（一）

　　冯玉祥在北洋军阀集团中，是个较独特的人物。他有较强的爱国心理，又有一定追求进步的倾向；但是，多年的军阀政治起伏也使他学会了使用实用主义权术。他自称在北洋军阀集团中不属于任何派系，但实际上不是如

---

　　① 冯玉祥：《我的生活》，黑龙江人民出版社 1981 年 2 月版，第 387—388 页。

　　② 冯洪达、余华心：《冯玉祥将军魂归中华》，文史资料出版社 1981 年 8 月版，第 7—8 页。

　　③ 郭绪印、陈兴唐：《爱国将军冯玉祥》，河南人民出版 1887 年 8 月版，第 64 页。

　　④ 高兴亚：《冯玉祥将军》，北京出版社 1982 年 10 月版，第 47—48 页。

　　⑤ 简又文：《冯玉祥传》，台北传记文学出版社 1983 年版，第 138—139 页。

此。冯玉祥出身行伍,之所以能风云际会,没有后台是不行的。他首先靠陆
建章的提携而发迹;在北洋军阀集团分成直皖两系之后,又随陆建章而亲
直,尔后又投靠了直系的曹锟。

冯玉祥与曹锟本无历史渊源。1917 年,护法战争爆发,北洋军阀集团
直皖两系矛盾加剧。11 月,冯玉祥奉命南下去福建与"护法军"作战。他对
段祺瑞的内战政策早就不满,又由于直系从中策动,故先在江苏浦口屯兵不
动,然后又在湖北武穴两次发出主张和平反对内战,同情孙中山"护法"主
张的通电。① 这就是所谓的"武穴主和"。此举对冯玉祥日后的道路发生了
复杂的影响。孙中山由此对他开始重视,并通过徐谦等人与其建立了政治
往来;而曹锟则由此力图将冯收为己用。

冯玉祥的武穴主和打乱了段祺瑞进攻南方的战略部署,故段祺瑞十分
恼怒,下令对冯"撤职查办",并调数万大军包围冯部第十六混成旅。冯国
璋也在段的压力下,免去冯玉祥旅长职务,并交曹锟"严切查明,呈候核
办"。② 冯玉祥面对险恶形势,派人运动各方。冯旅全体官兵也发"东"电
(3 月 1 日),请求北京政府收回成命,"否则即请将我官兵九千九百五十三
人一律枪决,以谢天下"。③ 冯玉祥及所部的强硬态度,使段祺瑞无可奈何。
这时曹锟借查办之责,以调停姿态出现,力图将训练有素的冯部收归己用。
曹派冯玉祥的旧相识孙岳劝冯遵命开赴湘西战场,同时还电请段祺瑞准许
冯"戴罪图功"。段祺瑞因冯部牵制了北洋军十七个旅,也不想事态扩大,
于是就送了曹锟个人情,重新给冯以"革职留任"、"交曹锟节制调遣"的处
分。冯玉祥也软化了自己的态度,遵命开赴湘西,并由此投靠曹锟,正式成
为了直系的成员。

冯玉祥在直系中的地位较为特殊。他不是曹锟的嫡系,但因治军有方,
所部训练有素,故曹对他比较器重,曾拟将冯旅改编为师,并为冯部向北京
政府索要过欠饷,但这均由于吴佩孚的排斥而不了了之。④ 吴佩孚与冯玉
祥资历一样,均是在 1914 年升任为旅长,但他是曹的心腹爱将,故升迁较

---

① 《冯玉祥政治要电汇编》,北平东方学社 1933 年版(内政),第 7—8 页,第 9—10 页。
② 李泰棻:《国民军史稿》,第 31—32 页。
③ 李泰棻:《国民军史稿》,第 31—32 页。
④ 《大公报》1921 年 3 月 17 日,3 月 31 日。

快。尤其是直皖战后,吴佩孚以直鲁豫巡阅副使的身份在洛阳大肆扩军,拥有五个正规师、两个非正规师的实力,并操纵了直系的实权。他怕冯玉祥的势力发展,故百般压抑。1921 年,冯玉祥随阎相文驱皖系陕督陈树藩"有功",为此,阎多次电请将冯部扩编为师,经阎力争并得曹锟的赞同,才在不加饷、不增械的条件下,升任师长,旋因阎自杀升任陕督。这样,坐了七年旅长冷板凳的冯玉祥终于在曹的提携下成了封疆大吏。所以,曹锟对冯也有"知遇之恩"。① 第一次直奉大战,冯率部助战,为直系取胜立了大功,从而当了河南督军,但仍受到吴佩孚的百般压制。为此,他曾跑到保定找曹锟哭诉,自称是无娘孩儿来寻母,但哭没有用,河南地盘还是失去了。吴打算调冯为安徽督军或热察绥巡阅使,未得曹锟的同意,最后才调为"陆军检阅使"。冯对此十分不满,后在曹锟的百般安慰下,才进京赴任。尔后,吴佩孚又想以荐他为"库伦都护使"为名,逐其出京。冯玉祥敢怒而不敢言,一面表示"吾定服从之"②,一面在曹锟处疏通,才以得免。故此,冯玉祥更亲曹而恨吴。

冯玉祥在直系中的地位,决定了他的政治态度。他虽然与孙中山保持联系,但因政治上的混乱,对中山先生的事业既不理解也没有信心,认为北伐是"虚张声势"③;而从实用主义立场出发,在直系集团中愈依靠曹锟,接近拥曹的津、保二派。他支持直系为曹锟谋取总统所提出的"法统重光"、"恢复旧国会"的政治骗局,并为此遭到孙中山的严厉批评。④ 孙中山鉴于直系军阀已成为革命最主要的敌人,故主张联奉反直,并通过徐谦向冯玉祥提出规劝。但是,冯玉祥对此不仅拒绝,还在日记中写道:"吾到北京后,奉氏派人说我奸曹,又徐季龙(谦)电(云),若助奉张,伊给饷、噫,见小利而忘大义,可得谓之人呼!"⑤

总之,冯玉祥当时的政治水平及与曹锟的历史渊源,决定了他在曹锟贿

---

① 《文史资料卷辑》(九),第 123 页。

② 《冯玉祥日记》第一篇,卷五,北平民国史料编辑社,1932 年 8 月版,第 13 页、第 36 页、第 38 页。

③ 《冯玉祥日记》第一篇,卷五,北平民国史料编辑社,1932 年 8 月版,第 13 页、第 36 页、第 38 页。

④ 《历史档案》1984 年 3 月,南京档案馆。

⑤ 《冯玉祥日记》第一编,卷四,北平民国史料编辑社 1932 年 8 月版,第 60 页。

选时所持的立场。

（二）

冯玉祥说："贿选的第一步，就是对原任总统黎元洪加以驱逐，他们收买了几家报纸，利用之以对黎作种种的攻击，更进而收买了大批猎仔议员，使之对黎作种种的非难。最后，又唆使直系的师旅长群起向黎索饷。"①事实正是如此，只是，他回避了自己在其中的活动及作用。实际上，他也参与了为贿选铺路的驱黎活动。

第一次直奉战后，曹锟、吴佩孚之所以让黎元洪复出任总统，其目的是以此表示"尊重法统"，达到利用旧国会制宪，为曹锟上台创造条件。黎元洪重温总统旧梦不久，就成为曹锟谋当总统的障碍，虽然其任期余日无多，但曹锟已迫不及待，必欲驱而代之。

1923年1月，张绍曾内阁成立，此时，曹锟运动总统之说已经风传，一些国会议员也接受了曹的津贴。但是直系内部由于矛盾的发展，意见并不统一，肖耀南、张福来等几个直系督军认为时机未到，恐对直系不利，致电曹锟，劝其慎重。这反映了吴佩孚的态度。而直系集团中的"津派"与"保派"在曹锟的授意下，执意不听，制订了打倒张绍曾内阁，让军警发生混乱，迫黎去位，再扶曹锟上台的计划。②

1923年4月17日，冯玉祥同京畿卫戍司令王怀庆、警察总监薛之珩、步兵统领聂宪藩等八十多人，分乘三十五辆汽车到国务院向总理张绍曾、财政总长刘思源索饷，从而开始了倒阁活动。他们与张磋商良久，又经内务总长高凌霨、交通总长吴毓麟调停后，决定5月上旬分作三批发付当月军饷一百四十万，5月10日为期。③此举造成了内阁危机。张绍曾为了救急，拟让冯玉祥的部下薛笃弼入阁，但薛在冯的授意下力辞。张无奈，赴保定向曹锟求助。5月11日，北京政府任命冯玉祥兼任"西北边防督办"，当时北京《晨

---

① 冯玉祥：《我的生活》（下），黑龙江人民出版社1981年2月版，第387—388页。
② 寒霄编述：《六月十三》（上编），中华书局1924年6月版，第14页。
③ 《晨报》1923年4月27日，5月21日。

报》评论说,这是张绍曾闻"亦保方久有此意,今兹发表,对保(曹)对冯均可讨好"。① 冯玉祥虽久欲取得一个地盘,但西北地方贫困,其任命又受到新疆督军杨增新的反对;陕、甘两省的情况又很复杂,故这仍然是个有名无实的空衔,他当然不会满意。25 日,冯玉祥以磋商临城事件为由,专程赴保定,与曹锟密谈有关政治问题。从 5 月 27 日至 31 日,他又连续三次发电报向张绍曾、黎元洪"索饷"。②

面对上述形势,黎元洪为延长政治寿命,催促改选参众两院议员,两院议长也通过黎元洪筹备制宪经费。但是,曹锟及其左右认为这是黎在讨好议员,以求继续当总统的阴谋。于是,由吴毓麟发难,掀起府院冲突;张英华以财政总长身份函阻税务司拨发制宪经费,并通过内阁撤换了向有总统外库之称的崇文门税务监督陶立,而改派冯系薛笃弼。这是曹锟及其左右拉拢冯玉祥的又一手段。但是,黎元洪拒绝盖印。于是,有人攻击黎说:"今大总统先出以独断,事后不纳劝勉。"③冯玉祥也为此深恨黎元洪。6 月 6 日,内阁突然召集特别会议,张绍曾改其恋栈态度,提出辞呈。

当时报纸对政局突变内幕有以下披露。5 月 1 日,颜惠庆在本宅大取灯胡同宴请冯玉祥、王怀庆、高凌霨、吴毓麟等军政要员,商议倒阁事宜。席间,颜等谓冯玉祥部担任京师治安,关系重大,目前军饷缺乏,应设法援助;并一致认为张绍曾已成为解决最高问题(指谋曹锟当总统)之障碍,非先排去不可。5 月 8 日,上述诸人再次集会,冯玉祥因张绍曾在以前帮助过自己,力主先驱逐黎;而王怀庆等主张先倒张,后议决同时进行。冯玉祥表示,张绍曾可由他去说服。6 月初,府院冲突加剧,冯对人表示时机已到,当晚,就与张绍曾会谈,劝他借口责任内阁问题提出辞职,争取舆论,以待卷土重来。张绍曾对此深信不疑,故有 6 日辞职之举。④

黎元洪一面挽留张绍曾,一面通电宣示借拨制宪经费经过。但是,张绍曾于当晚就乘高凌霨准备的专车离京赴津。接着,北京就演出了逼黎元洪出宫的一幕。

---

① 《晨报》1923 年 4 月 27 日,5 月 21 日。
② 李泰棻:《国民军史稿》,第 77—78 页。
③ 《晨报》1923 年 6 月 7 日。
④ 长沙《大公报》1923 年 6 月 23 日。

内阁总辞职的当天，北京军警代表在旃檀寺陆军检阅使署举行会议，议决找黎元洪索饷。7 日，黎元洪除派王芝祥赴保定请示内阁问题外，并请吴景濂、颜惠庆、顾维钧等人入府商议组阁，拟请冯玉祥任陆军总长。但是，冯玉祥拒绝入阁，故新内阁又流产。①

6 月 8 日，王怀庆、聂宪藩、薛之珩等及冯玉祥十一师参谋长蒋鸿遇等率军警官佐五百余人，借口内阁无人负责，军饷无着，入新华门向黎元洪逼饷。黎答应在端午节前两日（时距节日十二天）筹发饷项，才使索饷者退出。

9 日晨，北京军警全体罢岗十五小时，结果发饷二十万元。同日，天安门前有数十名人力车夫等召开所谓"国民大会"，指责黎元洪复职没有法律依据，现在又破坏责任内阁制，应当叫他下台，②冯玉祥与王怀庆联名写信给各国驻京外交使团，大意略谓北京军警将有罢岗风潮，唯此事万一实现，余等当负责维持地方秩序之责，望外交使团方面，勿生疑端等等。③ 这天，冯、王二人向黎示意可推颜惠庆组织内阁，并将政权交与此内阁，但遭到黎的拒绝。

10 日下午，由流氓乞丐组成的所谓"公民团"包围了东厂胡同黎元洪私宅示威。黎派人召聂宪藩、薛之珩遣军警保护，皆置之不理。与此同时，军警百余人又到黎宅进行第二次索饷，黎打电话求助，但水电皆被切断。而同日，冯玉祥、王怀庆联名致函议会议长，表示保护国会及两院议员之安全。④

12 日，军警第三次到黎宅索饷。同日，冯玉祥、王怀庆向黎元洪辞职，表示不负治安责任。黎派张怀芝将辞呈送回，并派哈汉章、金永炎等分头挽留。但二人拒不接受。⑤

13 日上午，张怀芝到公府报告冯玉祥对他说，总统不应指军警索饷为别有用心，总统空言挽留是无济于事的，请于十二小时内发给三百万之欠

---

① 陶菊隐：《北洋军阀统治时期史话》（下），三联书店 1983 年 3 月版，第 1262—1263 页。

② 《东方杂志》第 20 卷第 10 号。

③ 《晨报》1923 年 6 月 10 日，12 日。

④ 《晨报》1923 年 6 月 10 日，12 日。

⑤ 李剑农：《戊戌以后三十年中国政治史》，中华书局 1963 年版，第 355 页。

饷,否则本军自由行动,本人不能负责。①

黎元洪山穷水尽,被迫于 13 日下午离京赴津。当时东方通讯社及路透社电讯:"黎出走直接原因,由冯玉祥今日午后十二时三十分逼黎即刻离京,否则将率军队入城。"②尽管没有其他资料证实此消息真实与否,但是,可以肯定地说,冯、王等人辞职所造成的压力,是直接促成黎元洪出走的原因之一。

黎元洪出走的当天,曹锟曾电令冯玉祥、王怀庆:"国会为国家法律根本所在,务望极力尊崇保护……"唯恐失去借以上台的工具。冯玉祥、王怀庆等也即日通电,以辞职未获黎元批准为由而复职。③

冯玉祥的上述活动,有明显的政治色彩,但他却千万百计地进行掩饰。6 月 11 日,他对人说:"语云,愈有势力,愈不要管闲事。我今后对于政治绝对不问。我要卖什么喊什么,免造谣者有所借口。"④次日,他又对人说:"孔子曰,敬鬼神而远之,我于议员亦然。"⑤驱黎后的第四天,他集合全军团长及独立营长讲话说:"……这次我们来京,黎颇誉我,距保定闻之,遂谓我袒黎……,吾侪非奉系,亦非直系,更非皖系,乃完全是国系,若国象有事,吾靠定效命焉,倘做一人一系之走狗,次不为也。"⑥

但是,就在此时,冯玉祥却为曹锟上台而进行直接的秘密活动,并在驱黎后一个星期,用密电向曹锟汇报表功:"一,自黎总统出京,城内高革安谧如常,军警防备周密,担负完全责任,决无他虞;议员被人运动出京者,约百余名,现经职处多方疏通,已回京者数十名;关于议会及议员进行事件,拟请派妥员负责办理;中外通讯社及益世报每月津贴一千四百元,业经职处规定妥洽,又地方服务团四百余元捐费,现由职处代为资助。奉天情形,据职处门团长由热河回,奉张近来别无举动,惟派代表与米振标接洽,内容如何,不甚清楚。"⑦

---

① 高兴亚:《冯玉祥将军》,北京出版社 1982 年 10 月版,第 1215 页。
② 寒霄编述:《六月十三》(上编),中华书局 1924 年年 6 月版,第 9—10 页。
③ 《申报》1923 年 6 月 17 日。
④ 《冯玉祥日记》第一编,第四卷,北平民国史料出版社 1932 年版,第 67、62、67 页。
⑤ 《冯玉祥日记》第一编,第四卷,北平民国史料出版社 1932 年版,第 67、62、67 页。
⑥ 《冯玉祥日记》第一编,第四卷,北平民国史料出版社 1932 年版,第 67、62、67 页。
⑦ 南京档案馆:《中国现代政治史资料汇编》第一辑,第一册,第 290 页(21/6—23)。

上述事实充分说明,冯玉祥参与驱逐黎元洪、运动议员、收买舆论界及民众团体,是有预谋的政治活动。王怀庆是杀害冯玉祥辛亥滦州起义战友王金铭、施从云的凶手,冯对他恨之入骨,如果没有同一个政治目的,不会有如此密切的配合。冯玉祥之所以不顾自己声誉而全力支持曹锟,目的就是得到一个好地盘,摆脱经济上的困境和吴佩孚的排斥,图谋发展。

(三)

冯玉祥参与驱黎活动,立即引起社会各界的广泛批评。① 唐绍仪、章炳麟、于右任等知名人士致电北京参众两院议员,指责"旬余以来,北方恶霸,无恶不作,有知感愤"。安徽旅宁学生致电冯玉祥,电文说:"惟年来闻公政绩,未常不引为军阀中之优秀者,满冀公始终自爱……乃自公入京以来,一切措施,渐失众望……不意此次曹欲攫总统,逼走元首,都门鼎沸,举国震动,中外报纸,皆指公为曹氏之功臣,新华门逼宫一剧,在全国人已尽知,不愧为曹氏之一走狗……军人之模范,更如是呼? 呜呼,公其休矣。"② 九江旅沪同乡会通电要求:"……当视曹锟、张绍曾、冯玉祥……等为民国罪魁,即为人民公敌,一致声讨。"③ 国会议员刘景晨、杭辛育、沈椿年、张也桢等及十四名议员还联名向国会提出了查办冯玉祥、王怀庆的议案④。徐谦发"盐"电,向冯提出忠告与建议,电文说:"黎已出走,兄若拥曹,即为司马昭之成济,千万喷骂,若任张代行,即将间接拥曹,亦难逃清议,……如不见听拥曹,此后弟即与兄割席……"⑤ 与此同时,全国各地均通电否认曹锟为"候选总统","否认贪污议员违反民众之国会"。面对上述的责难,冯玉祥不能不有所震动。他毕竟是个有正义感并力求进步的人,和其他旧军阀还有所区别。所以他在曹锟贿选具体进行时,因"颇受知交责备,近渐消极"。⑥ 6 月 28

---

① 寒霄编述:《六月十三》(上编),中华书局 1924 年 6 月版,第 9—10 页。
② 《民国日报》1923 年 6 月 21 日。
③ 《民国日报》1923 年 6 月 21 日。
④ 《民国日报》1923 年 6 月 19 日。
⑤ 《民国日报》1923 年 6 月 17 日。
⑥ 《晨报》1923 年 10 月 7 日。

日,他派参议刘芝龙赴保定向曹锟条陈意见,让曹尊重舆论,以收拾人心;29日,又宴请两院议长及在野社会名流,对所谓大选发表意见:一,不用非常手段;二,议员去留悉听自由(接洽乃不中止);三,主张缓进不主张急进。①明确表示了与津派、保派不同的态度。7月初,冯玉祥邀请内阁成员、社会名流、军警长官、津保要人,在旃檀寺举行会议,商量"改善摄政内阁,以收拾人心"。② 不过,他此时仍然从维护直系利益出发,劝曹锟及左右不要贸然行事。但到7月27日,他在团河宴请军政要员,谋求改组内阁,其方案是要颜惠庆代理总理,排除对贿选最卖力的高凌霨③。冯玉祥的这个举动就包含有阻止贿选发生的内容了。然而,曹锟及其死党,一意孤行,加紧策划贿选,并对冯玉祥不满。冯玉祥也一反常态,减少了政治活动,并向部下表示"对政治运动取冷静态度,绝不干预"。④ 为了表示对政治不感兴趣,他派军队赴京举行军事演习,并几次派人向摄行大总统职务的高凌霨"索饷",以掩盖从前逼黎的举动。最后,9月6日,他终于表示了反对贿选的态度,上书给曹锟,劝其修德亲善,否则贿买议员,纵得总统,亦心失败。⑤ 曹锟及其亲信见此状,想尽办法来笼络他。先是让财政部拨款十万给冯部充军饷;然后又让国会批准"西北防督办"一职及其职权和任命冯部张之江、李鸣钟、宋哲元为陆军混成旅旅长。⑥ 冯玉祥夫人刘氏去世后,曹锟又拟将其女儿嫁给他为妻。但是,冯均不为所动。因此,曹锟对他的表现不满。贿选之后,曹的左右亲信都有封赏,而冯玉祥只得了个"扬威上将"的虚名,原来曹锟曾答应给他以鲁督的许诺也没有兑现。冯玉祥的政治态度遂开始发生根本变化。

10月30日,冯玉祥发表讲话说:"吾动辄得咎,故我部军队,从此要格外小心。我于四川、廊坊、浦口、武穴等处,均是唱高调,无助实事,徒招嫉恨。"⑦他把自己以前有进步因素并常常引以自豪的政治行动全部说为"唱

---

① 《申报》1923年7月3日。
② 《东方杂志》第20卷第13号。
③ 郭廷以:《中华民国史事日志》第一册,台北1979年版,第739页。
④ 《民国日报》1923年9月23日。
⑤ 高兴亚:《冯玉祥将军》,人民出版社1982年10月版,第48页。
⑥ 《民国日报》1923年11月2日。
⑦ 《冯玉祥日记》第一编,卷四,北平,民国史料编辑社1932年版,第112页。

高调",是暗示将采取比反张勋复辟、武穴主和等还要激进的实际举动。12月6日,冯玉祥在挂有列宁画像的房间对马伯援表示,近日研究俄事,深感中国非彻底改革不可。14日,他对马明确表示:"目前直系兵力数倍于我,如有冒险行动,必遭失败,待时机到来,我一定有所举动,请将此意转达给中山先生和季龙。"①其倒直决心已定。

从6月到12月,冯玉祥在半年之内,其政治态度从拥曹转到反直,既是他进步的表现,也是对自己以前行为反省的结果。

曹锟贿选前后,直系军阀的无耻行径已达到登峰造极的地步,遭到全国人民的痛斥。冯玉祥受到国民党人士及进步舆论的批评之后,在全国人民反直声浪影响下,对自己的行为有所觉悟;同时,他也看到,直系集团在贿选后内部矛盾进一步激化,曹吴集团迅速走下坡路,认识到再依附直系是危险的。所以,冯玉祥痛定思痛,在李大钊等共产党人及国民党人士的帮助下,开始了新的进步。次年10月,他发动了震惊中外的"北京政变"。冯玉祥发动政变的动机是多方面的,但在某种意义上说,是对自己前段行为反思的结果,是改正错误的实际行动。

总之,我们研究冯玉祥与曹锟贿选的关系,不能简单地得出"是"与"否"的结论。实际情况是,他部分地卷入了这件政治丑闻,而又没有支持具体的"贿选"。

原载:《河北大学学报》(哲学社会科学版)1990年第1期

---

① 中国第二档案馆藏档案,转引郭绪印、陈兴唐著《爱国将军冯玉祥》,河南人民出版社1987年8月版,第65页。

九、冯玉祥北京政变初探

1924 年 9 月,第二次直奉战争爆发,10 月下旬,双方几十万大军在山海关、长城一线激战正酣。直系第三军总司令冯玉祥,从热河滦平秘密回师北京,推翻直系军阀曹锟、吴佩孚把持的北京政权,史称"北京政变"。对这一历史事件近来已有人撰文论述,但笔者感到研究得还不够深入,遂对其再作进一步探讨。

(一)

北京政变的背景是多方面的,它既是各派军阀矛盾激化的产物,也是由于中国革命力量发展,人民反对帝国主义侵略及反对直系北京政权的斗争日益高涨的结果。

直系军阀控制了中央政权之后,也试图用武力统一中国。吴佩孚骄横一时,指使川黔军阀攻掠四川;勾结陈炯明、沈鸿英在广东举行兵变;同时,积极准备与奉系军阀再战。1923 年 2 月,为疏通南北大动脉京汉铁路,他悍然封闭京汉铁路工会,镇压工人罢工,杀害工人领袖林祥谦及共产党员施洋。曹锟则一心想登上总统的宝座,驱逐黎元洪,收买议员,搞出了一场贿选丑剧。曹、吴的行径,不仅遭到全国人民的痛斥,也引起其集团内部的矛盾发展。早已存在的津、洛、保三派之间钩心斗角更加剧烈;暂时依附直系的非嫡系,则各怀异心。曹吴直系军阀集团开始迅速走下坡路。

奉系张作霖在第一次直奉战争失败后,厉兵秣马,决心报前次战败之仇;皖系的残余势力卢永祥则占据浙江与直系对抗;孙中山鉴于直系中央政权成为全国人民的众矢之的,遂采取了联合奉皖军阀反对直系的策略。第二次直奉战争就在这样的背景下爆发的。

此时,国共两党的合作已经酝酿成熟。1924 年 1 月,孙中山在共产国际的帮助下改组了中国国民党,确立了联俄、容共、扶助农工的三大政策,广东及南方诸省出现了大好革命形势。在此推动下,"大多数人民甚至一小部军阀……已渐渐觉悟到自己民族处在被压迫的地位,并且渐渐由觉悟而不平而发生国民运动"。①

冯玉祥就是这类有些觉悟的旧军人。他虽然是北洋军阀集团的成员,有较强的领袖欲望,但有爱国心理,对腐败政局不满。他曾参与辛亥滦州起义的酝酿,反对袁世凯称帝,讨伐张勋复辟,在护法战争中于武穴主和等,均表现出追求进步的倾向;同时也暴露出其在军阀政治沉浮中所沾染的实用主义特色。因此,他和其他军阀头目始终存在着一定的矛盾。

护法战争后,他依附直系军阀,但始终受到吴佩孚等人压制。在第一次直奉战争中,他舍去陕西督军一职,出兵打败了追随奉系军阀的河南督军赵倜,从而就任豫督。但在吴佩孚的排斥下,很快被调往北京,出任徒有虚名而无地盘的"陆军检阅使"。为此,他曾愤愤地道:"吴佩孚此次将我调离,其用意要置我于绝境,使我们即不饿死,亦必瓦解。"②尔后,吴佩孚还想以保荐他当"库伦督护使"为名,逐其出京。冯玉祥敢怒不敢言,表示"吾定服从之,不然谗谮之言,必乘隙而入"③。忍辱屈从之意,跃然纸上。他和吴佩孚的矛盾及发展,是北京政变前因之一。

冯玉祥为谋求自存,曾进一步投靠曹锟,帮助其驱逐黎元洪,运动议员。④ 但是,"冯玉祥有逼宫之功,而未得相当酬报,颇为抑郁,前传冯氏将任三特区巡阅使兼卫戍总司令一节,嗣因王怀庆之地盘问题难以解决,故此议因之搁置,近日绥察两都统地位均有摇动之势,冯玉祥颇欲将两处地盘安插两旅长,曾向北京当局了稍露其意,闻曹锟恐冯终不能为己用,对以王占元继马统绥,王廷祯继张统察,而二王在军界资格尚老,可借此杜绝冯之要

---

① 陈独秀:《帝国主义及其工具对讨国民运动之策略》,《向导》合订本(三),第 874 页。
② 鹿钟麟、刘骥、邓哲熙:《冯玉祥北京政变》,《文史资料选集》(四),第 4 页。中国人民政治协商会议全国委员会文史资料研究委员会编。
③ 《冯玉祥日记》第一编,卷五,北平东方学社 1932 年 9 月版,第 13 页。
④ 南京档案馆编:《中国现代政治史资料汇编》第一辑第一册,第 290 页。

求也。"①结果,他只得个"扬威上将"的虚名,不满可想而知,于是在全国人民反直声浪的推动下,在进步力量的帮助下,开始另谋出路。

早在 1918 年,冯玉祥驻军常德时就和孙中山有书信往来。直皖战争爆发后,他离湘北上,行前曾写信给孙中山说:"……真正救中国者,只有先生一人",表示自己与孙中山"精神之结合已有日矣"。② 孙中山让徐谦给他回信,尔后又派徐到冯部"慰军"。徐谦告诉他说孙中山对其非常器重,以为北方大业非冯莫属。冯玉祥听了非常兴奋。③ 1920 年底,孙中山从上海返回广州,冯派秘书任佑民持自己亲笔函谒孙中山于粤秀楼,表示北方如有"用得着我时,无不尽力以赴"④,孙中山嘱与陕西靖国军合作。是时,孙中山通过于右任与靖国军领导人胡景翼保持有政治上的联系,冯抵陕后,即与胡景翼相往来,这是后来与胡联合发动北京政变的伏线。后马伯援来陕,自称曾谒孙中山,并告以国民党对冯的期望。冯玉祥通过马等人而与孙不断联系。⑤

冯玉祥赴京出任陆军检阅使后,曾支持曹锟、吴佩孚以"召集旧国会"及"恢复法统"为名,来窥视总统宝座及中央政权。孙中山因陈炯明叛乱而移驻上海后,通过徐谦做冯玉祥的工作,劝其与直系决裂,和国民党合作。为此,孙中山写密信给徐谦,让他告冯,"北京国会为不合法。若仍声声以此非法国会为言,当无商量之余地。倘北方武人知其冒牌之非,而有彻底之觉悟,以救国为前提,吾等亦不坚持合法国会,盖国会分子多属无望,则当用革命手段以救国。如能本此意与国民党携手,则除绝陈之外,再无条件矣。"⑥此时,徐谦长期住在冯军中,李石曾、陈友仁等均与冯有政治上的往来,孙中山还托人送给冯玉祥手书的《建国大纲》。这些对他倒直都起了一定作用。1923 年 12 月,冯玉祥夫人刘氏去世;他对前来吊唁的马伯援表示:"……目前直系兵力数倍于我,如有冒险行动,必遭失败,待时机到来,

---

① 南京档案馆编:《中国现代政治史档案汇编》第一辑第一册,第 176 页。

② 李泰棻:《国民军史稿》,第 46 页。

③ 吴锡祺:《冯玉祥参加国民党的经过》,中国人民政协会议全国委员会文史资料研究委员会未刊稿。

④ 冯洪达、余华心:《冯玉祥将军魂归中华》,文史资料出版社 1981 年 8 月版,第 7 页。

⑤ 高兴亚:《冯玉祥将军》,北京出版社 1983 年版,第 39 页。

⑥ 中国第一档案馆:《历史档案》1984 年第 3 期,第 77 页。

我一定有所举动,请将此意转达给中山先生和季龙(徐谦)。"①

冯玉祥同意了孙中山联合奉皖的建议,并开始了倒直的准备。

次年2月,他与张作霖秘密接触,接受其补给②,并和住在天津的段祺瑞进行了政治上的秘密往来。1924年10月11日,北京政府一情报人员曾发给北京一密电,报告了冯、段之间交往的内幕。电文说:"据与段祺瑞有密切关系人之语,冯玉祥昨派密使赍亲书谒段,谓老师之言,均铭膈肝,此次战事,全因吴子玉一人之骄傲所酿,子玉不除,则北洋派之团结难成⋯⋯予际此机会,受公民之付托,愿率三军为讨伐吴子玉之先驱,惟此事不易,需费甚多,前次李氏携来之款,拟请再备数十万元,应急需云云(中略),又胡将军及王将军均已默契,并以奉闻。"③此报告没有引起曹锟当局的重视。

在直系内部,他先与王承斌、齐燮元结成反吴小三角同盟;尔后又与胡景翼、孙岳结成秘密倒直军事同盟。

胡景翼早年曾参加同盟会,武昌起义时也在陕西举兵响应,后参加于右任组织的"陕西靖国军"。冯玉祥抵陕后,在孙中山、于右任的推动下,与靖国军合作,将其改编为陕军第一师,为联合发动北京政变打下了政治基础。孙岳早年也参加过同盟会及辛亥革命,是时任"大名镇守使"兼"第十五混成旅旅长",对曹锟、吴佩孚深怀不满。冯玉祥与胡、孙等人多次密谋之后,到1924年9月下旬,初步制订了政变计划。徐谦及与国民党有联系的黄郛也曾参与其事。所以政变后,冯玉祥说:"这么多年来,不断和国民党朋友的交往⋯⋯对革命建国事业的憧憬,益加具体化而信心益加坚固坚强。⋯⋯誓必相机推倒曹⋯⋯"④孙中山也说:"这回发生的政治上的大变化,这回变化之中,有一部分革命力量。"⑤上述均表明,北京政变和当时高涨的革命运动之间有一定关系。

总之,北京政变一方面是军阀矛盾发展的继续,同时也含有一些新的进

---

① 吴锡祺:《冯玉祥参加国民党的经过》,中国人民政治协商会议全国委员会文史资料研究委员会未刊稿,第7—9页。

② 马炳南:《二次直奉战前张作霖与冯玉祥的拉拢》,《文史资料选辑》(四),第54页。中国人民政治协商会议全国委员会文史资料委员会编。

③ 南京档案馆编:《中国现代政治史资料汇编》第一辑第二册,第212页。

④ 冯玉祥:《我的生活》(三),三户图书社1944年版,第2页。

⑤ 《孙中山选集》,人民出版社,第920页。

步因素。冯玉祥发动政变的动机,从某种意义上说,是进步倾向与维护个人利益企图的混合物。

(二)

1924 年 9 月 3 日,江浙战起;4 日,张作霖电斥曹、吴;5 日;孙中山发表讨伐曹、吴宣言;17 日,曹锟下达对张作霖的讨伐令,第二次直奉战争爆发。吴佩孚命令冯玉祥出兵热河,不料却迎来了冯玉祥的反戈一击。

冯玉祥在军事上作了周密的准备。他派人去河南招募了三旅新兵,加强了留京的兵力;设法调孙岳入京当"警备副司令",以便里应外合。9 月 21 日,冯部开拔,日行军几十里,大部到密云就屯兵不动了。与此同时,胡景翼部也集结在通州等待时机。

冯玉祥在古北口再次与各方接洽,并与奉方商定合作条件,其要点是请孙中山北上主持大计,奉军不得入关。10 月 7 日,他从热河发一电致京,电文有"自古无军费缺乏而能有战争之军"等语,9 日,又发电给曹锟及除吴佩孚之外的直系将领。电文大意是:"曹英、李彦青……朋比为奸,炀龟蔽明……欲靖国事,非将此辈小人一律驱逐不可。"①这是他为政变而作的舆论准备。电报被人扣押,曹锟没有见到。

10 月 8 日,奉军攻占九门口,直系战线动摇。10 日,吴佩孚赶到秦皇岛督战;15 日,调其全部预备队到前线,北京已无曹、吴嫡系武装。不久,冯玉祥接到吴佩孚参谋长告急电报,于是,他不失时机地召集紧急军事会议,宣布了自己的政变计划。21 日,冯部昼夜兼程班师回京,几万大军行如流水,没费一枪一弹,于 23 日占领首都,囚禁了曹锟,枪毙了李彦青。与此同时,冯部李鸣钟旅赴长辛店阻断京汉路,胡景翼部从喜峰口南下阻止直军反扑。整个行动严密迅速,显示了冯玉祥的指挥才能及冯部的训练有素。

10 月 22 日,冯玉祥曾在高丽营会见黄郛,②商议政治问题。23 日在北

---

① 无聊子:《北京政变记》,上海共和书局 1924 年 10 月版,第 1—2 页。李彦青是曹锟的管家。

② 黄郛,字鹰白,1923 年入张绍曾内阁,署理外交总长,他曾参与政变密谋。刘汝明说冯玉祥 23 日主和通电是由他起草的。详见台北传记文学社出版的《刘汝明回忆录》。

苑发出由冯领衔的主和通电。24 日他与胡景翼、孙岳等在北苑议决:一,组成中华国民军,冯任总司令兼第一军军长;二,电请孙中山北上主持大计;三,为应付当前局势,请段祺瑞出山,组成以黄郛为首的摄政内阁。后来,他又陆续发出《建国大纲五条》及召集'和平会议'等通电①。31 日,黄郛内阁成立,北京政权掌握在冯玉祥手中。

当时冯玉祥在政治上采取了以下策略:"一,不想将政权交给其他反直派军阀,也无意推段祺瑞执政;二,不立即更换直系各省督军;三,召开由各方要人参加的'和平会议',商议善后办法;四,改选国会,在新总统选出之前,中央政府依委员制执行政务。"②这些政治主张虽有追求进步的倾向,但也表现出他思想上的混乱。

(三)

吴佩孚在北京政变后赶到天津,电称曹锟派密使委他全权,讨伐"妨碍行使总统职权之人",③在杨村一线部署兵力进攻冯军,并期望苏鄂等省直系军队救援。但是,由于鲁督郑士琦在段祺瑞指使下宣布独立并破坏了津浦路;阎锡山出兵石家庄又切断京汉线,故其希望化为泡影。11 月 2 日,他乘军舰浮海南逃。

冯玉祥虽然掌握了中央政权,但直系在长江诸省军阀不承认黄郛内阁,并发出拥护段祺瑞出山的电报;张作霖也违背诺言,派兵入关,进驻津京,并不让奉系人物参加黄郛内阁。因此,冯玉祥在政治上十分孤立。

列强对北京政变也抱敌视态度。驻京各国外交使团两次召开紧急会议,拒绝参加黄郛内阁成立后的招待宴会,表示不予承认。日本向天津和山海关增派军舰和军队,并声称还要视局势发展而决定是否按《辛丑条约》再增派军队。④ 这些对冯玉祥造成了政治上的压力。他把政治解决的希望寄托在孙中山北上以及段祺瑞的复出。

① 《冯玉祥政治要电汇编》(内政)卷一,北平东方学社 1933 年版,第 42 页。
② 和森:《北京政变之内及其结果》,《向导》合订本(二),第 743 页。
③ 《晨报》1924 年 10 月 29 日。
④ 无聊子:《北京政变记》,上海共和书局 1924 年 10 月版,第 16—17 页。

10 月 27 日,孙中山电贺冯玉祥:"义旗聿举,大憝肃清。诸兄功在国家,同深庆幸。建设大计,即欲决定,拟即日北上,与诸兄磋商……"①11 月 1 日,冯玉祥与胡景翼、孙岳等联名给孙中山复电:"……顷奉感电,深荷(阙)垂。……先生国家元勋,爱国情切,宏谟硕画,佩仰凤深,万乞发抒说论。俾国内人士知所遵从。并盼早日莅都,指导一切,共策进行,无任叩祷之至。……"②3 日,冯玉祥再一次发电相邀。4 日,孙中山复电冯玉祥"……数之日后,即轻装北上,共图良晤……"③同日,冯玉祥委马伯援持亲笔信赴广州,信中说:"先生党国伟人,革命先进,务希即日北上,指导一切……"④10 日,孙中山发表北上宣言,并电告冯玉祥:"支鱼电奉悉……文准于元(十三日)由粤起程经沪北上……"⑤以上电函,表明孙中山对政变的支持及冯玉祥盼其北上急不可待的心情。

但是,局势急转直下。11 月 10 日,冯玉祥应邀到天津与段祺瑞、张作霖会谈,受到了巨大政治压力;奉军还以武力相逼,解除了支持冯的王承斌部的武装。对此,冯玉祥采取了退让态度,与张作霖等发出推举段祺瑞为中华民国临时总执政的通电。24 日,段祺瑞在京就职,黄郛内阁结束。25 日,冯玉祥通电下野⑥,退居京郊天台山。这样,北京政权又重新落入段祺瑞、张作霖等军阀手中。

12 月 4 日,孙中山到天律,31 日到北京,冯玉祥均派代表迎接,本人却避而不见,不久,赴张家口就任了段政府的西北边防督办,直到孙中山逝世,他都没同其见面。他主要是觉得政权已失,无颜见中山先生;同时,也怕引起军阀的猜疑。孙中山在北上途中就看出他态度的变化,并指出:"当北京初次变化的时候,国民军的行动好像真有革命色彩,后来,……就一天不如一天,似乎受到别种力量牵制,不像革命运动。"⑦北京政变在民国史上昙花一现,卒以失败而告终。

① 广东省哲学社会科学研究所历史研究室:《孙中山年谱》,第 360 页。
② 上海《民国日报》1924 年 11 月 13 日。
③ 上海《民国日报》1924 年 11 月 13 日。
④ 李泰棻:《国民军史稿》,第 128 页。
⑤ 《晨报》1924 年 11 月 11 日。
⑥ 《宣告下野敬电》,《冯玉祥先生名著集》(上),军事新闻社 1936 年版,第 144 页。
⑦ 《孙中山选集》,人民出版社 1956 年版,第 900 页。

（四）

冯玉祥在北京掌权时间内，将逊清废帝溥仪驱逐出宫。

溥仪退位后，安居紫禁城，不仅以独立王朝自居，而且时刻不忘图谋复辟，俨然逊清遗老遗少的精神支柱。1917 年张勋就利用他上演过复辟丑剧。当时，冯玉祥率部参加平总复辟之后，两次通电主张"消灭帝孽，永固共和"①，但为段祺瑞所拒绝。

北京政变后，冯玉祥通过黄郛内阁修改了"优待清室条件"，11 月 5 日，派鹿钟麟带兵将溥仪驱逐出宫，黄郛内阁还下令成立了清室善后委员会，对故宫历史文物清点登记，遣散了宫女、太监等。这样，辛亥革命后又存在了十三年之久的逊清小朝廷终于被清除了。

冯玉祥的行动，震惊海内外。孙中山到京后，清室于宝熙等函请他"主持公道"，声称此举是"强暴胁迫，清宫不能认为有效"。② 孙中山让秘书处复函，历举清室不遵守条件事实，如不移出宫外居住及受张勋拥护复辟等，谓摄政内阁修改条件及令溥仪出宫，实无置议。③ 然而国内外颇有些人对此大为不满。驻京公使团由荷兰公使出面召集紧急会议，认为"……殊反人道主义，遂决定向外交部与以警告……"④段祺瑞闻讯后，气得将身边痰盂踢翻，大骂摄政内阁，并打电报给冯玉祥说："……迫之，何以昭信于天下乎？"⑤冯玉祥态度很坚决，复电说："此次班师回京，可以说未办一事，只有驱逐溥仪，才真是对得住国家，对得住人民，告天下后世而无愧。"⑥甚至到了 20 世纪 60 年代，台湾的沈云龙依然对冯玉祥此举甚多微词，他说："不识大体之辈，群相造作，使溥仪走向极端，供人利用，无形都负对不起国家的责

---

① 《冯玉祥政治要电汇编》（内政篇），北京东方学社 1953 年版，第 16 页。

② 《刘汝明回忆录》，台北传记文学社，第 55—56 页。

③ 《民国日报》1925 年 8 月 10 日。

④ 《晨报》1924 年 11 月 7 日。

⑤ 那志良：《宣统皇帝出宫前后》，《传记文学》第 36 卷第 1 期，台北传记文学社 1980 年 1 月版，第 95 页。

⑥ 冯玉祥：《我的生活》（二），三户图书社 1944 年版，第 27 页。

任。"①凡事均有正反两面,逐驱溥仪出宫对于斩断中国人数千年来对君主专制的膜拜,无论如何都是有积极意义的。

(五)

北京政变未能达到冯玉祥预期的效果,与他个人的思想水平及社会地位是相关的。

冯玉祥长期居于军阀集团之中,虽然有些爱国思想及政治口号,但在政治上非常无知。他所主张的只不过是"省刑薄赋"、"廉洁政治"等老调,远远落后于时代,因而,政变带有一定的盲目性。他不仅缺乏精神武器,而且又没有足够的军事力量,所以,他在政变后不能建立一个有鲜明政治主张的政府,在势单力孤之时,又把出路寄托在与各派军阀势力的妥协上。

此外,冯玉祥所组织的国民军,不仅力量弱小,而且只是一个维系暂时利益的松散的军事联合集团以致最终为各派军阀势力所压倒。

尽管如此,北京政变发生在第一次国内革命战争时期,对国内局势产生了深远的影响。它使统治中国大部长达十余年之久的北洋军阀集团走向没落,给当时最强大的直系军阀以沉重打击;吴佩孚从此一蹶不振,再也没能够染指中央。中国北方政局也开始向有利于革命的方向发展。从此以后,冯玉祥及国民军虽然一度摇摆,但到1926年6月为止(南口大战结束),总的倾向还是进步的。政变后,冯玉祥控制京津地区近一年半之久,为华北、华中诸省革命力量的发展创造了一定条件。在此期间,中国共产党重建了京汉铁路工会,并在郑州召开了第二次代表大会,工人运动得以迅速恢复。② 农民运动也开始发展,仅国民军二军控制的河南就有农会会员二十万人。③ 1925年3月1日,共产党和国民党在北京合作召开了国民会议促进会,更把平津地区革命行动推向新的高潮。这些,均与北京政变有直接的关系。

---

① 《颜惠庆自传》,台北传记文学社1973年9月版,第143页。
② 刘少奇:《一年来中国工人职工运动的发展——在第三次全国劳动大会上的报告》(1936年5月),《政治周报》第12、14期。
③ 高兴亚:《国民军革命史》,第56页。

北方革命运动的兴起,冯玉祥接近革命势力,引起国内外反动势力极大的痛恨。1926 年春,列强操纵反共分子组成"中国反赤同盟",其矛头对准中国共产党、实行三民主义的国民党及冯玉祥的国民军。冯玉祥联合郭松龄反奉之后,奉直军阀的注意力基本全部转移到国民军身上,从而在客观上配合了广东革命政府,使之能较顺利地得到巩固和发展,为北伐创造了一定的有利条件。

北京政变后,冯玉祥与北洋军阀集团彻底决裂,后来,他在五原誓师,参加国民党的北伐,都是在北京政变基础上进步的结果,所以,此举也是他一生道路的重大转折点之一。

另外,冯玉祥对残存的君主专制势力进行了最后清除,使其复辟梦想彻底破灭,这对当时中国社会也不是没有益处的。

原载:《河北大学学报》(哲学社会科学版)1986 年第 3 期

十、也谈《清室优待条件》问题

《近代史研究》1994 年第 1 期刊载了喻大华先生《〈清室优待条件〉新论——兼探溥仪潜往东北的一个原因》（以下简称《新论》）的文章。该文对《清室优待条件》、冯玉祥驱逐溥仪出宫和溥仪叛国原因等问题发表了一些看法。拜读之后，笔者认为该文不仅观点陈旧，而且在一些问题的论述上，尤其是关于溥仪充当日本帝国主义工具原因的看法，涉及到一个十分严肃的历史和现实问题，即如何评价某些对国家、民族犯有严重罪行历史人物的犯罪原因。为此笔者也试就该文所涉的上述三个问题略陈管见，与喻先生商榷并就教于方家。

（一）

关于《优待条件》的产生，《新论》否定了学术界对此的传统观点。学术界普遍认为《优待条件》是由袁世凯等炮制，是中国资产阶级对封建反动势力的又一次妥协，清王朝结束统治后其皇室受到优待是极端荒谬的。而《新论》则认为首先提出《优待条件》的是革命政府代表，并对其作出了高度评价。他称《优待条件》的产生"具有历史必然性"，"不是个人意志的产物，而且有其积极作用"；"正是《优待条件》的提出，使清皇室发生了分化，并使之尽快退出历史舞台。中华民族在保持了国家统一、民族团结和尊严的同时，迅速地进入了共和时代。"①在此，作为辛亥革命副产品的《优待条件》，被拔高成为加速建立民主共和国的原因。对此，笔者不敢苟同。

---

① 喻大华：《〈清室优待条件〉新论》，《近代史研究》1994 年第 1 期，以下凡引本文时不再注明出处。

实际上,此论实为旧说,绝非喻先生首创。1924 年 11 月,在冯玉祥驱逐溥仪出宫后不久,唐绍仪就对上海《字林西报》的记者发表讲话说:"当时清帝逊位,缩短革命时间,保全人民,颇与民国以建设机会,故民国亦承认此优待条件以报之"①。唐是辛亥革命时期代表袁世凯参加南北和谈的首要人物,也参与了与清室商谈《优待条件》。从肯定自己的历史出发,他替《优待条件》唱赞歌是可以理解的,其观点与《新论》大同小异。所不同的是,《新论》把《优待条件》产生的作用拔得更高。

《优待条件》的产生确有一定的社会原因。辛亥革命是在中国民族资产阶级经济政治发展还不成熟、中外反动势力相对强大的背景下发生的。革命并没有改变中国的社会性质,也没有给予封建的政治势力及经济基础以致命的打击。资产阶级革命派最终向反动势力妥协,从而将政权交给了袁世凯并最终保留了清室。这是由中国社会发展的特殊性所决定的,也就是"历史必然性"。

但是,《新论》所说的"历史必然性"并不是上述的经济政治原因。喻先生认为产生《优待条件》的原因有两点:(一)"险恶的国际环境迫使南北双方优待清室,以尽快地完成政权更替,避免招致列强干涉。"(二)"国内秩序混乱、财政危机的局面迫使南北双方必须优待清室,以尽快建立民国,早日拨乱反正。"

为了给上述原因寻找根据,《新论》极力夸大帝国主义干涉中国革命的危险及清室的力量,认为:"假若革命进一步拖长并发生较大的混乱,则难免为俄、日干涉提供机会。"这个观点倒可名副其实地称为"新论"了。到目前为止,所有研究辛亥革命,且有一定权威性的学术专著,都否认帝国主义干涉中国革命的可能性,帝国主义列强在华矛盾重重,并对腐朽的清王朝已不抱希望,故以扶植袁世凯来干涉中国内政。这已是不争的事实。固然,日、俄帝国主义最初确曾有干涉、分裂中国的阴谋,但由于害怕中国的革命力量,并碍于和英、美、德等帝国主义的钩心斗角等原因,被迫中断了其罪恶企图。英、美、德等帝国主义出于在华利益的考虑,没有如庚子年间结伙武装干涉中国革命的打算。这是中国革命大势及帝国主义矛盾斗争的结果,

① 长沙《大公报》1924 年 11 月 13 日。

与《清室优待条件》何干?

《新论》还特别强调指出:清室"接受《优待条件》,留在北京,就使得日本军阀的满蒙独立计划失去了借口,潜往东北的肃亲王善耆也难以打着清室的旗号进行活动。……日本政府不得不命令川岛等人暂时停止满蒙独立活动。可见《优待条件》对保障国家统一起了多么大的作用。"这里,喻先生为极力美化、拔高《优待条件》的作用,已全然不顾历史事实了。

《新论》所谓的满蒙独立活动(史称第一次满蒙独立运动),分满洲独立(即让清东三省总督赵尔巽、统领张作霖拥立肃亲王善耆在满洲"独立")和蒙古举兵(即唆使、资助内蒙古喀喇沁王、巴林王等蒙古族王公在内蒙举兵起事)两部分。清室接受《优待条件》后,日本并没有停止满蒙独立活动的策划与实施,2 月 22 日,日本政府也仅是决定中止满洲独立的策划。其原因也并非清室接受《优待条件》,而是赵尔巽、张作霖在袁世凯极力笼络下,一反以前效忠清室、依靠日本的立场,表示拥护共和,使日本策划的满洲独立失去了基础;再加之英国政府于 2 月 16 日照会日本政府,要求立即停止策划满洲独立。在这种情况下,日本政府碍于英日同盟关系,决定中止满洲独立的策划与实施,也就在所必然了。可是,对于蒙古举兵,日本政府非但没有因清室接受《优待条件》而停止,反而更加紧锣密鼓地进行。一直到 3 月下旬,日本参谋本部才训令暂时中止举兵,改为在内蒙训练军队、贮存武器弹药,以待时机。5 月下旬,日本提供的武器弹药经大连运至公主岭,由日军大尉松井清助负责运往喀喇沁和巴林,6 月 8 日在途中被中国军方截获,武器弹药全部被烧毁。至此,蒙古举兵的策划才宣告破产。① 上述史实说明,《新论》的观点是毫无根据的。假若《新论》的观点成立,那么,又该如何解释日本帝国主义于 1916 年(其时《优待条件》依旧,溥仪仍居宫中)策划、实施的第二次满蒙独立运动呢? 显然,喻先生不能自圆其说。

更为离奇的是,《新论》还把垂死的清王朝的力量说得十分强大。在作者看来,不仅革命的力量,甚至连袁世凯的北洋武装都抵挡不住清王朝的垂死挣扎。《新论》声称:"清室一旦决定撤回东北,袁世凯根本无力阻挡。当

---

① 详见王树才:《日本帝国主义分裂中国的首次尝试——第一次满蒙独立运动》,《中国社会科学院研究生院学报》1985 年第 4 期。

时北京警察中满人居多,数量达 1.2 万人的禁卫军虽改为由冯国璋统领,但多数士兵和下级军官仍为满人。而北洋军则已开往前线,与革命军对峙。所以,清室一旦孤注一掷,南北双方想极力避免的国家分裂就可能出现,那无疑是中国历史上的一大悲剧。"

《新论》有一个突出的特点,即通篇的结论都是建立在假设的前提下。我们姑且不论历史能否假设,即以事实论,武昌起义爆发后,清室已经丧胆。1912 年 2 月 26 日,京津同盟会员彭加珍的一个炸弹更使得皇族作鸟兽散,最顽固的宗社党连吹大话的胆量都已丧失,还谈得上什么组织反抗!须知,清皇室没有一个敢于"孤注一掷"的挑大梁的人物;其在北京的军事力量,实际上根本不值一提。军警算不上正规的武装力量,历来也不是野战军的对手,这是起码的常识。《新论》所说北京"汉人害怕满人报复而出走,满人害怕将来的下场而出走,两个月内避离北京的人数达 40 万",这已经表明,北京军警连起码的社会秩序都维护不了,怎么还会成为清皇室的救命军?清廷的"禁卫军"虽然是一支正规的军队,但其组成人员八旗纨绔子弟居多,贪污腐败惊人,战斗力极差。连清朝重臣世续都承认"兵无斗志"。可见,"禁卫军"怎么可能成为与革命及北洋军对抗的"王牌"呢?实际上,"禁卫军"已为袁世凯的心腹冯国璋所掌握,清廷已失去了对其的控制。《新论》以此来渲染清皇室的"实力",实在让人感到不可思议。

必须指出,在革命爆发后,京畿各界人民对于民主共和无不向往。"即满人中亦居多数赞成"①,清王公宗室及顽固派官僚虽然想勾结陕甘总督长庚和署理陕西巡抚升允反对革命,一些蒙古封建王公也图谋回归本部武装顽抗,但兵饷俱无,故只是虚张声势,空言塞责而已。

袁世凯的北洋军并非如《新论》所说,已全部派往南方与革命军对峙。当时,北洋第六镇在石家庄,第二十镇在滦州,北洋第二混成协、第三十五混成协在东北,北洋第五镇在山东,第三镇、第一镇就在北京。此时,完全听命于袁世凯的姜桂题的"毅军"也驻扎在京郊。我们不把由旗人组成的北洋第一镇算做袁世凯的力量,仅就其他诸部而言,京畿和东北也完全在北洋武

① 《何宗莲致孙中山电》,《南京临时政府公报》第 8 号,南京大总统府印铸局 1912 年编印,第 309 页。

力控制之下,清皇室哪里有什么反抗力量!

实际上,武昌起义后革命者的真正对手是袁世凯,清王朝能否存活下去也取决于袁世凯。袁一石双鸟,他成功地借革命力量震慑清皇室,又以北洋军事实力向革命党人施压。革命派所担心的不是清皇室,而是袁控制的北洋武装。1912 年 1 月上旬,革命党人与袁世凯的南北和谈达成了秘密协议:袁世凯逼使清帝在优待条件下退位,同意建立"共和政体",然后孙中山把临时大总统的职务让给袁世凯。①《优待条件》就是在这种条件下出笼的,南方代表伍廷芳也是在与张謇及袁世凯集团秘密商谈之后提出的。《新论》首先强调伍是始作俑者,继而又承认袁世凯方面提出的对清室优待条件高于革命党人的事实,已说明了历史的真相。袁世凯之所以如此,是为了避免招致"欺侮孤儿寡母"的"逼宫"之嫌,并不是心怀对清室的仁慈。1915 年袁世凯帝制自为,还假惺惺地在《优待条件》上亲笔题道:"先朝政权未能保全,仅留尊号,至今耿耿,所有优待各节,无论何时断乎不能变更,容当列入宪法。"②《优待条件》的提出,只不过是袁世凯实现个人野心的手段与结果而已。

值得提出的是,《新论》绝口不提资产阶级革命派曾反对优待清室这一事实。黄兴在 1912 年 1 月 19 日特致电伍廷芳说:"和议愈出愈奇,殊为可笑。第一条仍保存大清皇帝名称及世世相承字样,可谓无耻之极!"③据当时外电报道,"南方革命党之激烈派于保存太后及皇上名称极不满意。然平和派势力甚大,足以抵抗之也。"④革命党人是在妥协倾向占上风的情况下才接受《优待条件》的。这其中,起主导作用的是伍廷芳、汪精卫等人。他们认为对清室优待是"枝节","共和目的已达,其他枝节似可从宽"⑤。革命党人之所以接受优待条件,是为了换取袁世凯逼清帝退位,建立共和国。此时,革命党人与袁世凯方面都没有对外国干涉的恐惧,更没有对清室

① 章开源、林增平:《辛亥革命史》,人民出版社 1981 年 7 月版,第 382 页。
② 《民国人物小传》,《传记文学社》第 74 卷第 1 期。
③ 观渡庐(伍廷芳):《共和关键录》第一编,著易堂书局民国元年本,第 77 页。
④ 《欧报对于中国革命之舆论》,丛刊本《辛亥革命》(八),《中国近代史资料丛刊》,上海人民出版社 1957 年版,第 510 页。
⑤ 观渡庐(伍廷芳):《共和关键录》第一编,第 80 页。

"孤注一掷"的担心及为避免民族分裂等策略的考虑。所以,《优待条件》的产生主要是民族资产阶级的软弱,封建势力及封建伦理意识强大所决定的。其中,袁世凯个人的意志占了相当大的成分。

所以,《清室优待条件》是辛亥革命的副产品,并不是什么使中国"迅速地进入了共和时代"的动力之一,更没有也不会在保障国家统一方面起重大作用。革命后,民国的首都保留了一个封建小朝廷,不仅散发腐朽臭气,还日夜图谋复辟,使其成为引起民国政治动乱的一个根源。基于此,《优待条件》实无什么"积极作用"可言。

(二)

《新论》不同意学术界的一般看法,即《优待条件》为国内外的野心家留下一个制造中国变乱的傀儡工具,认为此论"说服力不强","因为即使不给清室以优待,只要不把清皇族斩尽杀绝,他们就会有成为野心家制造动乱工具的可能性,这和是否优待关系并不大……"然而,喻先生接着又说:"小朝廷的合法存在的确会对复辟势力产生一定的鼓励作用。"既然如此,怎么又肯定使小朝廷合法存在的《优待条件》呢?又怎么能说清室成为野心家制造动乱的工具与《优待条件》关系不大呢?喻先生承认小朝廷存在的反动作用,同意其为复辟势力"精神中心"的提法,但又称其与《优待条件》无关,显然是矛盾的。

为了美化《优待条件》,喻先生说:"世界上很少存在有百利而无一害的事物,关键在于执政者懂得并会运用趋利避害这个道理。《优待条件》会使复辟势力受到一定的鼓舞,但也会使其在活动时有投鼠忌器的顾虑。"所以,他得出结论说:"民国政府可以利用该条件的存废来影响和制约复辟派,同时借优待条件来控制清室。"接着,《新论》不惜笔墨论述了民国政府对封建势力的姑息纵容,从而得出结论说:"主要是民国政府而不是《优待条件》鼓励了复辟。"

这就太离奇了。就好像盗贼偷盗的原因并不是由于其有贼性,而主要是警察缉捕不力。这种逻辑恐怕不会为人所接受吧。《优待条件》是革命力量向封建势力妥协的产物,北洋头目与清统治者在阶级实质上又没有大的区别,且全系清朝旧臣,故民国政府对清室的非法活动及对复辟势力的包庇、纵容是必然的,也是客观存在的。但是,喻先生仅仅问罪于民国政府,而对清室的阴谋活动只字不提,显然有失偏颇。大量史实证明,清室的复辟活动一天也没停止过。

张勋复辟就证明了由《优待条件》而存在的逊清小朝廷对共和制的威胁。对此,《新论》仅仅轻描淡写地说了一句"逊清皇室接受了复辟这也是事实",而绝口不谈清室的责任。张勋复辟被平息后,以段祺瑞为首的北洋军阀头目为清室开脱罪责,认为是被胁迫。这早已被证明是谎言。当时一些有识之士就认为,清室即便是被胁迫参与复辟,也是对民国的犯罪。冯玉祥在"主张处分清室通电"中说:"此次张逆叛乱,国本动摇,固张逆之不法,然非清廷之酝酿,何以至此,是倡乱虽在张逆,而祸本实在清廷……"①可谓一针见血。

溥仪被驱逐出宫后,清室善后委员会在故宫养心殿溥仪居室发现了大批证明清室阴谋复辟的文件。其中最重要的材料有:康有为述游说复辟经过函;金梁二事折;金梁条陈四事折;江亢虎请觐溥仪函;金梁为江亢虎请觐折;升允等谏阻移居颐和园折;陈夔龙谏阻出洋折等。②

这些文件,以金梁的密折最具代表性。金在密折中为溥仪制订复辟计划,要他以"密图恢复为第一,恢复大计,旋转乾坤,经纬万端,当先保护宫廷";并建议清理皇产,保护宫殿文物等。其中在图恢复条目下,提出"恢复方法,务从机密";"求贤才,收人心,联友邦,以不动声色为主……";"至于恢复大计,心腹大臣运筹于内,忠贞之士则命于外,成则国家蒙其利,不成则一二人任其害……"。康有为在其致庄士敦函中说:"所致游说,天佑中兴,望以所历代奏,先慰圣怀。"③

上述文件是图谋制造国家内乱的罪证。溥仪将其密藏,业已充分表明了自己的政治态度。他与金梁、康有为等均是图谋颠覆民国的罪犯。

清室善后委员会公布了上述文件后,溥仪还全然否认,称其:"多属捏

---

① 《主张处分清室通电》,《冯玉祥政治要电汇编》,北平东方学社 1933 年版,(政)第 6 页。

② 《民国日报》1925 年 8 月 7 日。

③ 《民国日报》1925 年 8 月 8 日,《晨报》1925 年 8 月 23 日。

词伪造而来,令人至可哂可鄙。"其于此,清室善后委员会于 1925 年 8 月 14 日将复抄的上述材料函送京师地方检察厅,要求立案起诉。① 但是,在段政府的包庇下,国务院会议决定令地方检察厅不予受理,其理由是该文件所涉及虽属犯罪行为,但因段政府上台后已宣布大赦,故让司法总长杨庶堪以私人名义出面,与善后委员会代表李石曾面商调和办法。因此,此案不了了之。尽管如此,清室图谋复辟的阴谋大白于天下后,为溥仪出宫叫屈的声音也立渐平息。

喻先生既然对清室的罪责视而不见,但却又说,在张勋复辟后"如果民国政府修正《优待条件》,加强对清室控制的话,不但能顺应一般的民意,而且中外旧势力都没有干涉的理由"。这就奇怪了。假如清室仅仅是"被胁迫接受复辟",又有什么理由修正《优待条件》呢? 1917 年修正《优待条件》既然可行,那么冯玉祥在 1924 年修正《优待条件》又有什么值得非议的呢?

更让人不可理解的是,《新论》一面肯定及美化《优待条件》,一面又指责民国对逊清皇室的"无原则的优待"。既然《优待条件》能维护国家统一与民族的团结,又能限制复辟势力的活动,那民国政府为保证该条件的执行,对清室一些违法的行为视而不见,采取"宽大"态度又有什么不对呢?那不是对国家的根本利益更有利吗?《新论》不能自圆其说。

(三)

《新论》第三部分全面否定冯玉祥驱逐溥仪出宫及黄郛内阁修正《清室优待条件》。喻先生首先否认此举的合法性,认为:"此前民国政府一直把该条件视为'缔结条约性质'的法律文件,只有国会有权决定其存废。摄政内阁的这一举措是明显的越权违宪行为。"

此说更是陈词。最先跳出来持此说的是逊清皇室。北京政变后,孙中山先生应冯玉祥之邀北上,到京便接清室于宝熙函,称冯之此举违法,清室不能认为有效,请他"主持公道"②。康有为此时致电段祺瑞,大骂冯玉祥,

---

① 《晨报》1925 年 8 月 20 日,1925 年 8 月 15 日。
② 刘汝明:《刘汝明回忆录》,台北传记文学社 1973 年 8 月版,第 55—56 页。

并诘问"条约可随意而废?"①唐绍仪也喋喋不休地说:"前既曾同清帝订立庄严条件,则唯有遵守之";"在未商订新办法前,绝不能有所变更也";"中国人民若因政治上及他项理由,认为此项条件有更改之必要,亦当以合法之程序表示其意。一个人之横暴恣肆行为总不可视做全国人之意愿";"张勋复辟之时,民国曾有取消清优待条件之动机,当时民国未尝要求更改,今日尚有更改之理由?……";"此破约背信之举亦为军阀专制之一例"②;胡适在致王正廷(时任外交总长)的信中也说:"我是不赞成保有帝号的。但清室优待乃是一种国际信义条约的关系,条约可以修改,可以废止,但堂堂民国,欺人之弱,弃人之丧……强暴行之,这真是民国史上一件最不名誉的事。"③

与此同时,社会上掀起了一阵反对冯玉祥、替清室叫屈的鼓噪。段祺瑞执政府召开"善后"会议时,有所谓正谊书社者,集刻了一本要求保障清帝"权利"的通电,向"邪氛民国"的执政府、善后会议会场如雪片般的分发,对执政府施加压力。该书所辑通电列名者有所谓"满蒙协进会"、"满族同进会"、"旗族互助同进会"、"京师总商会"等名目及逊清遗老、复辟分子骨干等,其余不具名而标出人数有433人。该书称"凡属血气之伦,均抱不平之感","民情惶惑,舆论沸腾","中外震骇,大动公愤"④。其主要论调就是攻击冯驱逐溥仪出宫之举为不合法。

相反,进步力量则对冯玉祥的举措给予坚决支持和高度评价,北京各界还成立了"反对优待清室大同盟"。1924年11月11日,孙中山致电冯玉祥,嘉奖他废除清室帝号,称此举大快人心,并高度评价说:"复辟祸根既除,共和基础自固,可为民国前途贺。"章太炎也致电冯玉祥、胡景翼称:"念自六年复辟以后,优待条件,当然消灭。"叶楚伧在《民国日报》上发表评论说:"鹿钟麟勒兵隆宗门,唤令溥仪出宫,将一片中华民国领土还给中华民国,这一阵功烈实不在回师倒曹之下。"⑤

---

① 长沙《大公报》1924年12月5日。
② 长沙《大公报》1924年11月13日。
③ 《晨报》1925年11月9日。
④ 《民国日报》1924年2月25日。
⑤ 《民国日报》1924年11月14日,1925年11月13日,1925年3月4日。

就攻击冯玉祥此举不合法的论调,进步人士也给予了有力的批驳。《优待条件》确是在 1912 年 2 月 10 日得到南京临时参议院的通过,但此后已被清室破坏。孙中山先生在 1925 年 1 月 6 日嘱秘书处给清室的复函中已明确指出这一点:"自建国以来,清室始终未践移宫约,而于文书契券,仍沿用宣统年号,对於官吏之颁,给荣典赐谥,亦复用弗改,是以民国元年优待条件及民国三年优待条件善后办法中,清室应废行之各款,已悉行破弃。逮民国六年之举,乃破坏国体之大毒。优待条件之效用,更是完全毁弃无余。虽清室於复辟失败以后,自承斯举为张勋胁迫而成,斯言若信,则张勋乃清室之罪人,然张勋既死,又予'忠武'之谥。实为奖乱崇叛,明示国人以张勋之有大造于清室,而复辟之举实为清室所乐观。事实俱在,俱可复按。则民国政府对于优等条件势难再继续履行。吾所以认 11 月间摄政内阁之条件,及促清室移宫之举,按之情理、法律皆无可议……"①

当时,《现代评论》杂志还发表了署名周鲠生的一篇文章,专门论述冯玉祥修改《优待条件》的法理问题。文章指出:"《优待条件》不是一件国际条约。清室不是一个国家,它和民国没有对等之地位。《优待条件》也不是与外国政府订立的,也没有受外国列强保护。虽然这条件曾由中华民国政府照会各国驻北京公使,然此不过是片面公告的形式,并非构成国际保障。所以,民国关于该项条件之履行,毫无国际义务可言。"文章进一步阐述《优待条件》的性质,认为该文件也不是私法契约。因为"契约必是双方或多方的协议。《优待条件》如属契约,应是经民国政府和清室双方签订的文件"。"民国政府虽然在事前曾就条件内容与清室磋商,然而最后还是经民国单方面名义,以一般法令形式公布的,并未与清室构成私法契约的关系。实则《优待条件》不过是民国政府在新旧交替情况下,为政治善后的权宜办法,对于国中一姓人给予一种特典。这是片面的恩惠,而不是双方的协议。这项特典之法令,既不能超出法令之上,而其永久性又没有特殊的国际的或宪法的保障。民国以主权之资格在法律上自有修改或取消之权利。"②

所以,根本就不存在关于修改《优待条件》的法理问题。段祺瑞是反对

① 《民国日报》1925 年 8 月 10 日。
② 《民国日报》1925 年 8 月 10 日。

驱逐溥仪出宫及修改《优待条件》的,他闻此事后,曾气得将身边的痰盂踢翻,大骂摄政内阁,并打电报给冯玉祥,说如此"何以昭信天下乎"?① 但是,他上台执政后,并没敢利用手中权力贸然恢复《优待条件》。这固然与惧怕冯玉祥有一定关系。但主要也是深知冯之此举有理可依,并深得广大人民与进步力量的支持,故也只得承认既成的事实。帝国主义各国对冯玉祥的行动也深为不满。事发后,列强驻京公使曾由荷兰公使欧登科出面,召集紧急会议,一致认为冯玉祥对清室的处理"殊反人道主义,遂决定向中国外交部予以警告"②。但是,各国也仅此而已,也没有提出法理方面的指责。之所以如此,是冯玉祥此举并无违法之处。

所以,《优待条件》和民国政府颁布的一般政令一样,其废止并不一定需要国会讨论通过。事实上,冯玉祥回师北京,猪仔国会已被解散。其后一直到 1947 年蒋记国大召开,中国就没有所谓的国会,民国一直就没有真正的法治。喻先生在此指责冯玉祥的行动没通过国会,似有强人所难之嫌。

实际上,《新论》肯定《优待条件》、否定冯玉祥驱逐溥仪出宫的根本用意恐不在于上述事件本身。因为文章十分明确地说:冯玉祥驱逐溥仪出宫"产生的危害实际上比以前还大","客观上使日本帝国主义有机可乘,去笼络控制溥仪"。他虽然抽象地承认:"溥仪成为日本侵略中国的工具有其本质上的主观决定因素,并且也可以说这是主要的";但具体又说:"中华民国的失误是导致溥仪决心孤注一掷的一个原因"。这句话是此篇文章的点睛之笔。

上述说法也绝非喻先生首创。早在 20 世纪 60 年代,台湾学者沈云龙就曾指责冯玉祥为"不识大体之辈,群相造作,使溥仪走向极端,供人利用,无形都负对不起国家的责任"③。喻先生只不过是重复这个论调而已。

修正后的《优待条件》规定:"大清宣统皇帝从即日起永远废除皇帝尊号,与中华民国国民在法律上享有同等一切之权力。"这已经给溥仪指出了光明的前途。当时的进步人士也对溥仪等人的前途命运发出警告。1925

---

① 那志良:《宣统皇帝出宫前后》,台北《传记文学》第 36 卷第 1 期(1980 年 1 月),第 95 页。

② 《晨报》1924 年 11 月 7 日。

③ 颜惠庆:《颜惠庆自传》,台北传记文学社 1973 年版,第 13 页。

年3月,徐谦等253个著名人士,联合发表一意见书,反对恢复一姓尊荣,扰乱民国,并就一些复辟卖国分子与日本勾结,指出:"若辈怂恿溥仪,逃入日使馆,反陷溥仪於不能为民国人民之绝境,若再有其他举动,更予溥仪以莫大之危险……"①但是,溥仪冥顽不化,一心想恢复"大清江山",这是他最终走上卖国道路的思想基础。而喻先生通篇想说的只有一个意思,即溥仪卖身投靠乃事出有因。喻先生的结论看似是历史逻辑推理,但实际上是建立在假设(溥仪如果不被驱逐出宫就不会"孤注一掷")基础上来立论的,是站不住脚的。在此,我们也不妨假设一下,如果不修改《优待条件》,溥仪仍当小朝廷的皇帝,谁又能保证他在七七事变之后不当日本人的工具呢?

历史上的任何大是大非的事件都可以找出一些互为因果的因素。若依照喻先生的逻辑,吴三桂引清兵入关是由于刘宗敏掠去了其爱妾陈圆圆;而国民党内的派系斗争则成为汪精卫"孤注一掷"的重要原因……。这样,历史还有什么真理与正义可言呢?

日本帝国主义侵华后,不少民族败类就是在政治失意的情况下,抱着东山再起的罪恶目的而卖身的,如王克敏、殷汝耕、齐燮元、梁鸿志之流。但是,我们不能以其政治失意的前因而为其当汉奸的后果辩护。同样的一些北洋失意要人,在日本帝国主义百般威逼利诱下,却能保持了晚节。清室的成员也没有悉数潜往东北。任何人,不论其身份地位如何特殊(《新论》强调溥仪地位的特殊性),个人前途的抉择与国家民族的利益不应是相悖的。作为中华民族的一分子,在任何时候首先考虑的应该是国家与民族利益这一大节。所以,我们不能以任何理由为出卖国家与民族利益的失节行为辩解。

总之,《清室优待条件》没有什么积极意义可言,冯玉祥将其修正并驱逐溥仪出宫也是无可非议的。笔者所述绝非"新论",愿以此就教于喻先生及学界同人。

原载:《中国社会科学院研究生院学报》2000年第2期

---

① 《民国日报》1925年3月9日。

十一、试析冯玉祥与郭松龄反奉的失败

冯玉祥将军是中国近现代史上有重大影响的军事家和政治家,其一生经历颇为复杂。他忧国忧民,有爱国热情,有追求时代进步的思想,做过诸如讨伐张勋复辟、驱逐溥仪出宫等进步行动。但是他出身北洋嫡系,长期混迹于北洋军阀统治集团中,在政治经济方面有既得利益,又沾染上了一些军阀们惯用的实用主义权术,这在郭松龄反奉战争中表现得尤为明显。1925年,冯玉祥与郭松龄、李景林结盟策划了反对奉系的战争。多年来,学术界在论及此事件时,只谈冯玉祥与国民军对郭的支持,而对其背约行为很少涉及。冯玉祥本人对此也极力掩饰。冯玉祥在此事件中出尔反尔,主要表现在其与李景林的关系上,笔者试就此进行论述。

(一)

1924年10月,冯玉祥发动北京政变,推翻直系曹锟控制的北京政权,与此同时,奉军攻占了山海关、秦皇岛。直军全线崩溃,吴佩孚被迫乘军舰渡海南逃。11月24日,在奉系、国民军双方的拥戴下,段祺瑞执政府成立,形成了奉系、国民军共同控制北京政权的局面。奉军入关后,张作霖的野心急剧膨胀,试图统治全国,而国民军则利用占据北京的优势,力求通过段政府谋求最大的政治利益。因此,双方围绕控制中央政权及争夺地盘等问题,时时发生冲突。但国民军实力较弱,又面临吴佩孚再起的威胁,尚不敢立即与奉系决裂,唯有等待时机。

张作霖部大将郭松龄在奉系内部派系斗争中,受旧军官及士官派的排斥,张作霖对郭也不很信任。第二次直奉战争中,郭松龄因战斗部署及政见与杨宇霆、姜登选不同而使矛盾表面化。战后,李景林、张宗昌、杨宇霆、姜登选先后出任直、鲁、苏、皖督办。郭松龄有功而不得赏,不满由此产生并日益加深。在全国人民反奉运动的推动下,他开始走上反奉的道路。张作霖部另一部将李景林在奉系中不是嫡系,又是直隶人,常受到奉籍将领的猜忌。在第二次直奉战争中,李景林部攻占了天津,在没有得到张作霖同意的情况下,驱逐了直督王承斌并占领了其公署。张作霖对此极为不满,要严惩李景林,经郭松龄疏解才得幸免。但李景林由此对张作霖产生异心。面对共同的敌人,冯玉祥、郭松龄、李景林遂密谋反奉。1925 年 11 月 22 日,冯玉祥、郭松龄签订了《郭冯密约》。李景林因其母、女、妻均在奉天,怕其受害,故未在密约上签字,但同意采取共同行动。① 密约全文如下:

甲(指冯)乙(指郭)系同志结合,为达到左列革命目的,公订条约如下:(一)排除军阀专横,永远消灭战祸。(二)实行民生政治,改善劳工生活及待遇。(三)实行强迫普及教育。(四)开发边境,保存国土。1. 直隶、热河均归丙(李景林)治理。甲为贯彻和平主义,对热河决不收取。保大京汉线,甲军随意驻扎。但直隶全部收入(保大在内)均归丙军,甲军决不侵夺。山东听其自然变化,但黄河以北各县,由丙军驻扎,收入亦归山东。天津海口,甲军自由出入之。2. 乙为开发东三省,经营东北部内蒙古,使国民生活愉快,消除隐患,拥护中央,促进国家统一起见,改造东三省政府。前项改造事业,甲以诚意赞助之,并牵制反对方面。3. 乙诚意赞助甲开发西北,必要时亦以实力援助之。(五)以后两军犯左列条件之一者,此约无效:1. 为攘夺权利,向内地各省战争。2. 为达前项战争目的,订立卖国条约,向外国借款。3. 引用外国兵力,残杀本国同胞,(六)中央政府之组织及施政方针,以不妨碍开发西北及断送国家权利为限,悉依国民公意,甲乙两军竭以拥护,决不干涉及掣肘。(七)此约签字后,即发生效力。

冯玉祥 印　　　　　　　郭松龄 印
十四年十一月二十日　　　十四年十一月二十二日②

---

① 文公直:《最近三十年中国军事史》,太平洋书店 1930 年版,第 208 页。
② 中国第二历史档案馆藏档案,转引郭绪印、陈兴唐《爱国将军冯玉祥》,河南人民出版社 1987 年版,第 96—97 页。

　　郭松龄与国民军结盟反奉,使国民军在北方的军事及政治地位大大加强。因此,冯玉祥决心与奉系张作霖决裂。他们结盟反奉,虽然适应了全国人民反奉斗争潮流,但本质上仍是军阀争夺地盘的混战。《郭冯密约》核心是打败张作霖之后地盘如何分配。正如以往历次军阀混战中结成的短期军政同盟那样,其必然不能长久。在强大的外敌面前尚能保持必要的团结,一旦外部压力减小,同盟就可能解体,盟友也可能变成仇敌。

　　《密约》重要的内容之一是保证李景林在拥有直隶的基础上再得热河。郭松龄深知自己要反奉成功,必须得到李景林的支持,有一个稳固的后方。李景林虽然也对张作霖不满,但是否能下决心反奉尚在犹豫之中。郭也明白国民军想将直隶据为己有。此时,直隶的保定、大名地区已为国民军二、三军所占据,并仍有继续进兵天津之势。所以,郭松龄才在密约中把维护李景林的地盘摆在突出位置。密约签订后,郭松龄还不放心,一再对国民军一军代表强调说:"他(李景林)就怕你们打他,如能暂时维持他的地盘,我想他没别的希望。"[1]但是,李景林参加反奉密议是冯玉祥未曾预料的。早在1925年10月27日,冯玉祥和郭松龄初步决定合作后,冯玉祥就把郭松龄将倒戈的消息告诉苏联顾问普里马科夫、科尔涅耶夫,[2]并与其研究了相应的战略战术:攻打天津,此外加强多伦方面的兵力,将国民军一军全部骑兵集中起来,成立一个骑兵军团,由多伦进入热河,袭击张作霖的侧翼,破坏他与奉天的联系;同时,在内蒙古组织几支骑兵游击队,在敌人的交通线上进行活动,破坏其行政管理机构。[3]

　　国民军一军上述战略部署就是以实力较弱的李景林为最主要的对手,以攻占天津、热河为主要战略目标的。对郭松龄的支持只是从侧翼牵制奉军兵力。如果行动顺利,国民军一军就可以用极小的代价获得直隶、热河,势力可直达山海关。但随着李景林的加入,原来的敌人变成了盟友,国民军

---

　　① 吴锡祺:《冯玉祥、郭松龄联合反对张作霖的经过》《文史资料选辑》(第三十五辑),文史资料出版社1963年版,第174页。

　　② 苏联国防部档案,转引[苏]维·马·普里马科夫《冯玉祥与国民军》,中国社会科学出版社1982年版,第125页。

　　③ 苏联国防部档案,转引[苏]维·马·普里马科夫《冯玉祥与国民军》,中国社会科学出版社1982年版,第124、125页。

攻直隶、占热河的战略计划落空,国民军将一无所获。这样的结果,不符合国民军的利益,其领导人是不甘心的。后来的事实证明,冯玉祥虽与郭松龄签订了保证李景林利益的密约,但他从一开始就不准备遵守。

<h2 style="text-align:center">(二)</h2>

11 月 23 日,郭松龄发动反奉战争。在战争初期,郭部进展顺利,兵锋直逼沈阳,张作霖处于绝望中,决定弃城出逃。他在宅邸召开紧急会议,表达下野之意,经王永江、杨宇霆等人的劝解,才稍平静。① 奉系领导集团人心动摇,已呈瓦解之势。奉天部分参议员,暗中拉拢与郭松龄有关系的人。② 省城地方团体已准备欢迎郭部入城。就在此时,风云突变。11 月 28 日,原来参加反奉密谋的李景林在天津查封了郭军驻津办事处,扣留了郭军御寒的冬衣,并下达动员令,拟攻打滦州,切断郭军后路。③ 李景林的背盟,使郭军与奉军的力量对比及心理都发生了根本变化,成为导致郭松龄败亡的重要原因之一。

李景林的背约与冯玉祥有直接关系。

本来,李景林已有所行动。11 月 25 日,他通告驻津各国领事,已与冯玉祥、郭松龄达成谅解,将直隶军改为直隶省防军,拘捕张作霖在津亲信,还向奉系在津的边业银行强行支取 500 万元。并致电张作霖,劝告其下野。他公开宣称,直隶只遵中央政府的命令,不再接受奉天管辖,并愿意以直隶为国奉之缓冲区域。④ 同日,他见国民军二军、三军继续东进,给在北京的国民军领导人打电话,表示希望与国民军合作,并要其转告邓宝珊将军,"只是因老母在奉天为质,没有在反张宣言上签名。"⑤

但战争爆发后,郭松龄的军事发展异常顺利,冯玉祥等人就不想履行原

---

① 《奉、郭两军大战之结果》,《申报》1925 年 12 月 7 日。
② 阮振铎:《郭松龄反奉期间张作霖与日本勾结》,《辽宁文史资料》第十六辑,辽宁人民出版社 1986 年版,第 80、81 页。
③ 《李景林态度骤变》,《益时报》1925 年 12 月 5 日。
④ 《顺天时报》1925 年 11 月 26 日。
⑤ 《奉派内部大变化》,《申报》1925 年 11 月 26 日。

来与郭松龄所签密约的条款了,或者,从一开始冯玉祥就没想过要履约。

战争爆发当天,冯玉祥就不顾盟约而是按以前拟订的计划,命张之江进驻丰台至落垡一线;宋哲元部集结于多伦。11 月 28 日,宋哲元率骑兵向热河首府承德进发。国民军一军违约进入热河,引起了李景林的不满及疑虑。与此同时,国民军二军、三军在占领保定后,也分路急速向天津进军。这更加剧了李景林的恐慌。

11 月 30 日,冯玉祥派熊斌及王乃模到天津,直接要求李景林率部去热河,让国民军一军借道援郭。① 这实际上是公开表示,要李景林将直隶完全让给国民军。李景林急忙托张树声向冯玉祥输诚,并派自己的高级顾问韩玉辰会同黄郛去张家口疏通。韩问冯玉祥国民军对李企图怎样,冯明白表示,由李腾出原有地盘,率所部移驻热河,沿途当予以便利②。而此时,国民军已进占热河,实际上,国民军连热河也不想让其所得。这就把李景林逼到了自己敌对的一方。12 月 1 日,李景林决定对国民军进行武力抵抗。

后来,冯玉祥在《我的生活》一书中说到郭松龄失败的原因称:"……李景林一以日本帝国主义者的挑拨离间,一以不打破权利观念,定要劫持直隶地盘,竟在此一发千钧的时候,引起了对国民军二、三军的冲突";"这原因,一方面是李景林违约异动;一方面是帝国主义的干涉"。在此,他把罪责归于李景林。然后,他又自相矛盾地指责国民军二、三军要夺取天津:"……郭松龄之功败垂成,一面固然帝国主义出兵干涉,但是国民军二、三军之不顾大局,……也是不可抹杀的原因。"③国民军三军孙岳部放弃陕西与二军攻直隶,是其既定方针。冯玉祥说:"孙二哥一因陕西地方困苦,给养不能维持;二因张作霖曾有驱逐王承斌出津之事,前仇难释;三以逼于李景林的压迫,不甘让步;于是趁奉军内部发生裂痕之时,派邓宝珊、徐永昌率国民军二、三军进攻保定,企图恢复河北地盘。"④国民军二、三军是于 11 月 19 日

① 陈琢如:《郭松龄联合冯玉祥、李景林的内幕》,《辽宁文史资料》第十六辑,辽宁人民出版社 1986 年版,第 77 页。
② 韩玉辰:《关于李景林与国民军》,《文史资料选辑》第五十一辑,文史资料出版社 1986 年版,第 80 页。
③ 冯玉祥:《我的生活》(下),黑龙江人民出版社 1981 年版,第 436 页。
④ 冯玉祥:《我的生活》(下),黑龙江人民出版社 1981 年版,第 441 页。

占领保定,随即就挥兵东进。冯、郭在 11 月 22 日签订密约。就冯玉祥的威信而言,此时完全可以让二、三军将兵撤回。邓宝珊、徐永昌也绝不敢冒破坏大局的风险不听命。但关键是冯玉祥根本没想真正制止二、三军的行动。在此,冯玉祥把一切罪责都推给了他人,根本不谈自己的背约行动。

(三)

1925 年 12 月 1 日,李景林在天津召开军事会议决定抵抗国民军的进攻。2 日,他释放了被郭松龄拘禁解津的奉军师旅长,让他们由海上回奉天,宣布与张宗昌组织"直鲁联军",自任总司令。在"就职通电"中,他宣称"职在守土,倘有扰害直隶和平者,惟率健儿保卫疆土"。① 12 月 4 日,李景林发讨冯玉祥通电,对冯大肆进行人身攻击。称其"利用宗教","愚弄部下";"扰乱陕甘直鲁";"利用赤化邪说,以破坏纲常名教之大防";"是世界之公敌";表示要"率我十万健儿,声罪致讨……","惟冯贼玉祥一人是讨"。② 次日,他又通电声明不再承认北京段政府的一切命令。③ 李景林发放了以前所抄没的在津直系要人的财产,取消了对齐燮元的通缉令。与此同时他却查抄了郭松龄部(此时为东北国民军)在天津的办事处,逮捕其驻津代表,并报告张作霖,称已准备立即行动,请速出大军反攻;致电张宗昌,请调德州驻军向北增援;致电阚朝玺,促其死守冷口,以阻国民军增援。此外,他还扣留了郭部在津购置的棉军衣等军需品。李景林将所部重新进行了部署,构筑了坚固的军事工事,以防御国民军。李景林态度的突然逆变,对郭松龄反奉及国奉两系力量的对比都发生了重大影响。

国民军与李景林决裂后,冯玉祥委张之江为攻津第一路司令,郑金声为副司令,率四个师、一个骑兵军团进攻天津北路。国民军二军邓宝珊为第二路司令,国民军三军徐永昌为副司令,率部从津南发起进攻。8 日,冯玉祥发讨伐李景林通电。④ 同日,李景林正式向国民军宣战,并亲自到马厂去

① 《李景林宣告独立》,广州《民国日报》1925 年 12 月 5 日。
② 上海《民国日报》1925 年 12 月 5 日、6 日。
③ 《李景林之微电》,《晨报》1925 年 12 月 8 日。
④ 中国第二历史档案馆:《冯玉祥日记》(二),江苏古籍出版社 1994 年版,第 144 页。

督战。

12 月 7 日,国民军二、三军在南线对天津发起攻击,9 日,张之江分兵三路进攻津北。李景林军凭借深沟固垒,顽强抵抗。国民军虽一向以能战著称,但却屡屡受挫,久攻不下,伤亡惨重。冯玉祥被迫先后调李鸣钟和宋哲元部增援天津。19 日,张之江邀请苏联顾问参与,重新制订了作战计划,于 22 日晨发动总攻。24 日,李景林部全线崩溃,除部分被缴械遣散外,大都乘火车逃往山东。负责南线作战的国民军二军、三军,因急于与国民军一军抢占天津,对逃敌没有进行堵击,使其能从容败退。① 因为同样的原因,天津战后,国民军也没有趁势全力进军山东,消灭实力大减的张宗昌。结果不到一个月,死里逃生的直鲁联军又卷土重来,成为围剿国民军的急先锋。

国民军攻占天津之日,就是郭松龄在巨流河兵败身亡之时。

(四)

郭松龄虽然与冯玉祥、李景林结盟反奉,但三方充满了矛盾,因此,彼此倾轧,甚至反目成仇公开决裂。这是军阀的本性决定的。郭松龄拒绝国民军出兵协助可能是出于对冯玉祥的不信任,而拉李景林入伙,并极力维护其地盘,也是经过深思熟虑的。国民军在郭松龄反奉尚未得手之时,就违约抢占地盘,将本来已成盟友的李景林又变成了敌人。后来,冯玉祥为自己作了很多辩解,以推卸责任,但事实不能抹杀。国民军背盟的行为是导致郭松龄败亡的重要原因之一,同时也使自己走入绝境。

天津之战,国民军攻占了直隶并夺得了天津出海口,在表面上达到了鼎盛时期,但实际上,国民军使自己处在更加险恶的环境之中。为了对付国民军,直、奉两系不计前嫌公开勾结,组成"讨赤联军",而国民军则在北方各派军政力量中间成为了孤家寡人。在国民军内部,一军将领与二、三军因争夺直隶地盘而引起了严重矛盾纠纷,最高统帅冯玉祥也因此产生了消极情绪,又开始玩弄起政治权术,导致将帅失和。国民军重新陷入被

---

① 徐永昌:《求己斋回忆录》,台北《传记文学》1986 年第 49 卷第 4 期,第 62 页。

动局面,最终在"讨赤联军"的围剿下亡命西北。这实际上是冯玉祥自己一手造成的。

原载:《河北建筑科技学院学报》(社科版)2005 年第 1 期

十二、冯玉祥与南口大战

1926 年 4 月,中国北方爆发了直、奉、晋三系军阀进攻冯玉祥国民军的战争。这场战争持续达四个月之久,战线绵延近千里,因其主要战场在北京西郊的南口,故一般称之为"南口大战"。笔者试对此战作一初步探讨。

(一)

南口大战发生在第一次国内革命战争时期。1923 年,中国共产党在广州举行第三次全国代表大会,确立了和国民党建立统一战线的方针。同年,孙中山在共产国际的帮助下,采取联俄、容共、扶助农工政策,并改组了国民党。在逐步高涨的革命形势影响下,北洋军阀集团发生了分化,1924 年 10月,冯玉祥发动了北京政变,并将所部改编为"中华民国国民军"。冯玉祥由此开始成为有影响的政治人物,国民军发展为北方重要的力量。

冯玉祥有较强烈的爱国主义情绪,和各系军阀头目始终有一定矛盾。北京政变就是他在一定意义上追求进步的倾向与维护个人利益交织的产物。政变后,他虽然在各派军阀的压力下被迫同意段祺瑞重新把持中央政权,但其追求进步的倾向没有改变。

北京政变前,冯玉祥在思想上对于什么是政党、什么是帝国主义,都不十分清楚。他从爱国思想出发,政治口号只是"不扰民,真爱民,誓死救国"等等。

政变后,在中国共产党人及一些国民党左派人士的帮助下,上述情况才有所改变。

1924 年,冯玉祥开始和中国共产党接触,共产党领导人李大钊对他做了大量工作,给予他及国民军以很大影响。李汉俊也曾多次会见冯玉祥,向他推荐了一批社会主义书籍①。在李大钊等人的介绍下,他结识了苏联驻中国大使加拉罕及共产国际代表鲍罗廷,并对列宁领导的苏联革命开始向往。

1925 年初,李大钊派人去张家口通知冯玉祥,苏联将对他提供军事援助,4 月下旬,鲍罗廷到张家口和冯玉祥达成军事协议,5 月底以任江为首的苏联顾问团到达国民军②。此后,冯玉祥也派一批军官去苏联学习军事。到南口大战为止,苏联向冯玉祥提供了价值六百万卢布的军火(均记账)③。

冯玉祥在这一时期也加强了与国民党的联系。他在军中开始宣传三民主义,并请国民党派人担任政治训练工作,中国共产党人宣侠父、陶君亮等人也以国民党员身份来此工作,京津大批进步学生参加了国民军。这样,国民军出现了一些新的气象。

段祺瑞执政府成立后,冯玉祥的国民军一军仍控制着北京及附近地区,并在一定程度上支持了这些省区的进步力量。因此,在一年多的时间内,中国北方工人和农民运动也开始恢复和兴起,革命势力有了较大的发展④,为配合第一次国内革命战争的北伐打下了一定的政治基础。

同时,以“基督将军”闻名于世的冯玉祥,在五卅惨案之后,开始对基督教的本质有所认识。他于 7 月 28 日发出《为沪案告世界基督徒电》,愤怒地指责帝国主义宗教分子“……徒具基督教之名,而无基督教之实”⑤。由此之后,他领导的国民军反帝色彩日趋浓厚。

北方革命运动的兴起,冯玉祥的反帝和进步,引起了国内外敌对势力的极大痛恨。1926 年春,列强操纵一些反共分子组成“中国反赤同盟”。他们“反赤”的对象就是中国共产党和实行三民主义的国民党也包括冯玉祥的国民军。

此时,北京的执政者,名义上是段祺瑞,但奉系军阀张作霖已完全控制

---

① 李伯刚:《回忆李汉俊》(1982 年 7 月 2 日)。《党史研究资料》,中国革命博物馆编。
② 毛以亨:《俄蒙回忆录》,转引自盛岳著《莫斯科中山大学和中国革命》,现代史料编刊社出版,第 159 页。
③ 《苏联阴谋文证汇编》第三卷,第 16 页。
④ 刘少奇:《一年来中国工人职工运动的发展——在第三次全国劳动大会上的报告》(1926 年 5 月)。《政治周报》第 13、14 期。
⑤ 《冯玉祥政治要电汇编》卷二,北京东方学社 1932 年版,第 15—16 页。

了局势。他排斥国民军,并派军队沿津浦线南下,从而与孙传芳发生了浙奉战争。1925 年 11 月,奉军将领郭松龄在全国反奉运动的影响下在滦州倒戈,但在日本帝国主义的干涉下,于 12 月失败被杀。冯玉祥先曾与孙传芳有反奉密盟,后又支持郭松龄反奉,故张作霖对他恼怒万分,骂他是,"世界凶徒,中外共愤,天地不容"①,并很快和吴佩孚达成谅解,结成反对国民军的军事同盟。

吴佩孚败退湖北后,从香港政府借款二千万元,并得英国汉口烟草公司纸烟特别税数百万元②,在直系残余势力支持下东山再起,于 1925 年 10 月 21 日在汉口自称任受十四省推戴的"讨贼总司令"。他所讨的贼开始指奉张,但很快就专指国民军了。在吴佩孚军队进攻下,冯玉祥的同盟者岳维峻、孙岳所率领的国民军二、三军在河南失败。冯玉祥国民军一军势单力孤,处境非常困难。

在此情况下,冯玉祥没有进一步靠拢左翼势力,在奉直军阀联合军事压力下,态度表现得犹疑动摇。1926 年 1 月初,他通电下野,让部下张之江等人与吴佩孚联合"修睦",另创抗奉局面。

冯玉祥的妥协退让,只能增加直奉军阀的气焰。晋系军阀阎锡山,也加入围剿国民军的行列。1926 年 3 月 20 日,冯玉祥去苏联访问。此时国民军对奉直军阀的自卫战业已开始,国民军与奉系及直鲁联军激战于滦州、通州、马厂等地。但是,张之江仍企图与吴佩孚合作,并对段祺瑞施加压力,4 月 10 日国民军又推翻段祺瑞政府,发表公告声称"一面恢复曹公自由,并电请吴玉帅,即日移节入都,主持一切"③,其立场已向后滑得很远。

但是,国内阶级斗争的形势已不允许国民军再倒退下去了。吴佩孚拒绝了国民军的"友好"表示,并决心置国民军于死地。4 月 15 日,国民军撤离北京,退守南口,南口大战爆发。

冯玉祥及国民军与其他军阀的区别在于他背后没有信任帝国主义。中国共产党曾明确指出,国民军是"较接近民众的军事势力","保存国民军在

① 刘骥:《南行使命》,《文史资料》(四),中国人民政治协商会议全国委员会全国文史资料研究委员会编,第 58 页。
② 《晨报》1926 年 6 月 29 日。
③ 《晨报》1926 年 4 月 11 日。

北方的势力,拥护国民军来抵抗是绝对必要的"①,并组织人民群众,在政治上给予国民军以巨大支持。

上述历史事实表明,南口大战是第一次国内革命战争时期北方阶级斗争发展的产物,也是国民军在北京政变后,进一步靠拢进步势力的必然结果。

(二)

早在1925年下半年,国民军就在苏联军事人员的参与下,在南口建立了近百里的防线②。退出北京时国民军的总兵力,除在甘肃刘郁芬的两个师及马家军外,约有十六万人左右,其中包括国民军一军十二个师、七个旅;国民军二军弓富魁、胡德辅等部;国民军三军孙岳残部及新改编的国民军五军方振武部③。其总的战略是:"守南口,防多伦,攻晋北。"守南口的兵力约有三个师,正面为刘汝明第十师,左翼为佟麟阁第十一师,右翼为陈希圣旅等部。总指挥鹿钟麟驻怀来,宋哲元、孙连仲等在多伦一线抵抗奉军,韩复榘、石友三在晋北进攻阎锡山。

奉、直、晋联军总兵力达五十万以上。他们虽然在"讨赤"旗号下暂时联合,声称对国民军要"犁庭扫穴,痛饮黄龙";但各自又都力图保存实力,相互争夺地盘,故矛盾重重。

4月下旬,张宗昌的直鲁联军首先向国民军南口阵地发动猛烈进攻,直系靳云鹗部由于同国民军有些旧关系而没有尽力配合,故使攻击没有什么成效。5月23日,国民军六路约八万人进攻晋北大同,阎锡山连连向吴佩孚、张作霖告急。

6月初,吴佩孚解除了靳云鹗的职务,分兵三路,大举向国民军进攻。一,田维勤担任东路,由昌平攻怀来;二,王为蔚、王维城攻中路,自涞源向东

① 《向导》第1408页,第1313—1315页。
② 切烈潘诺夫:《中国国民革命军的北伐——一个驻华军事顾问的札记》,社会科学出版社1981年版,第472页。
③ 方振武部原属张宗昌直鲁联军,1926年1月18日在山东肥城宣布改编为国民军第五军。

进击;三,投靠了吴佩孚的原奉军郭松龄残部魏益三担任西路,出涞源攻
蔚县。

6月中旬,奉军及张宗昌的直鲁联军集中在京东密云、京西昌平一线,
向南口猛攻。与此同时,奉军吴俊升部攻多伦、围场;阚朝玺部攻朝阳、承
德。上述进攻——被国民军击退。

7月8日,奉军又对南口发动攻击。直鲁联军由白俄匪徒驾驶的装甲
火车攻南口正面;奉军张学良、韩麟春、汤玉麟、万福麟等部进攻南口左右两
翼,但也遭到惨败。

数月来,国民军连续苦战,遇到了严重困难。由于奉军占有火炮优势,
南口工事大部被摧,再加上时值雨季,战壕中存水及腰,军中疾病流行;国民
军本来就没有雄厚的物质基础,长期消耗,弹药给养均供应不足。但是,由
于冯玉祥平日治军较严,军队训练有素,故广大官兵能在困苦的情况下,保
持较高的士气和战斗力。

7月10日,直军田维勤部陈鼎甲旅及第三十九、第四十两旅的数团士
兵,在共产党员许权中等人领导下,发动兵变,投向国民军,致使直军全线
动摇。

此时,直奉联军陷入进退维谷的困境:国民军阵地久攻不克,南方国民
革命军开始进兵湖南;而河南樊钟秀也大败直军冠英杰部,直逼京汉铁路。
7月27日,孙传芳发表讲话,认为南重于北,希望吴佩孚速回武汉①。但吴
佩孚决心孤注一掷。

7月底,奉军变更作战计划,吴佩孚也限令五日攻克南口;8月初,奉直
联军共出动十二万人对南口发动全面进攻。国民军南口守军与后方联系多
次中断,一些前沿阵地几次易手,反复争夺,战斗十分残酷。

此时,国民军虽然处于一定劣势,但仍有坚持下去的可能。然而,张之
江是国民军中的温和派,又缺乏统辖全军的威望与能力,因而惊慌失措;另
外,国民军将领对列强的间谍活动也毫无警惕,张之江隔壁的房间中,就住
着一个精通汉语的美国传教士,张家口曾发现两部敌人秘密电台,日本特务
松室孝良也一直活动。因而,奉直联军能及时从列强处得到情报。上述原

---

① 《晨报》1926年7月24日。

因,造成南口失守。

8月中旬,多伦被奉军攻克,国民军战线动摇。张之江等人仓促决定全线撤退。8月15日,国民军从南口向张家口、绥远等地退却,从而结束了这场历时四个半月之久的大战。

(三)

南口大战对当时国内形势产生了重大影响。

1926年春,中国共产党领导的工农群众运动在广东等省进一步高涨,广东革命根据地更加巩固。北伐战争的条件已趋成熟。当北伐进军开始的时候,南口大战已经爆发。冯玉祥清楚地知道,只有与南方革命党合作,才是国民军唯一的出路。4月14日,他经徐谦介绍,在苏联加入了国民党,并在日记中写道:"要努力于中国国民革命。"①不久,他又表示让国民军官兵集体加入国民党。五月下旬,他在苏联发表讲话说:"国民军大致可以说为国民党的目的而战……"②冯玉祥虽然在名义上已经下野,但实际上仍牢牢地控制着国民军,并不断地向其发出指令。7月下旬,他在苏联曾发电给张之江,说北伐大军已进攻两湖,要国民军坚守南口以牵制吴佩孚。这就明确地表明,国民军抵抗奉直军阀的自卫战争,在性质上已发生了一定变化。

吴佩孚再起之后,拥有兵力二十余万人,而北上攻打国民军的计有六个师十二个旅,达十万人以上,其中大部是他的嫡系精锐;而留在两湖的仅是十万杂牌军(如鄂军陈嘉谟部等)。他对北伐军力量估计过低,以为凭此足以对抗北伐军。

6月初,叶挺独立团占领攸县,叶开鑫部溃散,吴佩孚急忙派鄂军宋大霖、王都庆、唐福山等部驰援。11日,又限令陈嘉谟一周内恢复衡州。他原准备在北方安排进攻国民军的计划完毕之后,立即南返,但未能如愿。赵恒惕在汉口等候吴佩孚,心急如焚。6月15日,广东革命政府张发奎部进入湖南,叶挺独立团攻克湘潭,进逼长沙。吴佩孚在长辛店焦急万分,命鄂军

---

① 《冯玉祥日记》第二编,卷七,民国史资料编辑部,北平1932年版,第25页。
② 《民国日报》1926年5月28日。

王梦弼、李乐宾二旅去救急,并电令死守汨罗。7 月 1 日,广东革命政府发表北伐宣言,9 日誓师出征,12 日占领长沙。但吴佩孚对此全然不顾,仍把主力放在南口。他错误地认为,平江、岳阳一线天险不可逾越,妄图北方军事得手之后,再带兵南下。

8 月 15 日,南口战争结束。8 月 19 日,北伐军攻克平江、汨罗;22 日占岳阳,其前锋已达湖北境内。

吴佩孚接湖北告急电报之后,留齐燮元以副司令的身份坐镇北方,自己于 21 日匆忙启程南下,25 日深夜赶到汉口。他企图凭借汀泗桥天险顽抗,并电令直军主力田维勤、王维城、王为蔚及魏益三等部,除留五个旅外,全部前来增援。魏益三部接电后立即出发,但到河南后就停留不动,而其余各部又因没有车辆不能开拔,一直到 9 月 3 日动身,5 日才到郑州。而北伐军已于 8 月 27 日攻占汀泗桥,29 日克贺胜桥,直抵武昌城下了。吴佩孚败局已定。

冯玉祥谈到南口大战时说:"……一失南口,一得武汉,其所失者少,所得者多,在同志方面计算,实已战胜敌人……"①

中国共产党高度评价了国民军对奉直军阀的战争。大战前,中国共产党在为推翻执政府而发出的"告全国民众书"中号召"不惜重大牺牲援助冯玉祥所领导的国民军"②。大战开始后,我党又进一步分析了这场战争的性质:"实际上是人民与军阀的战争……所以这次战争很明显分为两个营垒,一方面是帝国主义和张吴军阀;另方面是人民、国民政府和国民军。"③

冯玉祥的国民军对奉直系军阀的南口大战,由单纯维护本系利益的自卫开始,发展到有目的的为国民革命而战。这个转化是中国共产党对冯玉祥及国民军帮助教育的结果,也是党实行了正确的统一战线策略的体现,在当时有一定意义。

广东革命政府北伐所面临的敌人,拥有数量十分庞大的军阀部队,其中吴佩孚、张作霖、孙传芳三部总兵力达七十五万人左右,而广东国民革命军

---

① 《冯玉祥政治要电汇编》卷一,政治,第 71 页。
② 《向导》合订本(3),第 1360—1361 页,第 1332 页。
③ 《向导》合订本(3),第 1360—1361 页,第 1332 页。

只有十万人,且大部分未经过认真改造。因此,冯玉祥在国民军中有举足轻重的影响。北伐军在两湖的胜利,当然是国民革命军与广大军民英勇奋战的结果,但与国民军在南口牵制吴佩孚不得回师有很大关系。它有力地配合了南方北伐军的胜利进军。南口大战在第一次国内革命战争史上有着重要的意义。

南口大战的意义还在于,它标志着冯玉祥和国民军与旧北洋军阀集团的彻底决裂,为日后的"五原誓师"、直接参加北伐打下了政治基础。

南口大战在中国近代革命斗争史上应有一席地位。

原载:《历史教学》1984 年第 3 期

十三、试析南口大战前国民军内部矛盾斗争

第一次国内革命战争前夕,冯玉祥所部国民军是一支颇为独特的军事武装集团。它游移于革命力量和北洋军阀势力之间,但最终又被迫站到革命阵营,对北洋军阀集团的覆灭起到了重大作用。但是,国民军在上述过程中其领导集团内部曾产生严重的矛盾斗争。以往,学术界大多热衷于冯玉祥此时在国共两党帮助下的"进步",而对国民军内部的冲突少有涉及,或认为这是国民军迷惑敌人的手段,其矛盾也是出于如何使国民军摆脱困境的策略①。笔者认为,国民军内部的矛盾斗争既是其旧军阀武装本质的暴露,也是其在政治上发展变化过程中的必然反映。下面试对此加以论述,以填补国民军史研究上的空白,并由此窥视它日后向国民党新军阀转化及突然崩溃的前因。

(一)

1925 年 12 月 24 日,国民军攻占天津,在实力上获得巨大发展。但是,在此时,国民军不仅强敌环伺,而且内部也因争夺直督一职而矛盾严重,其程度是冯玉祥带兵史上前所未有的。

国民军一、二、三军联合攻打奉军李景林据守的天津,一军张之江所部牺牲及功劳最大,故张之江及国民军其他将领均认为直督一职非张莫属。天津商会团体也纷纷电请段祺瑞任张为直督兼省长。但国民军二、三军也想据直隶为己有,不断给冯玉祥施加压力。为了维护整个国民军的团结,也

---

① [美]薛力敦:《冯玉祥的一生》,浙江出版社 1988 年版,第 238 页。

为了实践以前对三军孙岳的许诺,冯玉祥于 12 月 24 日致电段祺瑞,要他速任孙为直隶督办兼省长,并保举二军邓宝珊为直隶帮办①。同时,冯决定由二、三军接防天津,一军部分回防。但是,冯此举招致张之江等人的强烈不满②。天津将攻下时,张之江得知冯有将直督给孙岳之意后,曾约同李鸣钟、鹿钟麟等以向冯玉祥建议"须注意舆论、民意、民生三事",表达自己长直的想法③。1926 年 12 月 25 日,段祺瑞依冯所请下令任命孙岳为直督兼省长,邓宝珊为直隶帮办。对此,国民军一军将领反应强烈,立即在津召开会议,决定由张之江、李鸣钟、鹿钟麟、宋哲元、熊斌等五人联名密电冯玉祥,称:"对于直省之善后,暨中枢政事等均有意见。尤于将来之事,有具体主张。"④这是异乎寻常的。国民军一军是由冯玉祥所部第十六混成旅发展编练而成。冯在军中施行绝对的家长式统治,基本上是说一不二。国民军五将领的上述之举无疑是对冯权威的挑战,完全出乎他意料之外,故对冯有一定的刺激。27 日,冯复"沁"电给五将领,表示对"承示三端,敬佩之至"后,突然宣布"先行下野"。1926 年 1 月 1 日,他再发下野通电。⑤

冯玉祥的突然引退有较为复杂的政治背景。首先,他对郭松龄反奉失败精神准备不足,意识到自己已成为北洋各派众矢之的,故再一次企图用以退为进的老办法来减轻各方对自己的注意与攻击,使部下重组直系大联盟以对抗奉系。再者,冯面对张之江等人的不满在心灰意冷之余,决心借此给部下施以颜色,给他们增加压力,以平息内部因直督问题而引起的矛盾斗争。所以,"沁"电有"近年国家纷扰,由于人人争权夺利,不自戢止,兹此兴彼仆,徒苦吾民","值竞争风尚未能转变之时,我以至诚无私之心,若大权独揽,何以服人"等语。其所称"人人争权夺利"与"竞争风尚"可以认为是指北洋各系争雄,但也有批评一军内部争权夺利的意思。故当时就有舆论认为"观其电中'若大全独握,何以服人……'等语句,即知其中盖有物

---

① 《中华民国史资料丛稿》,中华书局 1978 年版,第 223 页。
② 《冯玉祥下野后之京奉局势》,《申报》1926 年 1 月 8 日。
③ 《冯玉祥下野与吴佩孚标榜和平之内幕》,《长沙大公报》1926 年 1 月 12 日。
④ 《冯玉祥决计下野之内幕》,《长沙大公报》1926 年 1 月 14 日。
⑤ 《国闻周报》1926 年第 2 期,第 32 页。

焉"①,而"物"无疑是指国民军的内部矛盾。张之江等人的不满虽一时可被压服,但国民军领导集团中的裂痕已经产生。然而,更让冯玉祥始料不及的是,他由台前转到幕后,不仅未能减轻敌对各方对国民军的压力,其所部反因事权不一而陷入混乱。随着国民军处境的不断恶化,其内部矛盾开始进一步发展为代表不同政治倾向的派系斗争。

冯玉祥最初拟定国民军退出北京,以张之江继任西北边防督办,李鸣钟继任甘肃军务督办,宋哲元任热河都统,鹿钟麟调任绥远都统,郑金声则为察哈尔都统。后又计划暂不放弃北京,京兆地区仍由鹿钟麟负责防守,绥远地区由刘郁芬任都统。接着,冯又将国民一军所占地盘划分为五区,即京畿附近、口北及察区、绥远、热河、甘肃,以鹿钟麟、张之江、李鸣钟、宋哲元、刘郁芬分任总司令,并向段执政府推荐任命。② 这就意味着,国民一军最高统帅在名义上是张之江,其他主要领导人也有固定的地盘,以示安抚。1926年1月4日,张之江发"支"电宣布暂代西北边防督办③;9日,段执政府颁令任张之江为西北边防督办兼察哈尔都统,李鸣钟督办甘肃军务善后事宜,刘郁芬为绥远地区都统。但是,上述安排马上就产生了矛盾。首先,刘郁芬不乐意离开甘肃,故李鸣钟称"病",拒不赴任。更为严重的是,张之江个人的资历与才干均不孚人望,鹿钟麟、李鸣钟、宋哲元、刘郁芬等对张之江都不服气。所以,张很难驾驭全军。国民军将领为此曾召开会议并决定:在政治问题上,如对于国事有所主张,须经"公共讨论决定,俾定丛违",且"须得多数同意,最后议决,始能发表意见";至于防区分配或调遣等事,也"须经公共研究,经多数取决,始能实行",且要"共同负责"等。④ 这实际上是否定了张之江名义上最高领导人的地位。所以,张对其他诸将领十分不满,于1926年1月11日以"才轻任重,深觉难胜"为由通电辞督办职⑤。此后,张虽在冯的压力下勉强就职,但在国民军内部继对冯不满后,又出现了新的、更为严重的矛盾冲突。

① 《冯玉祥决计下野之内幕》,《长沙大公报》1926 年 1 月 14 日。
② 《中华民国史资料丛稿》,中华书局 1982 年版,第 4 页。
③ 《国闻周报》1926 年第 2 期,第 32 页。
④ 《冯军将领会议》,《晨报》1926 年 1 月 11 日。
⑤ 《国内外一周间大事记》,《国闻周报》1926 年第 3 期,第 22 页。

（二）

冯玉祥下野后，便指使部下先后向直奉两方求和。但是，各将领对此的认识并不一致。张之江不仅坚决执行冯为国民军制定的与两方谋和的方针，而且走得更远，甚至不惜向两方投降。所以，中国共产党认为他"无中心政治思想，时时破坏进取战略，谋与直奉妥协"①。鹿钟麟则只主张联直，尤其是联合靳云鹗、田维勤部，而极力反对向奉作出更大的让步。李鸣钟则游移于鹿、张两人之间，时而与鹿意见相左，时而与张有不同看法。《向导》发表文章分析国民军领导的政治倾向时说："目前国民军内部很显然有两部分倾向，由其将领分别表现出来。其中一部分表现乃是进步武力，愿继续对奉军阀作战，接近民众；而另一部分则仍如军阀争夺地盘，希图与奉军阀妥协的心理。现在鹿钟麟等几个将领代表前者，而张之江等几个将领代表后者。"②上述评论虽不完全准确，却也道出了国民军领导班子中关于今后战略分歧的实质，是在一定程度上表现出不同政治倾向的矛盾斗争。

1926 年 3 月初，国民军在津南方面与直鲁联军的战事一度转败为胜，在津东地区与奉军处于相持状态，军事上出现转机。国民军趁机抓紧与奉系和谈。3 月 2 日，张之江致电张作霖，称"冯公业已下野，本军全体将士，情愿惟我公马首是瞻，恭听指挥"，并愿"无条件奉还"热河。③ 但张作霖提出国民军应交还直隶，作为双方议和条件。10 日，国奉双方代表拟就"和平意见"十条，其中包括：国民军无条件让出热河；直隶督办由奉方在杨宇霆、张学良、张作相三人中择一任之；调任孙岳为北京警卫总司令并带其所部驻防京兆地区等。④ 12 日，张之江又派张树声赴奉谋和，有让直隶之意。但是，鹿钟麟等对此坚决反对。3 月 14 日，鹿致电冯玉祥，称："让热可，让直不可。我两次大牺牲为直，让直何以对人民及阵亡将士？"而且"奉天中坚

---

① 《中共中央文件选集》(1926)，中共中央党校出版社 1989 年版，第 232 页。
② 罗敬：《白色恐怖的北方政局》(4 月 25 日北京通信)，《向导》1926 年第 152 期。
③ 辽宁档案馆编：《奉系军阀密电》(三)，中华书局 1987 年版，第 40 页。
④ 辽宁档案馆编：《奉系军阀密电》(三)，中华书局 1987 年版，第 45—46 页。

郭松龄败亡,张宗昌、李景林近又覆败,奈何以数十万敢死之士割地求和?"①但是,张之江不顾鹿等人的反对,仍一意孤行。只是由于奉张对张之江的主和根本没有诚意,故其对奉妥协的努力才没有实际结果。

3月中旬,奉军在津东开始向国民军发起猛攻,直鲁联军在津南开始反攻,吴佩孚攻取河南后也进一步沿京汉路北上。国民军处境更加困难。尤为严重的是,国民军军火奇缺,原指望由苏俄从海上补给,但由于俄轮被奉军扣留而落空。为收缩战线以保存实力,冯玉祥于3月14日密令鹿钟麟等从前防撤退,并运动由王士珍出面通电主和"调停"②。但是,鹿钟麟拒不听命,且虚报李景林已完全溃退;同时,指使电报局扣发王士珍15日倡和电。然而,直鲁联军分三路沿津浦线北上进攻国民军,韩复榘已力不能支;奉军先后占领卢龙、迁安、乐亭等地;直系靳云鹗部也进抵石家庄。国民军已处于三面包围之中。3月18日,鹿钟麟被迫把王士珍等人的"咸"电发出。20日,张之江、李鸣钟等联名通电,表示愿遵王士珍等15日电,撤回原防,专力开发西北,不与内争。前敌将领亦由鹿钟麟领衔通电,表赞成撤兵议和。③但是,令人注意的是,同日张之江、李鸣钟、鹿钟麟等致各报馆通电中称,其在回张绍曾电中有"若各方承认聘老划直热为缓冲之议,敝军再当全部退往西北"等语④,而实际上在其致张绍曾的"号"电中却找不到此等字样⑤。这表明,在这次国民军被迫收缩战线时,其内部意见仍不能一致。尤其是鹿钟麟等人不情愿于无条件撤回原防。只不过此时冯玉祥尚能遥控一切,故事权不一的矛盾尚不明显。

(三)

"三一八"惨案发生后,冯玉祥于3月20日急忙出国,让张之江等人应付局面。3月22日,国民军撤离天津,但对于以后的战守方针其领导人意

① 《大事记》(12),《中华民国史资料丛稿》,中华书局1982年版,第45页。
② 《北京特约通信》(一),《申报》1926年4月6日。
③ 《国内外一周间大事记》,《国闻周报》1926年第11期,第32—33页。
④ 《北京孙岳张之江等电》,《申报》1926年3月25日。
⑤ 《张绍曾乘时谈法统》,《申报》1926年3月30日。

见却不能一致。本来，冯出国前对国民军的撤退有具体指示，要全军退至南口以北，以保存实力。张之江主张遵冯之指令，放弃北京，但此议遭到鹿钟麟等人的反对，大多数部下也不主张放弃北京。① 22 日，鹿钟麟、李鸣钟在北京召开军事会议并议决，以十二万兵力固守京畿。26 日，鹿又向人表示，国民军决心固守京畿，"倘无和平办法及正式交待，决不放弃北京"②。这实际上是在公开对抗张之江的指挥。张之江在张家口，对鹿、李的分庭抗礼之举毫无办法。然而，李鸣钟与鹿钟麟之间意见也不能完全一致。鹿钟麟主张在固守京畿的同时掉戈图晋，以求扩充退兵之驻地，李鸣钟却认为晋阎虽有趁火打劫之意，但旗帜总未鲜明，不必"于怨丛中又增一秦"③。

3 月 23 日，张之江突然致电总理贾德耀提出辞职，并推鹿钟麟继任察哈尔都统，择李鸣钟或鹿钟麟兼任西北边防督办。必须指出的是，此电是张致"北京警卫司令部转贾总理"的。无疑，这是他在给鹿、李施加压力。果然，鹿等人连忙于 25 日通电，谓冯已出国，"所幸张督办之江久孚众望，且相处有年，自当听其主持，以示诚服"，向张表示顺从指挥意。④ 张之江也见好就收，于次日通电表示统率国民一军，不再言辞。但鹿钟麟仍坚守京畿，故张之江于 31 日再次致电贾德耀，请贾任命鹿为察哈尔都统，想把鹿钟麟调离北京。对此，鹿钟麟 4 月 3 日派门致中等赴张家口，向张之江说明国民军不退出北京的原因及保持现状之必要，以获谅解。

鹿钟麟之所以坚守京畿固有出于对当时军政形势的认识，但也包含为个人保留地盘的考虑。当时，张之江兼察哈尔都统，故鹿则难以长察，且其也绝不能与北京相比。时张之江又驻在张家口，鹿决不乐意在其眼皮之下而难施身手。此外，鹿对与直系谋和仍抱有希望。靳云鹗也屡次致电国民军，表示希望国民军勿退出京畿，并声称吴佩孚与国民军合作"确出诚意"，这无疑更加坚定了鹿氏坚守京畿的决心。鹿曾向新闻记者解释说："我之主张保全北京者，其主因即在中外人士之安全，并我的朋友之安全问题。我

---

① 《国内外一周间大事记》，《国闻周报》1926 年第 11 期，第 34 页。
② 《国内外一周间大事记》，《国闻周报》1926 年第 11 期，第 55 页。
③ 《国内要闻·北京通信》（三原），《申报》1926 年 3 月 30 日。
④ 《鹿钟麟等表示拥戴张之江》，《晨报》1926 年 3 月 27 日。

的朋友有几万人要吃饭,不能不为之想法。"①这些话虽言不由衷,但拒不听从张之江指挥的态度是非常明确的。

4月初,直系田维勤部属督师北上,但至琉璃河后却顿兵不战,这使国民军认为和直有望,便加紧派代表与田维勤、靳云鹗接洽议和,以期推动吴佩孚放弃对国民军的成见。但是,吴仍顽固坚持联奉讨冯,并通电否认有代表与国民军接洽。赴保定、郑州之国民军议和代表王乃模、何遂返京之后,向鹿钟麟建言称"谋所以挽回大局之计,金以非倒段释曹不足以迎合吴氏而得其欢心"②。张绍曾所派策士张廷锷也以此劝鹿,认为以此可以感动吴,既或不能,亦可借曹锟、张绍曾之力,缓和吴氏。靳云鹗也暗示国民军,"对于某项重大问题之解决方法"望能容纳汉口吴佩孚的意见。丁春膏则明白地致电与鹿,称吴欲先去段,恢复曹锟自由。③ 吴佩孚私人代表耿遒熙也入京劝鹿"做两件露骨事"给吴佩孚看看,教鹿以驱段放曹,谓如此可迎合吴氏心理而"必可得其谅解"④,并声称吴在致其电中亦表示,国民军如有议和之诚意,应先驱段复曹。上述情况无疑使国民军坚定了发动第二次北京政变推翻段祺瑞政府的决心。

冯玉祥下野之初,就制定了驱段释曹的方针,欲以此作为与吴和解的条件,若和解不成,便迅速撤离北京造成中央权力真空,使直、奉为北京和总统宝座而火并,以坐收渔翁之利。所以,4月9日夜,鹿钟麟派兵包围了执政府,段祺瑞逃往东交民巷。但是,张之江在政变前后对此却出尔反尔,使其与鹿之间的矛盾进一步深化。

3月30日,张之江长电致吴,称"国民军亟与贵军合作,以应付奉军,如共同作战尤所愿也。至尊方如以驱某为可,亦无不可照办"⑤,来暗示国民军可以与段祺瑞决裂为联合条件。这表明,他是完全同意倒段之举。此外,鹿钟麟事前也曾致电张之江商得同意。4月10日张亦有电致鹿,称"对时

---

① 《鹿钟麟对新闻记者之谈话》,《长沙大公报》1926 年 4 月 12 日。
② 政之:《北京政局蜕嬗纪》(上),《国闻周报》1926 年第 3 期,第 16 页。
③ 公展:《国内外一周间大事记》,《国闻周报》1926 年第 14 期,第 27 页。
④ 《北京通信》,《申报》1926 年 4 月 26 日。
⑤ 《国直携手之经过》,《申报》1926 年 4 月 12 日。

局无成见,联吴为向来主张"①。4月13日,张也接连两次致电与吴,请其"入京主持"②。事后鹿钟麟也有通电说:"驱段前萃集将领,共同讨论。金以法统不复,无以树立国之基;障碍不除,无以开和平之路;趋向不明,无以图进步之良宜。宗旨既定,责任难委。故首言恢复法统;次言除障碍者,去段也;又次言趋向者,迎吴也。"③

国民军的第二次北京政变是政治实用主义的典型表现。国民军早已给人以"倒戈"的恶谥,此次倒段更给人以反复无常的把柄。李景林、张学良等联名攻击国民军"前日拥段,今日驱段。前日捉曹,今日放曹……好恶无常,恩仇不定"④。吴佩孚对国民军的释曹无动于衷,对鹿的一再电邀更是不理不睬。贾德耀也宣布:"此次鹿钟麟之不法行为,不能得任何方面之同情。"⑤因此,国民军处于极为尴尬的境地。

这时,鹿钟麟致电张之江,请其来京"谋善后之策"。但是,张并没予以确切答复,仅表示"但俟探明各方面之意见后,再决定诸事"⑥。及阎锡山就国民军之非常手段责问张之江时,张则干脆称:"此乃鹿钟麟所为,非我所知也。"⑦11日,张甚至对人说:"鹿氏此举无疑坐坑招夫",喻以女子不贞杀夫招夫。⑧ 其手法是令人齿冷的。

张之江不仅事败后推卸责任,而且直接拆鹿钟麟的台。按冯玉祥的原定方针,如驱段释曹迎吴不成就撤军。但是,这也得有几天时间的准备。固然,非常手段引起的效果不佳,不过靳云鹗、田维勤等还是作出了较积极的反应,致电与鹿对驱段表示满意。但是,张之江11日便以督办名义直接电令前方将领撤兵,并召回兵站总监,断绝对鹿所部的粮麦供给。⑨ 尽管如此,鹿钟麟仍作争取靳、田的最后努力,不肯径退。在此情况下,张之江再次

① 《申报》1926年4月14日。
② 《吴佩孚对冯军乞和之表示》,《申报》1926年4月18日。
③ 《鹿等驱段通电内容》,《申报》1926年4月14日。
④ 政之:《北京政局蜕嬗纪》(上),《国闻周报》1926年第3期,第16页。
⑤ 《申报》1926年4月16日。
⑥ 《东方社十三日北京电》,《申报》1926年4月15日。
⑦ 《东方社十三日天津电》,《申报》1926年4月15日。
⑧ 政之:《北京政局蜕嬗纪》(上),《国闻周报》1926年第3期,第16页。
⑨ 政之:《北京政局蜕嬗纪》(上),《国闻周报》1926年第3期,第16页。

对鹿施加压力,14 日,他致电李鸣钟、鹿钟麟提出辞职,以"出洋留学"为名电请李继任西北边防督办,鹿为甘肃督办,对二人施加压力;①同时以断绝供给来迫之退兵。

4 月 15 日,奉军占南苑,直军亦抵西苑,国民军被迫撤离北京。但是,全军最终撤往何处,其领导人观点不一。冯玉祥出国前留下训令,要全军在必要时撤至内蒙古丰镇以西。但是,绥远人烟稀少,补给困难,在冯不在军中的情况下全军居此能否稳定军心,确是未知数。张之江、李鸣钟主张坚决执行冯令,而鹿钟麟等反对。结果,国民军仅撤至南口一带。因此,北京虽然出现了权力真空,但奉直军阀却没有由此而火并。面对在南口的国民军,两系军阀联合的政治条件也就依然存在。这样一来,从国民军方面看,原来冯所期待的"渔翁之利"没有出现。但从全国大势而言,这却吸引了直奉军阀的注意力,给广东革命政府北伐造就了大好条件,使国民军在南口造就了不朽的功勋。但是,国民军将领在当时认识不到这一点。鹿等主张守南口的原因主要是不愿轻易向奉、直示弱。但是,张之江则觉得其权威再一次受到伤害,故决定对鹿下手,以至必欲去之而后快。

舆论界早已对国民军内部的分歧有所注意。《申报》在 4 月 19 日的"天津通信"中分析道:"一军内部间,尤各自为谋,主和派之张之江、李鸣钟、刘郁芬辈,均不支冯之所为,而劝冯出国,早熄战祸;其主战派之鹿钟麟、韩复榘、郑金声辈,则犹希冀于逐段释曹,博吴欢心,庶几国直合作,共遏奉军,而国军仍得留京师,对中央政局有合作之权。"②第二次北京政变时,在鹿事先拟定的布告中有"总统曹公"等字样,但后又删去"总统"二字。对此,东方社断言张之江、鹿钟麟之间"已发生葛藤"③。而吴佩孚、张作霖也早明了国民军内部的矛盾。他们认为张之江可以利用,而鹿钟麟更代表冯玉祥,故采取"拉一打一"的策略。张作霖在与张之江来往电中,不止一次地称他"向号诚笃","素所敬重";有时也兼及对李鸣钟示好,称其"皆愚夙

①　《张之江亦欲下野》,《晨报》1926 年 4 月 15 日。
②　《申报》1926 年 4 月 19 日。
③　《申报》1926 年 4 月 13 日。

所推许之人",而称鹿钟麟是"在京妄为","演成重重怪剧,贻笑中外"①。
吴佩孚在复张之江电中也表示,国民军要交阎锡山改编才能进行和谈,但可
以让张有"保留一个师"的优待。另外,吴佩孚对于鹿钟麟的拥护"总统曹
公"又"欢迎玉帅北上主政",始终没有直接答复,但对张之江的表示就有回
复。这显然是吴对国民军分化的手段,并对国民军内部矛盾的激化起了推
波助澜的作用。

（四）

国民军退守南口后,张之江仍继续派人向奉、直求和。奉、直军阀也正
利用了张急于求和的心理,把矛头直接对准鹿钟麟,力图挑起国民军内部的
火并。奉军公开表示,张之江直属可留,余均缴械,且张如助缴鹿械,允以督
甘。吴佩孚也致电张之江,劝其将鹿军缴械,称"如鹿钟麟缴械,则当任君
为西北边防督办"②。5月下旬,奉军再次公开宣布,张作霖认为张之江"诚
扑","堪共大事",且西北军除"冯鹿二人外,其余均不是赤化"③。由此,张
之江、李鸣钟等认为鹿已成为其向直奉求和的障碍。

4月下旬,张之江在国民军将领会议上一再声称:"为保全西北军实力
起见,总以设法避免战事,否则愈坚持而愈见穷蹙,其势非完全消灭不止。"
其言下之意,无非是希望鹿钟麟去职。后由于其他将领主张暂时讨论战守
的方法,才将鹿之去职问题搁起。④ 但张之江始终相信鹿一去职,对外必能
缓和,故仍暗中劝鹿下野。张之江、李鸣钟在致张作霖电中,提出的议和条
件中就有"保全鹿钟麟之生命为条件,由鹿自动下野"⑤。张所派赴京议和
之代表张树声在与直、奉接洽时,所提条件就包括"撤销冯玉祥、鹿钟麟及
其他激烈分子之统兵权及军中位置"⑥。甚至后来又提出了"逮捕某将

---

① 《张作霖复张树声电稿》(2月13日,4月14日),辽宁档案馆编《奉系军阀密电》
(三),中华书局1987年版,第38—52页。

② 《国内外一周间大事记》,《国闻周报》1926年第16期,第31页。

③ 《奉方对西北军态度一变》,《申报》1926年5月21日。

④ 《张之江有讽鹿下野谋和说》,《申报》1926年5月7日。

⑤ 《国民军将领会议》,《民国日报》1926年4月29日。

⑥ 《张之江向张吴请和说》,《长沙大公报》1926年4月30日。

领",当奉方具体指明"逮捕鹿钟麟,解交中央处分"时,张树声奉张之江之命将其应允下来。① 可以说,张之江、李鸣钟等为向奉张示好已达到了不择手段的地步。故鹿钟麟于 5 月初在张家口称"病",并声言不再过问国民军事;② 当张之江再任其为察哈尔都统时,鹿钟麟也以"戎马仓皇,无暇顾及政治"为由没敢直接接管,而完全由张之江任命的旧部维持一切。但是,张作霖、吴佩孚对张之江的示好却不相信,认为这是国民军摆脱困境的伎俩。③至此,中国近代史上出现了颇为滑稽的一幕:张之江拼命想投向奉、直军阀,而张作霖、吴佩孚却不接受而极力把其推向革命的一方。也正是由于张作霖、吴佩孚等人的判断失误,张之江等人解除鹿钟麟兵权的企图才不了了之。国民军也未因此而出现更大的悲剧。

实际上,当时国民军内部除了张之江、李鸣钟与鹿钟麟之间有矛盾外,张之江和蒋鸿遇也出现了严重的斗争冲突。蒋因其足智多谋而被时人称为"智多星",被冯玉祥认为有"统帅之才"。1925 年,段祺瑞授冯玉祥甘肃督办职,时任西北边防督办参谋长的蒋曾以"甘肃进可攻,退可守"建议冯占甘。冯采纳了蒋的意见后令刘郁芬代理甘肃督办,蒋为帮办。1926 年,西北军组建第十二师,蒋任师长并布防绥远、宁夏边境。当部队败退南口时,张之江欲将蒋鸿遇调到南口参战,而自己带军入甘肃。但是,蒋至包头时见绥远无人主持,遂再不前行,欲代理督署。而此时张之江已任宋哲元赴绥远。无奈之下张之江只得被迫任命蒋暂任绥远督统。但蒋在任上大力安插亲信,截留款项又使张之江大为不满。国民军退守南口后,张之江认为蒋会挡住其退往西北的去路,曾一度派孙连仲先行侦察,并授权对蒋"便宜行事",即见机戮杀之意。只是由于蒋在增援雁门关时发生车祸受伤,才得免。8 月中旬,国民军从南口败退。韩复榘、石友三等部依附了晋系,固然主要是出于保存实力的目的,但也与他们同张之江等人的矛盾不无关系。此后,韩、石虽然又回归国民军,但却留下了深深的裂痕,这导致了二人最终对冯玉祥的背叛。

---

① 《奉国和议接洽之经过》,《申报》1926 年 5 月 24 日。
② 《盛传晋军已向西北进击鹿钟麟卧病张家口》,《长沙大公报》1926 年 5 月 13 日。
③ 《国奉晋吴各方和议之别讯》,《长沙大公报》1926 年 5 月 29 日。

（五）

南口大战前,国民军仍是旧军阀武装,发生上述矛盾斗争是不可避免的。但是,这毕竟产生了严重的后果。国民军领导人对军事战略的分歧是导致国民军在华北失败的原因之一,并在一定程度上影响了国民军的政治进程。张之江没有抵抗奉、直军阀围剿的决心,一味主张妥协,并发表整顿学风通电,使国民军在政治上进一步倒退,日益远离国共两党及人民群众。鹿钟麟在对奉态度上虽然比张之江表现得强硬些,但对直方针上与张并无多大区别,在与进步势力及人民群众的关系方面也基本相同。所以,尽管张、鹿二人的分歧有不同政治倾向的成分,但均是冯左右摇摆的政治态度在二人身上的体现。只是由于二人个人才干、作风不同,故在军中的影响力有很大差异。鹿在中下级军官中明显更具人望。1926 年 8 月,国民军从南口败退。张之江惊慌失措,指挥不当,使军队遭受重创,威信扫地。此后,他在国民军中再也没能担任有实权的职务。

国民军在此时的矛盾斗争,是对自己前一段在政治上进步的直接否定。国民军仍没有明确的政治主张,其政治手段仍是军阀的实用主义权术,并明显地暴露出国民军先天不足、缺乏政治经济凝聚力的严重弊端。我们从中已看到日后西北军突然崩溃的前兆。

原载:《河北大学学报》(哲学社会科学版)2004 年第 1 期

十四、国民军在南口大战前与苏联的关系

国民军与苏联关系的建立与发展,是研究冯玉祥和国民军及第一次国内革命的重要问题。以前学术界对此问题的论述比较简单,且评价过高。《近代史研究》2000 年第 3 期发表了杨雨青先生《国民军与联共(布)中央政治局中国委员会》一文,利用俄国近几年公布的档案资料,对此问题进行了较深入的研究,令人耳目一新。但笔者认为,杨文所论仍不够全面,某些观点并未跳出窠臼,一些重要档案还没有完全利用,故再论述如下。

(一)

20 世纪 20 年代初,苏俄的外交政策发生重大变化,开始与各国发展正常外交关系,于是,出现了旨在促进国家关系的外交活动与以发动革命为目的的联共(布)和共产国际对外政策并存的特殊现象。这种双重政策在对华关系上也突出地表现出来。联共(布)和共产国际在积极扶植中国的革命及反帝力量的同时,却严重损害了中国领土主权及国家利益,十分明显地表现出了民族沙文主义倾向。

苏俄在与中国恢复正常国家关系之初,就背离了无产阶级的国际主义原则,承袭沙俄在中国东北的侵略利益,并出兵占领了中国外蒙古。当时,它认为中国内部的决定因素是军事力量,故急功近利,想在实力派军阀中寻求合作伙伴以维护自己的国家权益。例如,它曾对吴佩孚寄予很大希望,并试图与他建立关系。

冯玉祥是北洋军阀中的一员,但有较强烈的爱国热情,背后也没有帝国主义的背景,并和资产阶级的革命人物有某些联系,这也是国共两党及苏俄对他产生兴趣的原因。

但是，冯玉祥对苏俄却有一定看法，对沙俄侵占中国大片领土及苏俄占领外蒙古极为不满，①甚至在营房中挂着被侵占领土的地图，②至于冯与苏俄关系建立，冯玉祥回忆说，他是经王正廷和徐谦的介绍，才与苏俄驻华大使加拉罕相识（时间是在北京政变前），以后又认识了鲍罗廷。加拉罕常来与他谈话，结果"越来越亲密"，于是，"我的思想和许多政治方面的见解也慢慢有了变化"，"因此，我请他们二位介绍，从苏联请来了三四十位顾问……"③实际上，事情没有这么简单。国民军与苏俄建立军政关系有着较为复杂的政治背景和过程。

1922 年，中苏两国政府开始就外交关系正常化进行谈判。8 月 31 日，斯大林致电加拉罕，要他在与中国政府谈判时，不要从 1919 年到 1920 年苏俄对华外交宣言中得到指示。这就是说，苏俄对此前宣称放弃沙俄在华所得的一切侵略权益、废除不平等条约等许诺，一概都不认账了。在该电中，斯大林具体地指示加拉罕，要坚持使蒙古从中国分裂和维护中东铁路的特权。④ 此后，斯大林的这两点一直是苏俄维护在华利益的重点。为此，苏俄努力寻求与奉系军阀对抗的军事力量合作，用来遏制日本在中国东北膨胀的势力；重视与俄蒙相邻的中国地方实力派的关系，以便永久控制外蒙古。当时，直奉二系矛盾开始尖锐，苏俄之所以千方百计与吴佩孚拉关系的目的也在于此。北京政变后，国民军立即成为苏俄推行上述政策的最好人选。

早在 1923 年，苏俄就开始注意冯玉祥。加拉罕曾想通过徐谦及马伯援与冯建立关系。⑤ 不久，王正廷、徐谦就介绍加拉罕与冯相识。此后，二人频繁接触。⑥ 一个叫鲍威尔的充当联络员的角色，每天晚上，此人都由南苑

---

① 中国第二历史档案馆编：《冯玉祥日记》（二），江苏古籍出版社 1992 年 1 月版，第 17 页。

② 维·马·普里马科夫：《冯玉祥与国民军》，中国社会科学出版社 1982 年版，第 34、35、11 页。

③ 冯玉祥：《我的生活》（下），黑龙江人民出版社 1981 年版，第 378、421 页。

④ 《联共（布）中央政治局会议第 24 号记录（摘录）》（1922 年 8 月 31 日）、《联共（布）共产国际与中国国民革命运动》（1920—1925），第 115 页。

⑤ 《加拉罕给鲍罗廷的报告》（1923 年 12 月 27 日），《联共（布）、共产国际与中国国民革命运动》（1920—1925），第 386 页。

⑥ 冯玉祥：《我的生活》（下），黑龙江人民出版社 1981 年版，第 378 页。

冯处到苏使馆去。① 北京政变后,冯玉祥在 10 月 27 日就与加拉罕举行了会议。② 此时,冯玉祥及国民军在苏俄心目中的地位已上升到首位。从 1924 年 11 月到 1925 年 2 月,加拉罕、鲍罗廷、维经斯基和国民党领导人在北京不止一次地讨论国民军与国民党及苏联的相互关系。③ 在此期间,李大钊和徐谦也多次赴天台山与冯会谈。1925 年 3 月 14 日,国民党中央执委会政治部召开会议,专门研究如何援助胡景翼的国民军二军,"其中包括用苏联武器、弹药和顾问以及用苏联同冯玉祥的接近来对胡进行援助。"④ 同年 3 月 13 日,联共(布)中央政治局召开会议,研究孙中山逝世后的中国局势,并决定向国民军提供援助,认为"用我们的经费"在洛阳和张家口建立两所"军事学校"是适宜的(为此一年拨 100 万卢布经费),向"同情国民党的中国军队"有偿提供苏式武器也是可行的。"装备是有偿的",认为"可以根据对方的支付能力立即拨给加拉罕一定数量的外国武器弹药"。⑤

1925 年 3 月 19 日,联共(布)中央政治局决定成立权威部门委员会,"统管"援助国民党和它支持的军事集团的日常工作,这就是直接隶属联共(布)中央政治局的中国委员会。⑥ 3 月 21 日,苏联政府"考虑了中国同志们的意见","决定满足冯玉祥和其他将军的请求",通过了援助国民军武器

---

① 《加拉罕在联共(布)中央政治局使团会议上的报告》(1926 年 2 月 11 日),《联共(布)、共产国际与中国革命运动》(三)(上),第 73 页。

② 《冯玉祥日记》(一),江苏古籍出版社 1992 年版,第 639 页。

③ 《加拉罕给鲍罗廷的报告》(1923 年 12 月 27 日);《维经斯基给季诺维也夫的电报》(1924 年 11 月底);《鲍罗廷关于国民党的书面报告》(1925 年 1 月 24 日);《鲍罗廷的报告》(1925 年 2 月 14 日);《联共(布)、共产国际与中国国民革命运动》(1920—1925)(一),第 386、555、564、574 页。

④ 《鲍罗廷给加拉罕的书面报告》(1925 年 3 月 14 日),《联共(布)中央政治局会议第 52 号记录》(1925 年 3 月 13 日),《联共(布)、共产国际与中国国民革命运动》(1920—1925)(一),第 584、582 页。

⑤ 《鲍罗廷给加拉罕的书面报告》(1925 年 3 月 14 日),《联共(布)中央政治局会议第 52 号记录》(1925 年 3 月 13 日),《联共(布)、共产国际与中国国民革命运动》(1920—1925)(一),第 584、582 页。

⑥ 《联共(布)中央政治局会议第 53 号(特字第 40 号)记录》,《联共(布)、共产国际与中国国民革命运动》(1920—1925),第 589 页。

弹药并派遣顾问和教官的决议。①

国民军与苏联建立军政关系过程，表面看来，是胡景翼和冯玉祥先后向苏联提出援助要求，但实际上却是苏联在仔细研究了冯玉祥及国民军之后，经过最高决策机构决定，主动向国民军提出援助的。而这个主动是通过李大钊、徐谦等人以建议的形式向胡、冯等人首先表示的。

某些论述苏联与国民军的专著认为，苏联对国民军的援助是"无偿的"，"充分显示了高尚的无产阶级的国际主义精神"。② 冯玉祥也说，国民军接受苏联援助"两方均无条件"，苏联顾问"只是"为了我们完成国民革命。③ 但事实绝非如此。

1925年4月17日，联共（布）中央政治局中国委员会召开会议并决定，苏联向国民军提供援助有下列条件：（1）"提供的援助应该是有偿的，或全部用货币偿还或部分用货币、部分用原料偿还。支付的方式和条件根据主要的政治协议确定。（2）在冯玉祥、外蒙古和苏联之间订立三方互助口头协议，冯玉祥作出关于接受我们对蒙古的计划和关于他的势力范围内不向外国人提供任何租界的单方面书面保证。"④上述条款清楚地表明，苏联援助国民军有严重的民族利己主义目的，已严重损害了中国的领土主权。其无产阶级国际主义因素已大打了折扣。

段祺瑞执政府成立后，冯玉祥由于发动北京政变在北洋系统中异常孤立。国民军一军虽然控制着北京，但没有其他地盘，并由此为奉系所嫉恨而承受着巨大的军事压力。胡景翼虽然已进驻河南，但还未站住脚并面临憨玉昆等地方军阀的严峻挑战。国民军急需扩充军队，但既无金钱又无武器来源。李景林占得直隶后，国民军的三个军之间不仅被阻断，而且失去了出海口，无法从外国进口军火，在战略上处于十分不利的地位。由于上述种种原因，冯玉祥一度十分消极。他下野赴京西天台山隐居，既是向段祺瑞、张

---

① 苏联国防部档案，转引自［苏］维·马·普里马科夫《冯玉祥与国民军》，中国社会科学出版社1978年10月版，第8页。

② 阎维新：《李大钊与冯玉祥》，解放军出版社1987年版，第60页。

③ 冯玉祥：《我的生活》（下），黑龙江人民出版社1981年版，第421页。

④ 《联共（布）中央政治局中国委员会会议第1号纪录》（1925年4月17日），《联共（布）、共产国际与中国国民革命运动》（1920—1925），第603页。

作霖施加压力、以退为进的手段,也是对未来茫然的表现。段祺瑞为了安抚冯,任命冯的部下张之江为察哈尔都统,李鸣钟为绥远都统。这样,国民军一军才有了两个省区的地盘,从而与苏俄有了更直接的地缘政治利益。

中国共产党早在 1924 年 2 月的三届二中全会的决议中就提出要注意做"基督将军"(按指冯玉祥)的工作,但对冯及其发动的北京政变却有一个认识过程,曾认为冯是英、美走狗,故反对孙中山应冯之邀北上。而苏联却认为北京政变为国民党提供了一个登上革命大舞台并成为大政党的极好机会,故应支持冯及国民军。① 中共北方负责人李大钊早就与冯有交往,在此时也说服党中央改变了对其态度。冯玉祥下野后,李大钊和徐谦同苏俄驻华大使几经交换意见后,多次与冯会谈,为他分析国际形势,劝其打消辞意,并告之他们已经以国民党中央执委委员的身份与苏俄谈妥,苏俄可通过外蒙古到张家口的路线给冯以援助。② 李、徐是代表苏联主动向冯伸手示意的,而冯也是接受了他们俩的建议后于 1925 年 1 月赴张家口,3 月就任段祺瑞政府"西北边防督办"的。

1925 年 2 月,应李大钊的请求,北京毛以享教授去张家口通知冯玉祥,苏联有意对他提供援助。冯当即让毛以自己秘书的名义回京请李大钊。两天后,毛陪同李、徐来到张家口,冯派副官张荣前往车站迎接。经过会谈,冯玉祥向李大钊明确了要求苏联援助的内容,并派参谋长刘骥等人到北京与加拉罕会谈。③ 3 月 29 日,鲍罗廷应加拉罕之请来到张家口谈判。不久,冯玉祥与鲍罗廷就达成了有关协议。1925 年 5 月 29 日,联共(布)中央政治局中国委员会召开会议,听取了有关中国问题的报告,决定在中国设置三个军事顾问组(南方广州设一个,北方冯玉祥和岳维峻处各设一个);在张家口和开封各建一所"黄埔式的军政学校";给冯部 4000 支步枪和 400 万发子弹(已在途中),2—3 辆小坦克,并由苏方负责运抵张家口;但拒绝向冯提

① 《鲍罗廷"关于国民党"的报告书》,《联共(布)、共产国际与中国国民革命运动》(1920—1925)(一),第 565、566 页。

② 陈天侠:《我跟随冯玉祥先生的一些经历》,内蒙古《史料荟要》第 2 期。

③ 毛以享:《俄蒙回忆录》第 2—8 页,转引自[美]盛岳《莫斯科大学与中国革命》,台北现代史料出版社 1980 年 12 月版,第 149 页;陈天侠:《共产党对冯玉祥将军的影响》,《河北文史资料选辑》(12),第 3 页。

供大功率无线电台。① 5月底,以任江(普特纳)为首的苏联顾问团到达张家口。

必须指出,冯玉祥接受了苏方提出的全部条件,包括有关外蒙古问题的条款。所以,我们从他以后的言论中,再也没有看到对苏联分裂外蒙不满的激烈言论。另外,他在回忆录《我的生活》中说:"……蒙藏脱离中国而独立,固然各有其政治背景,但我国政治上未上轨道,不足以获得蒙藏人民的信赖,却是主要因素",是"中国没有真正人民政府的缘故"。② 这些言论大体上和苏联在此问题上的宣传口径也是一致的。

冯玉祥在此时接近苏联以及接受其军事援助,绝不是出于意识形态上的原因,很大程度上有从地缘政治考虑的实用主义因素。国民军地处西北内陆,只能从相邻的苏联补充急需的军火。此外,从苏联进口武器不需要付现款,这对于军费匮乏的冯玉祥来说更是求之不得。对胡景翼而言,他也急需苏联的军火。1925年3月30日,国民党人黄昌谷发密电给广东革命政府说:"国民军冯、胡急需俄助,近与本党益密切。"③所以,若把冯玉祥等接受苏联援助视为冯在国共两党"帮助下"进步的结果与表现,似有偏颇。

(二)

1925年7月13日,在苏联顾问到达张家口的两个半月后,冯玉祥发表防止"赤化"的通令,该通令说:"……查近日以来,谣言甚多,诚恐致乱听闻,易起误会。所有各部军队,需十分注意……而对于赤化播传之说,尤须特别防范,切实禁止。西北地接蒙边,外邻俄境,习尚素不相同,往来时所恒有,交邻固以和睦为尚,而立国精神各有不同";继而宣称:"孔孟之道为我国数千年之国粹,较之外来新名词不啻高出万倍。"通令强调"历来为政第

---

① 《联共(布)中央政治局中国委员会第2号纪录》(1925年5月29日),《联共(布)、共产国际与中国国民革命运动》(1920—1925)(一),第623—627页。

② 冯玉祥:《我的生活》(下),黑龙江人民出版社1982年版,第445页。

③ 《黄昌谷报告俄送水晶棺抵北京及冯玉祥等态度密电》,中国第二历史档案馆编:《中华民国史档案资料汇编》(上),江苏古籍出版社1991年版,第267页。

一要道,只要养民安民,不在炫奇立异。凡我军民,均当深体此意。"①

此通令不仅是为反动舆论攻击国民军"赤化"而作的辩解,也是冯玉祥对与苏联建立关系实质的真实表述。1925 年 4 月 14 日,他在决定接受苏联援助后不久,还在一次对团、营长的讲话中说:"俄国之共产党,将全国皇族、官僚、军阀、警察、大地主,杀去甚多。现在我国阔人闻之,无不胆寒心惊。以中国之现势论,当局若再不觉悟,吾恐造共产党者,即今之政府也……现在此种阶级制度,即是造共产党之机会。一旦民众明白,即不好收拾矣。"②4 月 27 日,他再次强调:"中国社会虽无阶级之名,却有阶级之实。……如不改革恐非共产党造机会不可。"③7 月 9 日,他对鹿钟麟说:"与各方表示态度,谓我方主张以中国之道论中国,实行孔仁、孟义、墨爱,并非赤化",④认为共产主义不适合中国国情,其思想中的反共意识是很强烈的。因此,他始终对苏联顾问存有戒心,唯恐他们传播共产主义思想。

1925 年 5 月,李大钊再次应邀来到张家口,劝说冯在军中宣传国民党的纲领,并与他商议有关访苏事宜。李大钊还向苏联顾问建议共同劝说冯玉祥认识在军队中进行政治工作的必要性,并与顾问们一起制订了军队政治学习的计划。该计划建议在国民军一军中建立设有政治经济学和三民主义学习小组的俱乐部。冯玉祥对此计划有些犹豫,最终还是批准了。国民军一军也组织了教员培训班,开办了干部学校。⑤ 尽管如此,苏联顾问仍对冯部开展政治工作的效果不满。他们抱怨说:"冯在军中对政治工作严加限制,只是在需要并符合冯的利益时才许可";"实际效果与我们预期的目

---

① 李泰棻:《国民军史稿》(上),西北军内部铅印本(无出版年),第 180 页。
② 中国第二历史档案馆编:《冯玉祥日记》(二),江苏古籍出版社 1992 年版,第 51、57、58、95 页。
③ 中国第二历史档案馆编:《冯玉祥日记》(二),江苏古籍出版社 1992 年版,第 51、57、58、95 页。
④ 中国第二历史档案馆编:《冯玉祥日记》(二),江苏古籍出版社 1992 年版,第 51、57、58、95 页。
⑤ [苏]维·马·普里马科夫:《冯玉祥与国民军》,中国社会科学出版社 1982 年版,第207 页;宋聿修:《宋聿修回忆录》,政协河南开封市委员会文史资料委员会 1993 年版,第 21—22 页。

的还有很大的距离";"我们的希望就像肥皂泡破灭了"。①

因此,苏联顾问对冯玉祥有些失望。奉系军阀出版的《苏联阴谋文证汇编》一书载有苏联顾问致尼古莱拉耶夫的信,信中说:"冯玉祥究竟是否为有利于吾方工作之政治人物,可作两种评断,冯氏为关系中国各种运动事件之有坚持主义者,为中国北部举行反抗帝国主义之国民革命运动之表现者;或为普通之军阀,因情势及所占地盘关系必须暂时为有利于苏联之动作……";"事实方面可以对于冯氏为良评断之资料吾人殊感缺乏,相反之一面颇多。如:一,冯氏既往政治态度反复无常。二,冯氏对国民党关系之游移不定,国民党虽竭力迁就容纳,实际上并未加入党籍,即彼左右亲近之人亦无一国民党籍者,尤为显著事实。三,公开拒绝国民党于军队中实行政治运动。四,冯氏与福建、浙江两省联盟,而该两省至今仍为广东政府之仇敌。五,帝国主义之趋向:甲、军队中宣传之性质,在'国耻地图'上注明应予退还中国之土地,有后贝加尔、阿穆尔省及海参崴等省;乙,报端常载有冯氏与张氏协商之消息,尤以攫占外蒙古消息为最要;丙,拒绝承认外蒙古独立。六,冯氏对美国显明之感情(对美国传教士特加保护,尤是表示)。"② 1925年12月2日,加拉罕在苏联大使馆的一次会议上说:"此时遽认为冯已入我彀中未免言之过早,惟已有就我范围之象。前数日允许在其军中渐渐输入政治工作,允许组织铁路职业联合会,并捐助铁路俱乐部14人,允许设立陆军学校,使大学生练习陆军,且劝上海因罢工失业之人前予以安置,与其演说时所持意见完全相符,至其将来能否持久不变,尚难预测。"③

1926年初,国民军在华北的处境日益恶化,冯玉祥再次下野躲到幕后。此时,苏联驻华人员之间(加拉罕同武官叶安罗夫及其副手特里福诺夫、北方军事顾问团内部)就援助国民军产生了严重的分歧。为此,联共(布)中央政治局派以中央书记兼红军总政治部主任布博诺夫为团长的政治检查团来华,检查苏联对中国的工作。当时,有些人向检查团报告说冯玉祥不诚

---

① 《耶恩关于张家口军民工作团工作的报告》;任德江:《为对于冯玉祥联络情况及种种观察致革命军事会议议长福伦资》;《就冯玉祥的情况给加拉罕的信》,转引自〔美〕薛立敦《冯玉祥的一生》,浙江教育出版社1998年版,第211、212页。

② 《苏联阴谋文证汇编》第三卷,《国民军事类》,第10、11页。

③ 《苏联阴谋文证汇编》第三卷,《国民军事类》,第9页。

实,是叛徒、骗子、丧节分子,认为他不可靠,可能背叛苏联。为此,加拉罕尽管为援助国民军的政策进行了辩护,但也承认:"对冯来说,共产党和国民党人都不是他完全信赖的人。"①

1925 年 3 月至 1926 年 7 月,国民军(含国民军二军)从苏联得到步枪38828 支,日本步枪 17029 支,德国子弹约 1200 万发,7.6 毫米口径步枪子弹4620 万发,火炮 48 门,山炮 12 门,手榴弹 1 万余枚,配带子弹的机关枪 230挺,迫击炮 18 门及一些药品。上述军火一部分是无偿援助,其余均记账。②

在苏联顾问指导下,冯军队建立了炮兵、机关枪、步兵和骑兵等学校。1925 年 9 月底,各学校的第一批学员毕业。国民军一军接收了 250 名骑兵、115 名炮兵、70 名步兵学校的毕业学员,38 名毕业于高等步兵学校的军官。③ 此外,苏联顾问还帮助国民军建立了反间谍学校、小型通讯学校,帮助建造了第一批装甲车,培养了一批装甲车官兵,重新装备军械修理厂,并指导生产武器弹药;还参加了国民军攻打天津的战役,指导修筑了南口的防御工事并参加了南口大战。④

1925 年 8 月 21 日,联共(布)中央政治局中国委员会在莫斯科召开会议,研究有关中国的形势。会议认为张作霖和国民军的冲突不可避免,故苏联应同直系军阀建立联系,"并要特别注意湖北和湖南"。会议决定,苏联要对"政府"(指段祺瑞政府)和国民军施加压力,以使其对张作霖实行更为积极的政策(即更强硬的政策);并决定暂时停止向冯玉祥提供武器,否定了以苏联物资为冯玉祥组建一个旅(师团)的方案;但同意在蒙境内为冯玉祥"建立一支国际部队"。⑤ 此后,联共(布)中央政治局中国委员会又在两

---

① 《加拉罕在联共(布)中央政治局使团会议上的报告》(1926 年 2 月 11 日于北京),《联共(布)、共产国际与中国国民革命运动》(1926—1927),第 70、77 页。

② [苏]维·马·普里马科夫:《冯玉祥与国民军》,中国社会科学出版社 1982 年版,第10、8、9 页。

③ [苏]维·马·普里马科夫:《冯玉祥与国民军》,中国社会科学出版社 1982 年版,第10、8、9 页。

④ [苏]维·马·普里马科夫:《冯玉祥与国民军》,中国社会科学出版社 1982 年版,第184—193 页。

⑤ 《联共(布)中央政治局中国委员会会议第 7 号记录》、《第 11 号记录》、《第 12 号记录》,《联共(布)、共产国际与中国国民革命运动》(1920—1925)(一),第 664、665、680、681、684、685 页。

次会议上决定帮助冯玉祥建立一支"不超过三千名骑兵的队伍"。① "满足广州、冯玉祥和岳维峻提供 35 架飞机的申请","给冯玉祥 6 架,为飞机配备必要的飞行员"②。上述决议表明,苏联仍不忘情吴佩孚,并以暂停军援对冯施加压力。这也是此时冯玉祥对吴佩孚示好,并为其复出创造了某些条件的原因。

1925 年 10 月 7 日,联共(布)中央政治局中国委员会主席温施利赫特以斯莫连采夫的名义,起草了一份关于向国民军和广州提供武器装备计划的说明书。该说明书第一句话就写道:"支援人民军集团(指国民军)和特别是冯玉祥集团武器装备的基本计划是考虑下列基本情况制订的:张作霖与人民军之间的冲突仍然不可避免","张作霖和人民军集团目前的力量对比,……远远不利于人民军"。③ 10 月 19 日,孙传芳反奉战争爆发后,联共(布)中央政治局中国委员会听取了温施利赫特的说明和加拉罕等人关于中国局势的通报,决定减少早已拟定的对冯玉祥及国民军援助武器装备的数量。④ 当时,苏联方面认为"力量对比会发生有利于反奉集团的急剧变化",要求国民军不急于参与冲突,但要加紧作好准备;敦促孙传芳加紧进攻,以迫使张作霖把大量的兵力放在苏、皖;加强对张作霖军队的分化瓦解工作,设法同张宗昌、李景林等将领建立联系,使他们离开张作霖。⑤ 实际上,冯玉祥正是这么做的,不久,他就与郭松龄联合反奉。事实证明,苏联对冯玉祥及国民军一军的军事和政治策略施加了一定的压力,并产生了相当的影响。

---

① 《联共(布)中央政治局中国委员会会议第 7 号记录》、《第 11 号记录》、《第 12 号记录》,《联共(布)、共产国际与中国国民革命运动》(1920—1925)(一),第 664、665、680、681、684、685 页。

② 《联共(布)中央政治局中国委员会会议第 7 号记录》、《第 11 号记录》、《第 12 号记录》,《联共(布)、共产国际与中国国民革命运动》(1920—1925)(一),第 664、665、680、681、684、685 页。

③ 《斯莫连采夫对人民军和广州提供物质援助计划的说明》、《中国委员会第 13 号记录》,《联共(布)、共产国际与中国国民革命运动》(1920—1925)(一),第 707、716、717 页。

④ 《联共(布)中央政治局中国委员会会议第 13 号记录》,《联共(布)、共产国际与中国国民革命运动》(1920—1925)(一),第 707、716、717、719、720 页。

⑤ 《联共(布)中央政治局中国委员会会议第 13 号记录》,《联共(布)、共产国际与中国国民革命运动》(1920—1925)(一),第 707、716、717、719、720 页。

    1925 年 10 月下旬（抑或 11 月初），冯玉祥鉴于反奉形势发展的需要，提议并召开了三方（国民军、苏联、国民党）秘密会议。参加会议的有冯玉祥和国民军一军另两名将军、徐谦等三名国民党政治委员会的代表、苏联的维经斯基及华北军事顾问团领导人沃罗宁。维经斯基认为，冯玉祥第一次建议召开这种会议，一方面是国民党政治委员会对冯及其周围人员影响增大的结果；另一方面，完全是由国民军与奉天之间不可避免要发生冲突的军事形势所决定。在此次会议上，冯玉祥与苏联方面在军事问题上取得了完全一致的意见。国民军一军参谋长刘骥拟订的"作战计划得到委员会的赞同"。在政治方面，会议决定：国民军要实现与孙传芳等直隶集团的联合；在"孙传芳和肖耀南需要人民军援助时，坚持要求直隶盟军向社会团体和工人组织作出让步"，"无论是为了结束同奉天人的斗争，还是为了召开全国国民会议，人民军领袖们都应该主张建立临时联合政府或执政内阁"。①

    当时，苏联对吴佩孚的再起有错误的认识，认为其"正在成为核心政治领导人物，同时好像也成为民族运动重新爆发的中心，人民军以及冯玉祥的作用和意义正在消失。人民军、国民党、中国共产党有必要同吴佩孚建立固定的关系"，与吴佩孚"联合的结果应当是成立新的中国政府。在新政府的人员构成上，要有直隶人（指直系）、北方国民党人（冯玉祥）和华南（广东政府）的代表"。② 但是，冯玉祥断然反对同吴佩孚进行任何接触。他认为同孙传芳和肖耀南可以建立军事联系，但不能同吴建立这种联系。在三方秘密会议上，苏方虽然也同意了冯的观点，但仍强调"现在吴佩孚采取任何行动，都可能是一个策略上错误的和对反奉斗争事业有害的步骤。"③会议还讨论了国民军对段祺瑞的政策，"承认现在推翻段及其政府是适时的"，但这是苏方的主张。而冯玉祥却认为：在段祺瑞签发对孙传芳的讨伐令，也就是公开倒向奉天之前，国民军不能主动驱段；而一旦段拒绝签署讨伐令，那

---

    ① 《维经斯基的书面报告》（摘要），1925 年 11 月 10 日于北京，《联共（布）、共产国际与中国国民革命运动》（1920—1925）（一），第 733—735 页。

    ② 《联共（布）中央政治局会议第 86 号记录》，《联共（布）、共产国际与中国国民革命运动》（1920—1925）（一），第 730、731 页。

    ③ 《维经斯基的报告》（摘录），《联共（布）、共产国际与中国国民革命运动》（1920—1925）（一），第 735 页。

么他很可能被张作霖推翻或自己主动离开。这样,冯便不会受到企图夺权的指责。会议还决定:"根据战争结局,或在国民党和人民军联合基础上组成政府,或在人民军、广州政府和直隶盟军联合基础上组成政府。"①

三方秘密会议的召开,标志着冯玉祥和苏联关系的深入发展。此外,会议档案对于11月29日"首都革命"的研究也有帮助。中国共产党发动"首都革命"的目的与苏联主张推翻段祺瑞执政府的态度是一致的,但却与冯的主张相背离。国民军对"首都革命"持反对态度,是因为冯认为段还有利用价值,他也不愿意再背上反段的"恶名",这是其一贯的立场。所以,认为冯反对"首都革命","主要是由于国民党右派告密的结果"而使冯转变了态度,也是不全面的。

(三)

胡景翼基本上也是旧军人,他与国民党合作及争取苏联援助,在一定程度上也有其实用主义的目的。但就其当时的思想状况来说,他比冯玉祥更开明些。胡景翼与苏联建立联系,其主观上追求孙中山三大政策的成分占有相当的比重。

北京政变后两个星期左右,李大钊与胡景翼在苏联驻华使馆进行了第一次接触,胡当时要求苏联提供武器。李答应同加拉罕就此进行研究。1924年12月底,加拉罕到开封与胡会谈。此后,胡派刘允臣、于右任及李大钊在京与苏联外交人员谈判,再次要求苏联对其提供援助。② 过了一段时间,胡还没等苏联政府答复,就要求加拉罕暂时给他派一些苏联顾问。这一要求得到满足。1925年2月27日,苏联军事顾问团到达郑州,帮助国民军二军详细拟订了对憨玉昆的作战计划。战胜了憨之后,胡景翼及其将领

① 《维经斯基的报告》(摘录),《联共(布)、共产国际与中国国民革命运动》(1920—1925)(一),第735页。
② 屈武:《李大钊同志到河南指导党的工作》,转引自阎维新《李大钊与冯玉祥》,解放军出版社1987年4月版,第73页。

高度评价了苏联军事顾问的工作。①

胡景翼去世后,继任者岳维峻于4月27日致函苏联政府,请求对国民军二军"继续实行以往的政策",希望苏派遣顾问并给予其他军事援助。② 1925年6月21日,以西拉尼为首的苏联顾问组到达开封。该顾问组成员多达43人,顾问组参谋长是拉平。③ 从顾问组的人数及素质来看,苏联对国民军二军更为重视。但是,随着岳维峻政治态度的转变,苏联对国民军二军开始失望,并减少了原计划对其援助武器弹药的数量。

岳维峻执掌国民军二军的大权后,逐渐抛弃了胡景翼的政治路线,对苏联顾问采取疏远的态度。苏联顾问制订的工作计划,交岳审阅,岳看完之后也不置可否便无声无息了。国民党人柏文蔚任联合军校的校长,他在一次开学典礼的致辞中说:苏联是中国的朋友,它的代表还在这里参加开学仪式,岳维峻马上打断他的话,此后又撤销了其校长的职务。不久,岳维峻又下达了反对"赤色危险和结社自由"的命令。④ 这就使李大钊和苏联对国民军二军寄予的更大希望由此化为泡影。1926年3月初,国民军二军在河南崩溃,苏联顾问撤回北京。

孙岳的国民军三军比较腐败、保守,且没有固定的地盘,故国共两党及苏联从未把他列为工作的重点。1925年夏天,国民军三军进驻陕西后,孙岳的政治顾问、国民党人王法勤介绍苏联顾问西拉尼到西安,与三军商谈军援问题。孙岳派徐永昌与之会谈。徐有较强的反共意识,双方谈了两次,皆不欢而散。⑤ 西拉尼评论说,徐"对苏俄及俄顾问颇谨慎"⑥。此后,尽管苏联曾派了几名顾问到三军,并给了孙岳一些军火,但由于徐等人不予合作,加之孙岳本人唯恐有人攻击自己倾向"赤党",亦有意与之疏远,所以,苏联顾问并没有什么作为。1926年初,孙岳就任直督并代理国民军总司令,他

---

① [苏]维·马·普里马科夫:《冯玉祥与国民军》,中国社会科学出版社1982年10月版,第6、7页。

② [苏]维·马·普里马科夫:《冯玉祥与国民军》,中国社会科学出版社1982年10月版,第6、7页。

③ [苏]勃拉戈达托夫:《中国革命纪事》(1925—1927),三联书店1982年版,第68页。

④ 徐永昌:《求己斋回忆录》,台北《传记文学》第49卷第4期,第62、65页。

⑤ 徐永昌:《求己斋回忆录》,台北《传记文学》第49卷第4期,第62、65页。

⑥ 徐永昌:《求己斋回忆录》,台北《传记文学》第49卷第4期,第62、65页。

为了多得些苏联的武器,对苏联顾问的态度一度有所好转,但仍有意与苏联保持一定距离。2 月 23 日,苏联驻天津领事为孙岳举行宴会,但孙却拒绝出席。他对苏联顾问弗·尼·科沃夫私下说,这是因为不想让敌人抓到攻击自己的借口。① 1926 年 3 月,国民军撤离天津,苏联顾问承认在国民军二、三军的工作成果几近于零。

（四）

1925 年 11 月,随着反奉战争的爆发,国民军一军忙于战争,停止了军队内的政治工作,俱乐部也停办了。苏联顾问也更多地卷入了军事活动。天津战争结束后,形势急转直下,苏联军事顾问与国民军的合作也由热趋冷。

1926 年 3 月,冯玉祥已开始赴苏联访问,国民军准备退守南口。4 月 1 日,联共(布)中央政治局召开会议,通过了《我们对中国和日本的政策问题》的议案。认为"必须"向帝国主义者"让步",以使中国革命力量"争得喘息时间"和"延长苏联的喘息时间"。② 4 月 15 日,联共(布)中央政治局又通过了关于在华军政工作的决议,承认苏联顾问在国民军一军中工作的效果欠佳,而在二、三军中的工作"简直无效果可言",决定召回苏联在国民军中的大多数教官(留下不足十人)。③ 此时,冯玉祥正在赴苏途中。9 月,冯玉祥从苏联回国,与苏联的关系又开始了新的一页。但是不到一年,冯就与之反目,他及所部与苏联的关系完全断绝。苏联根据自己的目的改造国民军的计划未能实现。

苏联与国民军关系的破裂,是其总体对华政策失败的部分表现,而这种失败是必然的。它在这一期间把中国北方旧军人作为援助的重点,其指导

① ［苏]勃拉戈达托夫:《中国革命纪事》(1925—1927),三联书店 1982 年版,第 104 页。

② 《联共(布)中央政治局会议第 18 号(特字 13 号)记录》(摘录),《联共(布)中央政治局会议第 20 号(特字第 14 号)记录》,《联共(布)、共产国际与中国国民革命运动》(1926—1927)(二)(上),第 194—198、205 页。

③ 《联共(布)中央政治局会议第 18 号(特字 13 号)记录》(摘录),《联共(布)中央政治局会议第 20 号(特字第 14 号)记录》,《联共(布)、共产国际与中国国民革命运动》(1926—1927)(二)(上),第 194—198、205 页。

思想本身即严重失误。苏联在 1925—1926 年间对华军援计划开支 1100 万卢布(包括援助广东革命政府,但大部分是援助国民军,其中部分未能兑现);①仅 1925 年 4 月至 10 月所援助的武器弹药就价值 460 万卢布。而同一时期支持中国共产党的经费仅为 20 万卢布。② 这也充分说明,苏联在对华战略中,并没有完全从无产阶级国际主义原则出发,全力支持中国真正的革命力量,而主要从民族沙文主义的立场出发,以达到维护自己国家利益的目的。

当然,不可否认的是,苏联的援助在一定程度上增强了国民军的实力,使之能在南口一线抵抗奉、直、晋三系军阀的围剿达四个月之久,在客观上配合了广东国民革命军的北伐,南口大战也就成为第一次国内革命战争的重要组成部分。尽管如此,我们也不能拔高这一时期苏联与国民军关系的作用。因为双方在此问题上均有局限性,苏方所做的一切并非全是无私的无产阶级国际主义的表现;冯玉祥及国民军的所为也不完全是政治态度质变的标志与结果。

原载:《中国社会科学院研究生院学报》2002 年第 2 期

---

① 《联共(布)中央政治局中国委员会会议第 1 号记录》(摘要),1925 年 4 月 17 日;《第 3 号记录》,6 月 5 日;《第 11 号记录》,9 月 23 日;《第 13 号记录》,10 月 19 日;《联共(布)中央政治局会议第 84 号记录》(摘录)(1925 年 10 月 22 日);《温布利赫特和博尔特诺夫斯基给斯大林的书面报告》(1925 年 9 月 30 日);《斯莫连采夫向人民军和广州提供物质支援计划的说明》(1925 年 10 月 7 日),《联共(布)、共产国际与中国国民革命运动》(1920—1925),第 602、628、680、696、707、716、724 页。

② 《联共(布)中央政治局会议第 66 号记录》(摘录)(1926 年 6 月 18 日),《联共(布)中央政治局会议第 67 号记录》(摘录)(1925 年 6 月 11 日),《联共(布)中央政治局中国委员会会议第 5 号记录》(1925 年 8 月 5—7 日),《联共(布)、共产国际与中国国民革命运动》(1920—1925),第 632—635 页。

附录

一、苏俄占领外蒙古及对华外交活动

1921 年 6 月,苏俄在未经中国政府允许的情况下,就派军队进入了外蒙古,又与外蒙古"政府"签订了《俄蒙条约》,试图使其从中国分裂出去。学术界及中国民众一直认为,当时的北洋政府及其后的国民政府腐败无能,故延误了外蒙古问题的解决①。这固然不无道理,但还不全面。笔者认为,由于历史的原因,国人对苏联早期对华外交的实质缺乏正确认识,也误导了朝野对其侵占外蒙古意图的判断。这其中,苏俄对吴佩孚、孙中山等中国实力人物大力开展外交欺骗活动,在影响中国的外交决策及民众心理方面,起了重大作用。然而,学术界对此一直没有论及。近年来,俄国公布了一批历史档案,清楚地说明了上述历史事实。现试就其进行探讨,并论及苏俄最初的对华外交。

(一)

十月革命后,苏俄基本上执行意识形态化的革命外交战略。在第三国际的旗帜下,联共(布)及政府以宣传鼓动、提供支持及指导的方式,在外国策动革命。它出兵占领外蒙古,进而策划其从中国分裂,就是少数输出革命成功的事例。

然而,苏俄革命政府成立后,又面临着同各国建立并保持正常关系的问题,故外交战略中必然产生矛盾的双重方针,即以旨在促进国家关系的外交活动与以开展革命为目的的联共(布)和第三国际对外政策并存的状况。

---

① 连生:《中国外交风云录》,沈阳出版社 1995 年版,第 450 页。

但是,苏俄党及政府成功地解决了两个方针的矛盾,即让共产国际及联共(布)的革命外交路线直接为国家利益服务。它对中国及外蒙古所为,就是明证。

由于上述的原因,苏俄的对华外交,一开始就陷入矛盾之中。一方面,它需要中国政府的承认,消灭逃到中国的白匪,确保边界安全;但与此同时,第三国际及联共(布)又策划外蒙古从中国分裂。这就为其对华外交带来了难以解决的困难。但是,由于特殊的历史条件,苏俄不仅保住了它在外蒙古的既得地位及利益,又在一定程度上成功地欺骗了中国朝野,掩盖了自己扩张的真实面目。

1917 年 11 月,俄共(布)在夺取政权后不久,就宣布"把沙皇政府独自从中国人民那里掠夺的与日本人、协约国共同掠夺的一切交还给中国人民"。1919 年 7 月 25 日,俄罗斯苏维埃联邦社会主义共和国副外交人民委员加拉罕,又签发了对中国人民和中国南北政府宣言(亦称苏俄第一次对华宣言),再次重申"苏维埃政府已放弃了沙皇政府从中国攫取的满洲和其他地区"①。1920 年 9 月 27 日,加拉罕再次代表俄罗斯苏维埃联邦政府发表对华宣言(即第二次对华宣言),重申"以前俄国政府历次同中国签订的一切条约全部无效,放弃以前夺取中国的一切领土和中国境内的俄罗斯租界,并将沙皇政府和俄国资产阶级从中国夺得的一切,都无偿永久地归还中国"②。

八十多年来,中国人民高度评价苏俄两次对华宣言,认为是无产阶级国际主义的表现,苏俄之所以没有能够兑现其承诺,是帝国主义阻挠及北洋军阀政府拒绝接受的结果③。实际上,苏俄上述对华的外交许诺是在特殊的历史条件下发生的。当时,它急于得到中国的承认,故发出了包括归还远东

---

① 复旦大学历史系中国近代史教研室:《中国近代史对外关系史资料选辑》(1840—1949)(下),第一分册,上海人民出版社 1977 年版,第 14—17 页。

② 复旦大学历史系中国近代史教研室:《中国近代史对外关系史资料选辑》(1840—1949)(下),第一分册,上海人民出版社 1977 年版,第 17—20 页。

③ 如《中国百年外交风云录》写道,"由于种种原因,列宁关于'废除沙俄与中国签订的一切不平等条约'的诺言最终没能实现。但是,列宁对中国人民的诚挚友好之情以及对中国的平等态度,史有明证,不容否认、怀疑与歪曲。"见该书(上),第 438 页,连生等人编,沈阳出版社 1995 年版。

领土等内容的许诺,而原沙俄从中国夺取的滨海地区事实上为日本所占领,中国要想收回也必须与日本帝国主义交涉。所以,两次宣言宣传的目的重于实际意义。更为引人注目的是,苏俄对中国外蒙古的染指,几乎是与其发表对华宣言同步进行的。因此,对苏俄的两次对华宣言,应该历史地分析,不应有太高的评价。

英国学者马克思·韦尔说,苏俄在 1917 年 11 月所发宣言中对中国的外交许诺,是"在革命初期莫斯科洋溢着反映革命纯洁性的天真烂漫的激情"的产物①。此时,苏俄领导人沙文主义的外交路线还没有完全成形,故才有此举。但是,随着其远东土地的收复,苏俄很快就开始曲解及否认上述宣言中的向中国归还土地和中东铁路权益的许诺②。更为严重的是,它对外蒙古的占领,就是对其"对华宣言"的直接否定。

苏俄在 1918 年 2 月就致函"蒙古自治政府",称其有权独立,表示要与它建立"平等关系"。1919 年 8 月 3 日,苏俄再次发表告蒙古人民和政府书。文告说:"蒙古是一个自由的国家……国家的一切权利属于蒙古人民。任何一个外国人都无权干涉蒙古的内部事务……苏维埃政府大声疾呼地向蒙古人民宣布这一立场。并建议立即同俄国人民建立关系,希望派遣自由蒙古人民的使者去迎接红军。"③众所周知,蒙古自治政府是沙俄建立的傀儡,是帝国主义分裂中国的产物。事实上,此时蒙古仍是中国领土的一部分。苏俄所为就已表现出了其对华外交中继承了沙俄沙文主义的基因。

苏俄给外蒙古当局的信是在它掌权仅四个月后发出的。它给外蒙古的文告是在其发出《第一次对华宣言》的第八天,是在信誓旦旦地声称"决不侵犯他国领土,决不强行吞并其他民族……"之后。这决不是它在八天内对外蒙古立场有了重大变化④,从最初苏俄就将"外蒙古自治政府"视为国家实体及以后对华采取的欺骗手法看,它对外蒙古的政策是前后一致的,对

---

① [英]马克思·韦尔:《印度对华战争》,世界出版社 1981 年版,第 321 页。
② 吴东之:《中国外交史》(1911—1949),河南人民出版社 1990 年版,第 90—91 页。
③ 苏联科学院与蒙古人民共和国科学委员会:《蒙古人民共和国通史》,科学出版社 1958 年版,第 252 页。
④ 田保国在《民国时期的中苏关系(1917—1949)》一书中写道,"这说明苏俄对外蒙古政策在经过周密考虑后发生了重大变化"。详见该书第 108 页,济南出版社 1999 年版。

其地位的观点完全是承袭沙俄的。这只能说明,苏俄第一次对华宣言就是不真诚的,而主要是对外宣传的手段。实际上,苏俄领导人一直否认其远东地区是从中国手中掠夺的,更谈不上想交还。1922 年 11 月 24 日,列宁在莫斯科苏维埃全会上说:"现在海参崴的收复向我们大家表明,要知道海参崴距离我们虽远,毕竟是我们的城市。"①

1921 年 3 月 1 日,在苏俄发表第二次对华宣言后不久,共产国际在恰克图举行了"蒙古人民党"第一次代表大会。3 月 13 日,"蒙古人民党"在苏俄成立了临时政府。3 月 18 日,苏俄红军帮助蒙古临时政府的武装攻打中国军队并攻占了买卖城。6 月 25 日,苏俄军队以剿灭白匪为名进占外蒙古,占据库伦。

当时,苏俄对外蒙古的政策是由俄共(布)中央西伯利亚局东方人民部及其下属的蒙古—西藏处具体指导和实施的。1920 年 12 月 7 日,东方人民部研究了建立蒙古人民统一战线以反对"中国帝国主义"问题,决定建立游击队并向他们提供武器装备,制定了蒙古革命团体对居留蒙古的汉族人和谢米诺夫白卫分子的策略。蒙古"革命者"被告知,他们应当在汉族人和谢米诺夫分子的斗争中保持中立,并促使他们之间发生冲突②。苏俄政府完全执行了上述政策。这是它向外输出革命的典型。

苏俄和共产国际以人为制造革命的手段分裂中国领土,在中国朝野各界引起巨大震动,从而严重地影响了对华关系。苏俄领导集团内部也为此产生矛盾及争执。越飞等人认为,为实现对华外交及维护远东利益,应停止在外蒙古的活动。但是,苏俄外交人民委员契切林坚决反对越飞的主张,认为苏俄为自身安全,应介入外蒙古的事务。③ 但是,他也深知入侵外蒙古之举已给中俄关系造成了严重的伤害,故主张以欺骗的手法加以解决。他说,苏俄在"理论上承认中国的宗主权或者不得已承认其主权,可以在相当程度上满足中国的民族自尊心。蒙古始终是个半独立的国家,它不是中国的

① 《列宁全集》第 33 卷,人民出版社 1986 年版,第 295 页。
② 《俄罗斯现代史文件保存和研究中心档案》,转引田保国:《民国时期的中苏关系》(1917—1949),济南出版社 1999 年版,第 108 页。
③ 田保国:《民国时期的中苏关系》(1917—1949),济南出版社 1999 年版,第 118—119 页。

一个省,不是设有中国管理机构和中国督军的东土耳其斯坦。"他认为,"可以向中国政府宣布,我们的军队应蒙古政府的请求,在蒙古尚未能自我保护之前留在蒙古。在任何情况下,我们的军队不能无限期的留在蒙古。但是,我们还不能确定撤兵的期限。我们只能宣布,我们的军队的驻扎是暂时的。"①

契切林的上述主张为苏俄在外蒙古问题上的对华宣传和谈判定了基调。1921 年 6 月 27 日,契切林向优林(远东共和国外交部长)发了一封紧急电报,电报说:"同中国发生冲突的危险日益尖锐,请您去北京在蒙古自治和承认中国主权的基础上设法解决蒙古问题,请您作如下解释:我们军事行动的目的是打击恩琴,他也是中国的敌人。我们承认中国的权利,一旦敌人被消灭,我们立即离开蒙古。"②7 月 30 日,优林在北京向中外记者按上述口径表示,俄国无侵略中国领土之意③。8 月,远东共和国向北京政府提交一份特别补充材料也强调:"蒙古地位将由俄中关系于蒙古的旧沙皇条约来确定,远东共和国不允许蒙古从中国分离出去。"④10 月,优林在与中国外长颜惠庆谈判时又阐述了远东共和国在蒙古问题上的上述立场。

苏俄在作出了上述保证之后不久,就于 1921 年 11 月 5 日和外蒙古签订了《俄蒙修好条约》。这引起了中国朝野的愤怒。1921 年 12 月 12 日,苏俄与中国复交全权谈判代表裴克斯继优林之后到达北京。但是,中国政府对他采取了强硬态度。裴克斯在 1922 年 1 月打电报向契切林说,苏蒙条约的消息传到北京后,中国对它是一片责难之声,指责不仅出现于报纸,而且出现于官方渠道⑤。因此,裴克斯来华的外交努力以失败而告终。

1922 年 7 月,苏俄派有丰富外交经验的越飞来华进行活动。1922 年 8 月 31 日,俄共(布)中央政治局召开会议,讨论并通过了以斯大林的名义发

---

① 林军:《初期苏联对华政策的分歧》,《世界历史》1995 年第 2 期,第 55 页。
② 俄罗斯现代史文件保存和研究中心档案,转引田保国:《民国时期的中苏关系》(1917—1949),济南出版社 1999 年版,第 112 页。
③ 薛衔天等:《中苏国家关系史资料汇编》(1917—1924),中国社会科学出版社 1993 年版,第 124 页。
④ 俄罗斯现代史文件保存和研究中心档案,转引田保国:《民国时期的中苏关系》(1917—1949),济南出版社 1999 年版,第 113 页。
⑤ 《在中国和苏联之间的蒙古》,《远东问题》1995 年第 2 期,第 79 页。

给越飞的电报。电报说:"中央认为,在同中国谈判时,从 1919 年和 1920 年的总宣言中得出直接指示是不能允许的。当时中国对这个宣言并未作出相应的反应。您所提出的问题作为共同讨论的题目,只能以同中国的总条约的形式加以解决。至于蒙古,关于它的国家法律地位和从蒙古撤军问题应通过俄中蒙签订协议来解决。解决这个问题,不允许排除蒙古本身。这与我们承认中国对蒙古的主权并不矛盾。在中东铁路上,必须规定一些保证条件和主管部门在给裴克斯同志的指示中所提出的我们的一些特权。"①斯大林的电报代表俄共(布)中央政治局最终确定了苏俄对华外交的基本方针,这就是否定两次对华宣言的庄严许诺,承袭沙俄侵略中国获得的中东铁路的权益,坚持驻军外蒙古并使其从中国分离出去。

越飞对电文的指示表示不满,于 9 月 27 日给加拉罕、斯大林、列宁、托洛茨基、季诺维也夫、加米涅夫和拉狄克等写了一封信。他在信中说,"我不明白,不能从 1919 年和 1920 年的宣言中引出具体的指示是什么意思","当然,要某种手腕,可以把这些宣言说成一纸空文。但我认为,这将是我们对华政策的破灭,而最终则是我们全面灭亡的开始,因为在外交政策上我们成了最一般的帝国主义者,在很大程度上不再是世界革命的推动因素……"②越飞始终不赞同苏俄政府对外蒙古的政策,认为所谓蒙古革命没有阶级基础。他说:"蒙古是我们对华政策中最敏感的问题,也是帝国主义手中反对我们的唯一的一张牌。向蒙古出兵,继而成立蒙古政府问题,尤其是后者,将给中国人民以误会。"尽管如此,他仍然忠实地执行了莫斯科的指示,并为此积极献策说:"应当找到一个摆脱现状的出路,避免我们与中国朋友被离间,避免我们在中国的工作。"③

越飞此后在中国的活动表明,他所使用的手段就是在中国军政实力派中寻求合作伙伴,通过他们来影响北洋政府与广大民众,使之相信苏俄在外蒙古的行径不是侵略。可以说,谋求与中国复交及确保其对外蒙古的占领

① 中共中央党史研究室第一研究部译:《联共(布)、共产国际与国民革命运动》(1920—1925)(1),北京图书出版社 1997 年版,第 115 页。
② 中共中央党史研究室第一研究部译:《联共(布)、共产国际与国民革命运动》(1920—1925)(1),北京图书出版社 1997 年版,第 115 页。
③ 林军:《初期苏联对华政策的分歧》,《世界历史》1995 年第 2 期,第 54—55 页。

和中东路的权益,达到熊掌及鱼兼而得之的双重目的,是苏俄先拉拢吴佩孚,之后与孙中山"合作"的重要原因之一。

(二)

苏俄拉拢吴佩孚,除对他政治面貌有错误的认识外,更主要的是从地缘政治出发,看中了他的军政实力。当时,直系控制着中央政府及华北。苏俄驻北京外交使团顾问维连斯基——西比里亚科夫向国内报告称:"中国政治中的主要人物是吴佩孚将军,他掌握着军队、财政、交通以及内政部,南方多数省份现在投靠了吴佩孚。"[①]所以,苏俄想通过他的影响与中国复交,确保其在外蒙古的地位。吴佩孚从牵制奉系目的出发,也不反对与苏俄来往。但是,双方在外蒙问题上的立场是不一致的。因此,苏俄想方设法让吴接受其观点,或者至少是暂时相信其谎言。

1922 年 8 月 14 日,越飞就派军事顾问格克尔携自己的一封亲笔信去洛阳拜访吴佩孚。他在信中对吴大肆吹捧,申明了自己来华的目的,并着重谈了外蒙古问题。越飞声称,苏俄"在蒙古也和在其他地方一样,不追求任何帝国主义目的。出于战略上的考虑,俄国不得不向那里派驻军队,并在那里保持部分军队至今。一是因为只要中国还容许白卫匪帮及其首领在其土地上逗留,我们的军队从蒙古一撤出,他们就会很容易进驻那里,向远东共和国后方发动新的攻势。若是中国在条约中承担义务,不允许任何敌视俄国和远东共和国的部队在其领土上逗留,并向我们作出相应的保证,那时我们才会感到在这方面是可以放心的。二是因为我们的军队现在从蒙古撤出,就意味着张作霖立即去占领蒙古。这既不符合我们的利益也不符合中国的利益,至少我听说,您以您所特有的洞察力坚持同样的观点。另一方面,我认为您立即将您的军队调入蒙古也是不恰当的。因为如上所述,蒙古问题只有通过签订条约的途径来解决。"[②]

---

① 中共中央党史研究室第一研究部译:《联共(布)、共产国际与国民革命运动》(1920—1925)(1),北京图书出版社 1997 年版,第 107—108 页。

② 中共中央党史研究室第一研究部译:《联共(布)、共产国际与国民革命运动》(1920—1925)(1),北京图书出版社 1997 年版,第 101—102 页。

其实,窜入外蒙古的恩琴早已被苏俄红军消灭(恩琴已于1921年8月25日被枪决),其对苏俄的威胁早已解除。所以,越飞在信中所称苏俄驻军库伦的理由已不存在。苏俄在蒙古问题上的方针已确定,就是使它从中国分裂出去并对其实施永久占领。越飞只不过利用吴佩孚反对奉系张作霖的心理,重复了苏俄先前强加给中国政府要求它从蒙古撤军的先决条件(即必须答应对它的安全保证),以及"尊重"中国对外蒙古主权的谎言。他想通过吴佩孚的影响,来说服北京政府在与苏俄进行的恢复外交关系的谈判中,不再坚持要苏俄军队必须先从外蒙古撤军的原则立场。更为重要的是,越飞还企图说服吴,不要派军队去恢复外蒙古。

此时,苏俄在外蒙古驱逐中国政府官员,将一千多名汉族商人及工人赶回内地。这在中国产生了巨大的震动。因此,中国政府对苏俄的态度日趋强硬。一些外蒙王公先后去洛阳,请求吴佩孚派军队去收复库伦。吴佩孚也准备组建一个精锐师,计划在1923年春天开往外蒙古①。

但是,吴佩孚在接待了格克尔并看了越飞的信后,态度发生了变化。首先,他赞同苏俄坚持的其从外蒙古撤军要在与中国的谈判中解决的观点,而不是先要其撤军再谈判。此外,他还迎合了苏俄的要求,对北洋中央政府施加了压力,使内阁改组,排除了对苏谈判持强硬态度的外交总长颜惠庆②。其派兵去外蒙古的计划也没有了下文。为此,越飞于1922年9月18日在长春给吴佩孚写信道:"从蒙古撤军不符合中国人民的利益,您在这个问题上同意我的意见,使我感到荣幸。"③

尽管如此,越飞仍然担心吴佩孚派军队去外蒙古。1922年11月1日,中俄谈判即将开始,越飞打电报给苏俄外长建议,"苏方在谈判中要直截了当地用某种表达法确认,我们的军队原则上是要撤出的,但撤出的期限不能

---

① 中共中央党史研究室第一研究部译:《联共(布)、共产国际与国民革命运动》(1920—1925)(1),北京图书出版社1997年版,第97页。

② 中共中央党史研究室第一研究部译:《联共(布)、共产国际与国民革命运动》(1920—1925)(1),北京图书出版社1997年版,第120—121页。

③ 中共中央党史研究室第一研究部译:《联共(布)、共产国际与国民革命运动》(1920—1925)(1),北京图书出版社1997年版,第133页。

确定。因此,军队要留驻到将来。"①

与此同时,越飞则进一步向吴佩孚耍手腕。他在 1922 年 11 月 8 日又致函给吴,首先对他在直系内部矛盾中的不利地位表示同情与支持,以进一步博得吴的好感,以达到促其与孙中山联合及在外蒙古问题上再对北京政府施压的目的。他在信中强调说,"中苏谈判中最严肃的问题仍是蒙古问题",并直截了当地要求吴佩孚"现在也就是在谈判期间给予我强有力的支持"。越飞在信中欺骗吴佩孚说,"我们费了很大力气才说服蒙古人承认中国的主权"。接着他又说,"但是,如果中国代表想在会谈中彻底解决中蒙问题,那么没有外蒙代表参加,我们是决不能同意的"。②

中国政府本来就已作出了苏俄不撤军就开始谈判的让步,以求在谈判中解决外蒙古问题。但是,越飞在此又提出了让外蒙代表参加的新的条件,其目的就是在谈判中根本拒绝涉及外蒙古问题,表现出没有任何诚意,还想通过吴佩孚来达到上述目的。

但是,越飞这次没有得逞。1922 年 11 月 20 日,吴佩孚给越飞写了一封回信,首先强调了格克尔来洛阳时与自己达成的协议,即"一旦中国能够接收蒙古,俄国军队就立即撤走";然后,又重申"蒙古属于中国,中国中央政府本身会尊重蒙古人民的意愿,没有必要节外生枝。中国中央政府不承认所谓蒙古政府。因此,中国政府难以承认蒙古于俄国所缔结的条约是有效的。"然后,吴佩孚又表示,他及外交部长顾维钧都不能同意蒙古代表参加有关蒙古问题谈判的建议。③ 吴佩孚在信中的立场是正确的。中苏谈判由此受阻,但责任不在中方。

越飞对吴佩孚的态度非常不满。他认为,由于吴"目前处于孤立状态,在中国的中心省的地位已被曹锟及其同伙所取代","业已改变的局势和吴佩孚的实际情况使他对俄国的态度有所恶化"。所以,越飞迟迟不给吴佩

---

① 中共中央党史研究室第一研究部译:《联共(布)、共产国际与国民革命运动》(1920—1925)(1),北京图书出版社 1997 年版,第 143 页。

② 中共中央党史研究室第一研究部译:《联共(布)、共产国际与国民革命运动》(1920—1925)(1),北京图书出版社 1997 年版,第 157 页。

③ 中共中央党史研究室第一研究部译:《联共(布)、共产国际与国民革命运动》(1920—1925)(1),北京图书出版社 1997 年版,第 159—160 页。

孚写回信,并有意与北洋政府张绍曾内阁接触,以此来冷淡吴佩孚。吴佩孚对苏俄的态度非常敏感,当即就对其进行反击。此前,越飞曾通过部下霍多罗夫派了一个姓薛的中国人,在吴部当联络人。因此,吴及左右的人向报界公开宣布苏俄官方有代表在自己的大本营,并宣称吴佩孚本人在外蒙古问题上不同意苏俄的所为。至此,苏俄对吴佩孚的兴趣已经下降,并将孙中山作为在华政治合作者的最终选择。但是,越飞仍表示,他会利用自己的一切影响,使吴与苏俄的关系不致破裂。①

(三)

苏俄开始在中国寻求合作者时,虽然把孙中山置于第二位的目标,但也深知其在中国享有的声望,故对他也进行了大量的工作,外蒙古问题也是其工作重点。

1922 年 8 月 22 日,越飞在北京写信给孙中山说,世界帝国主义在蒙古问题上败坏苏俄的声誉。他说:"中国政府不知为什么上了这个圈套,所有谈判都从我们何时从蒙古撤军这个问题谈起,同时它本身还组织宣传运动要求我们离开蒙古。其实,每个了解国际局势的人都清楚,我们无论从政治上还是从经济上都不打算向蒙古渗透。我们若在目前的混乱时刻撤出军队,日本帝国主义就会乘虚而入。所以我们现在离开蒙古对中国不利,您同意我的看法吗?"②在此,越飞巧妙地迎合孙中山的反对帝国主义的心理,用批驳西方言论的方法,来掩盖苏俄对华赤裸裸的侵略行为,的确有极大的欺骗性。

1922 年 8 月 27 日,孙中山在给越飞的回信中说:"至于蒙古,我完全相信贵政府的诚意。我接受莫斯科无意使这一地区脱离中华民国政治制度的保证。我同意,在北京出现改组后的能同贵国政府进行谈判的政府之前,苏联军队应该留在那里。贵国军队立即撤走,只会迎合某些列强帝国主义的

<hr>

① 中共中央党史研究室第一研究部译:《联共(布)、共产国际与国民革命运动》(1920—1925)(1),北京图书出版社 1997 年版,第 193—196 页。

② 中共中央党史研究室第一研究部译:《联共(布)、共产国际与国民革命运动》(1920—1925)(1),北京图书出版社 1997 年版,第 105—106 页。

利益。"①8 月 30 日,越飞致电莫斯科加拉罕称,孙中山"同意我的蒙古政策,即必须解决共同谈判问题,立即把我们的军队撤出蒙古对中国不利"②。1922 年 11 月 7 日和 8 日,越飞在北京致电契切林,转告马林在上海与孙中山会谈的情况时说,他"根本不反对我们的军队在蒙古驻扎,但是他坚决反对蒙古代表单独参加俄中会议,反对蒙古独立。孙逸仙声明说:'如果现在支持蒙古自治的思想,那么,自治分子在中国的地位就会大大加强。'"因此,越飞向苏俄当局建议:"在俄中会议召开期间,解决中蒙问题的唯一出路,只不过是做个姿态,而解决问题实际上要推迟到中国局势稳定和我们的关系巩固的时候。"③

　　从 1923 年初开始,联共(布)中央政治局赞同越飞旨在"全力支持国民党"的政策。孙中山也决心实施联俄的主张。1 月 26 日,孙中山和越飞在上海联名发表了《孙文越飞宣言》。宣言第四条称:"越飞君正式向孙博士宣称(此点孙自以为满意),俄政府决无亦无意思与目的,在外蒙古实施帝国主义之政策,或使其与中国分立。孙博士因此以为俄国不必立时由外蒙撤退,缘为中国实际利益之必要计。中国北京政府无力防止因俄兵撤退后白俄反对赤俄阴谋与抵抗行为之发生,以及酿成较现在尤为严重之局面。"④同一天,越飞在给联共(布)、苏联政府和共产国际领导人的信中,附上了他对于孙中山合作的前景和可能发生的后果的看法(第八次报告附件)。该报告在谈到蒙古问题时称:"由于孙逸仙博士的威望,这样的声明可以制止对俄国在蒙古问题上的诽谤。"⑤

　　1923 年 7 月 27 日,苏联派加拉罕代替越飞出使中国。8 月 2 日,联共(布)中央政治局批准鲍罗廷为孙中山的政治顾问。孙中山领导的国民党

　　①　中共中央党史研究室第一研究部译:《联共(布)、共产国际与国民革命运动》(1920—1925)(1),北京图书出版社 1997 年版,第 110 页。
　　②　中共中央党史研究室第一研究部译:《联共(布)、共产国际与国民革命运动》(1920—1925)(1),北京图书出版社 1997 年版,第 113 页。
　　③　中共中央党史研究室第一研究部译:《联共(布)、共产国际与国民革命运动》(1920—1925)(1),北京图书出版社 1997 年版,第 148 页。
　　④　《孙中山全集》第 7 卷,中华书局 1985 年版,第 52 页。
　　⑤　中共中央党史研究室第一研究部译:《联共(布)、共产国际与国民革命运动》(1920—1925)(1),北京图书出版社 1997 年版,第 221—222 页。

与苏联关系日益密切。但是,蒋介石在 9 月访问苏联时曾与其外长契切林谈判蒙古问题,并为此又先后致书契切林与托洛茨基,但都无结果①。然而,托洛茨基在 11 月 27 日与蒋介石会谈时,却公然鼓吹外蒙古独立。他说:"如果你们同意建立统一战线,你们应当把它视为兄弟,并说你们不想主宰它。"②托洛茨基在此暴露了苏联外交人员极力掩盖的其高层领导人在外蒙古问题上的真实意图。

1923 年底,"蒙古人民革命党"中央委员会主席雅布丹增赴广州会见孙中山。为此,加拉罕写信给鲍罗廷说:"雅布丹增在见孙中山时也许会说蒙古人民希望独立,我建议您向孙逸仙说明,他们有独立要求是因为中国的现状是:如果他们加入中国版图,既不能为实现他们的民族愿望提供保证,也不能为他们提供秩序与安宁的保证。所以现在他们坚持独立的立场。但是您可以设想,如果说中国有一个民主的、廉洁的国民政府,也许蒙古人会同意在某种自治的基础上加入共和国版图。也许孙还会向丹增询问在蒙古境内或在库伦组织国民党军队向北京远征的可能性,我在这里已告诉丹增,对这个问题他不要作任何回答。"③

总之,苏俄在与孙中山的交往中,关于外蒙古问题始终是在撒谎。这是孙中山根本没有认识到的。

(四)

苏俄在对吴佩孚的拉拢及与孙中山谈判合作过程中就外蒙古问题所进行的欺骗,在一定程度上达到了预期的目的。1922 年 11 月 1 日,越飞在致苏联外长契切林的电报中说:"我认为,在蒙古问题上,尖锐的问题仅仅是把我们的军队从库伦撤出的问题。在这个问题上,吴佩孚、孙逸仙和人民群

---

① 郭廷以:《中华民国史事日志》(1912—1925),中央研究院近代史研究所 1979 年版,第 757、765 页。

② 中共中央党史研究室第一研究部译:《联共(布)、共产国际与国民革命运动》(1920—1925)(1),北京图书出版社 1997 年版,第 383 页。

③ 中共中央党史研究室第一研究部译:《联共(布)、共产国际与国民革命运动》(1920—1925)(1),北京图书出版社 1997 年版,第 389 页。

众都支持我们。"①

军阀混战加剧了边疆的危机。1920 年,徐树铮为了进行直皖战争,从库伦撤出了军队主力,使境外势力趁机进入了外蒙。但是,中国由于内乱对此而没有采取任何举措。苏俄占据蒙古是心虚的,它一怕中国政府或军事实力派派兵去库伦;二怕广大革命民众起来为此抗争。越飞等人正是为此才对吴佩孚及孙中山煞费苦心,并成功地影响了他们在蒙古问题上的决策。

吴佩孚曾准备于 1923 年 3 月派一支训练有素的嫡系师去库伦②,但又没有真正实施。究其原因,是吴把如此重大的国事当做排除异己的手段,将其纳入了直系内部钩心斗角的阴谋之中。1923 年,他想以收复库伦为借口,将时任北洋陆军检阅使的冯玉祥逐出北京。但是,冯认为"外蒙事苦不堪办,政府若无确实办法",他"决不去"③。1924 年 1 月 14 日,冯在日记中写道:"读书能变化人的气质,如是吴佩孚拟保吾为库伦督护使,问我意见如何,无论如何吾定服从,不然谗谮之言,必乘虚而入。"④4 月,吴又借自己过生日之机讨论军事问题,其中包括出兵蒙古。他拟以冯玉祥为总司令,王廷桢、胡景翼为左、右副司令,率兵进驻蒙古⑤。冯、胡均非直系中的嫡系,吴佩孚想方设法对其排斥打击。冯玉祥则极力运动北洋政府各政要,最终使此议不了了之。是年 6 月,曹锟政府又有意派吴所不喜欢的孙岳去"接收库伦",但遭到孙的拒绝⑥。三个月后北京政变的主角,都曾是派往外蒙的人选,这很是说明问题。吴佩孚认为,收复库伦不是国家的当务之急,而只是发配自己潜在政敌的手段。在 1922—1924 年间,中国政府若要派出一支有一定战斗力的军队去外蒙古,把急于与中国建交的苏俄请出库伦并不是不可能的。苏俄占领外蒙毕竟是名不正言不顺,是与自己反对帝国主义、

———————————

　　① 中共中央党史研究室第一研究部译:《联共(布)、共产国际与国民革命运动》(1920—1925)(1),北京图书出版社 1997 年版,第 142 页。

　　② 中共中央党史研究室第一研究部译:《联共(布)、共产国际与国民革命运动》(1920—1925)(1),北京图书出版社 1997 年版,第 143 页。

　　③ 中国第二历史档案馆:《冯玉祥日记》(一),江苏古籍出版社 1992 年版,第 358 页。

　　④ 中国第二历史档案馆:《冯玉祥日记》(一),江苏古籍出版社 1992 年版,第 506 页。

　　⑤ 赵恒惕:《吴佩孚先生集》,文海出版社,第 335 页。

　　⑥ 徐永昌:《求己斋回忆录》,《传记文学》第 49 卷第 3 期,台北:传记文学出版社 1986 年版,第 63 页。

维护被压迫国家及民族利益的旗号相违背的。但是,吴佩孚没能够建此千秋功业。这固然与他本身素质有关,也是苏俄的欺骗行径使然。吴佩孚相信了苏俄的许诺,认为它从蒙古撤军是早晚的事情,故才有如此错误的抉择。

吴佩孚的态度直接影响了中苏关于复交问题的谈判。当时,中国外交部长顾维钧坚持苏军从外蒙古撤出是两国复交的先决条件。越飞在给吴佩孚的信中说,"同顾先生我们是无论如何也谈不上来的",并进一步表示"您曾经向我指出,如果不能说服顾维钧,那就要起用另一个更适合的部长去代替他"①。吴佩孚接信后,对北京政府施加压力。因此,顾维钧被迫作出了先开始谈判而后再撤军的让步。1922 年 11 月 6 日,北京政府外交部照会越飞:"如中俄会议能速开,即待会议时再行确定撤退办法,则本国政府亦姑不坚持异议。"②因此,越飞在信中对吴佩孚表示,"借此机会,感谢您在顾维钧要求把我们的军队撤离时给我的帮助,大概在您的影响下,顾维钧在其照会中收回了这一要求"③。吴佩孚促成了这一历史错误的铸就。

1924 年 3 月 14 日,中国政府代表王正廷与苏联代表加拉罕草订了中俄协定大纲。但是,该协定没有提出废除苏俄同所谓的外蒙古政府签署的条约,而承认苏联从外蒙古撤军是有条件的,并在其他重大问题上也有损害中国利益的条文。因此,外交总长顾维钧命王正廷再与加拉罕谈判修改。然而,加拉罕对此却非常恼怒,在 3 月 16 日照会王正廷,公然限中国三日内签字,称过时不受协定约束④。19 日,他再次照会王正廷,警告中国政府"勿陷于不可挽救之错误"⑤。事实上,此条约还没有正式签订,双方完全可

① 中共中央党史研究室第一研究部译:《联共(布)、共产国际与国民革命运动》(1920—1925)(1),北京图书出版社 1997 年版,第 156 页。
② 薛衔天等:《中苏国家关系史资料汇编》(1917—1924),《外交部致苏俄代表越飞节略》,北洋政府外交部中俄交涉公署会务处《中俄会议参考文件·第 2 类·中俄问题往来文件》,中国社会科学出版社 1993 年版,第 18—82 页。
③ 中共中央党史研究室第一研究部译:《联共(布)、共产国际与国民革命运动》(1920—1925)(1),北京图书出版社 1997 年版,第 157 页。
④ 中国社会科学院近代史所译:《顾维钧回忆录》(一),中华书局 1983 年版,第 334—335 页。
⑤ 韩信夫、姜克夫:《中华民国大事记》(二),中国文史出版社 1997 年版,第 146—147 页。

以修改。引人注目的是,吴佩孚在内阁会议对此协定提出异议后,也出人意料地急电促外交部依照草拟的协定急速签字,并先后共发七电之多,言辞也日益激烈。直系各省头目如肖耀南、刘镇华、孙传芳等也先后响应①。吴佩孚在电文中称,中俄草签的协议是表明中国能够使人承认它是一个与外国处于平等国家的第一次协议,故责备政府对此加以拒绝②。此时,吴佩孚与苏俄关系已变冷,但他在此事上的表现却充分反映了苏俄对他的影响。他的此举虽然包含了严重的派系斗争的成分,但也是相信了苏俄在蒙古问题上谎言的具体表现。

孙中山是伟大的民主革命先驱,晚年的联俄主张,是他对国内外局势全方位思考后,在共产国际的帮助下提出的。苏俄在外蒙古问题上的所作所为之所以没有影响他的战略总决策,越飞等人的外交欺骗手段同样起了重大作用。孙中山不仅相信了苏俄的谎言,而且由此还产生了革命战略设想。1922 年 11 月,越飞连续致电契切林,说:"如果蒙古自治和我军(指俄军)进驻中东铁路是与中国政府协商的结果的话,那么,不论孙逸仙还是他的党都不会反对。"③他还报告说,孙中山要让苏俄"帮助他在东土耳其斯坦或蒙古的某个地方组建一支精良的革命军队"④。

1922 年 12 月 20 日,孙中山在上海写信给越飞说:"我现在可以调大约一万人从四川经过甘肃到内蒙古去,并且最后控制位于北京西北的历史上的进攻路线。但是,我们希望得到武器、弹药、技术、专家等方面的援助。""贵国政府能否通过库伦支援我? 如果能,能支援到什么程度,在那些方面?"⑤

1923 年 1 月 26 日,越飞在与孙中山签署联合宣言后给联共(布)、苏联

---

① 张梓生:《中俄复交之经过》,《东方杂志》1925 年第 21 卷第 3 期。

② 中国社会科学院近代史所译:《顾维钧回忆录》(一),中华书局 1983 年版,第 340—341 页。

③ 中共中央党史研究室第一研究部译:《联共(布)、共产国际与国民革命运动》(1920—1925)(1),北京图书出版社 1997 年版,第 158 页。

④ 中共中央党史研究室第一研究部译:《联共(布)、共产国际与国民革命运动》(1920—1925)(1),北京图书出版社 1997 年版,第 140 页。

⑤ 中共中央党史研究室第一研究部译:《联共(布)、共产国际与国民革命运动》(1920—1925)(1),北京图书出版社 1997 年版,第 166 页。

政府和共产国际领导人写了一封信。他在信中说,孙中山想从四川,通过不触及吴佩孚势力范围的途径,即通过广西、山西等省,将"十万军队转移到蒙古边境地区富产粮食和富裕的省份,在经过东土耳其斯坦和经过库伦与我们直接可以接触的地方驻扎下去"。孙中山认为"一旦这支军队进入充分的战斗状态(孙认为这要一年到两年的时间),那么就着手进行最后的'决战',无疑这次会成功的"。①

孙中山为了实现上述军事计划,特派以蒋介石为团长的军事代表团赴苏访问。1923年9月9日,蒋在莫斯科会见了苏方负责人斯克良斯基和总司令加米涅夫,并向他们讲述了孙中山新的战略主张。其主要内容是:"在库伦以南临近蒙中边界地区建立一支孙逸仙的新军,由招募来的居住在蒙古、满洲和中国交界的中国人,以及从满洲西部招募来的一部分中国人组成,在这里按照红军的模式和样子组建军队。从这里,也就是从蒙古南部发起第二纵队的进攻。"②

1923年10月6日,鲍罗廷到达广州。孙中山在与他谈论时,再次谈到自己的革命计划。他认为:"如果他能够在中国中部或蒙古建立根据地,那么他就能够很自由地对帝国主义采取行动。"他说:"蒙古具有更大的优越性。这首先是因为我在北方有更多的信徒。"为此,鲍罗廷评论说,孙中山"期望着他的代表团在莫斯科谈判的结果。显然,他对这次谈判寄予厚望。而蒙古根据地对他更具有吸引力";"在蒙古,身后有友好的俄国,他可以实行'更公开更坚定的政策'"。③

但是,苏联拒绝了孙中山的上述军事计划,加拉罕称其为"空想"④。苏联革命军事委员会副主席斯克良斯基和总司令加米涅夫也对蒋介石明确地表示,"目前,孙逸仙和国民党应该集中全力在中国做政治工作,因为不然

---

① 中共中央党史研究室第一研究部译:《联共(布)、共产国际与国民革命运动》(1920—1925)(1),北京图书出版社1997年版,第214页。

② 中共中央党史研究室第一研究部译:《联共(布)、共产国际与国民革命运动》(1920—1925)(1),北京图书出版社1997年版,第287页。

③ 中共中央党史研究室第一研究部译:《联共(布)、共产国际与国民革命运动》(1920—1925)(1),北京图书出版社1997年版,第366页。

④ 中共中央党史研究室第一研究部译:《联共(布)、共产国际与国民革命运动》(1920—1925)(1),北京图书出版社1997年版,第295页。

的话,在现有的条件下的一切军事行动都将注定失败"①。

1923 年 11 月 27 日,托洛茨基在接见蒋介石等人时,直截了当地说:"我们并不拒绝给予军事援助,但在目前的军事力量战略对比的情况下,不可能向你的军队提供这种援助。"②

苏联拒绝孙中山军事计划是必然的。它驻军外蒙古,就是为了把其变为自己的附属国。苏联的历史已证明,它一直念念不忘沙俄失掉的在中国的侵略权益,处心积虑地与日本争夺在远东的霸主地位。外蒙古恰恰是获得上述战略利益的最佳基地。因此,苏联不会让任何中国人以任何理由重返外蒙。

孙中山对苏联支援中国革命抱有很大的希望,这是他同意苏联占领外蒙古的原因。但是,孙中山与所有善良的中国人民一样,没有认识到苏联占领外蒙的真正目的。孙中山的军事计划从本身来说也不现实,在外蒙古建立军事根据地的计划更是空想。实际上,苏联并没有真正地平等待我。

同样,孙中山在加拉罕与北洋政府进行复交谈判时,也采取了支持苏联的立场。他为此曾于 1923 年 9 月 16 日致电加拉罕说:"余断言,一切对于贵国所持意见之批评,均不足阻余与贵国拥护此种(真)实利益。""余深信中国国民诚挚地希冀贵代表之成功,尤以对于正式承认苏维埃政府具有诚恳之愿望。"他在电报中说北京政府"不能代表民意",其"外交政策实际上仰息列强之鼻息,远甚于根据独立自主之中国之利益"。③ 9 月 17 日,孙中山又致信给加拉罕说:"同北京集团谈判殊难进行,固北京集团与俄国的关系中实际是执行外交团的命令",并表示"但请您时刻记住,我愿意、现在也有可能粉碎损害您和贵国政府……尊严的任何企图"④。上述电信完全不提外蒙古问题,把中苏谈判所遇到的问题完全归罪于北京政府及西方列强,

① 中共中央党史研究室第一研究部译:《联共(布)、共产国际与国民革命运动》(1920—1925)(1),北京图书出版社 1997 年版,第 310 页。
② 中共中央党史研究室第一研究部译:《联共(布)、共产国际与国民革命运动》(1920—1925)(1),北京图书出版社 1997 年版,第 340 页。
③ 中共中央党史研究室第一研究部译:《联共(布)、共产国际与中国革命文献资料选辑》(1917—1925)(2),北京图书出版社 1997 年版,第 532 页。
④ 中共中央党史研究室第一研究部译:《联共(布)、共产国际与中国革命文献资料选辑》(1917—1925)(2),北京图书出版社 1997 年版,第 553 页。

是不符合事实的。这与苏联官方所宣传的口径是完全一致的。

（五）

苏俄占领外蒙古后,中国朝野虽然也一度表示愤怒及抗议,但始终没有出现同仇敌忾之势。这与后来日本侵占我东北三省所出现的民族救亡高潮形成鲜明对照。尤其在政治思想界的左翼人士中,还出现了理解、支持苏俄所为的状况。这是值得我们深思的。

固然,外蒙古的人口、物产无法与东北三省相比。但是,它有一百五十六万平方公里的土地,其丢失会直接威胁首都北京的安全,且关系到国家的主权与尊严。1924 年 5 月 31 日,中苏两国政府正式签订了《中俄解决悬案大纲协定》十五条。协定除重复苏俄两次对华宣言的部分内容外,强调了苏联政府承认外蒙古为中国之一部分,尊重中国主权。但是,这只是中国承认苏联继续驻军外蒙古的一纸空文。当时,中国各界人士热烈欢迎此协定,盛赞这是中国自鸦片战争以来签订的第一个平等条约,对苏联的"友好"赞不绝口①。善良的中国人认为外蒙古问题已经解决,就等苏联从外蒙古撤军了。今天,历史已完全证明了苏联对中国进行分裂的事实与结果。但是,我们仍有人在称赞苏联在该协定中信誓旦旦的保证,为该协定唱赞歌。上述史实已清楚地证明,苏联有关外蒙古的一切承诺,全是虚伪的。因此,《中俄解决悬案大纲协定》至少应部分被否定。

中国人民之所以在外蒙古问题上受到苏俄的欺骗,是诸多因素造成的。而其中起主导作用的原因是,苏俄当时以被压迫民族代言人的革命姿态出现在世界政治舞台上,其言论又适合了中国反对帝国主义侵略及探索救亡道路人士的心理,故掩盖了它对华所为的沙文主义实质,使国人对革命旗号下的侵略没有警觉。

尤为令人遗憾的是,当时中国对苏俄占领外蒙古有强烈情绪的人,恰恰不是政治思想界的"先进人士",他们的观点又与西方列强出于私利而攻击苏俄对华政策的口径在某种程度上又是一致的。因此,国家主权问题带上

---

① 吴东之:《中国外交史》(1911—1949),河南人民出版社 1990 年版,第 104 页。

了浓厚的意识形态斗争的色彩,从而混淆了国人的视听,冲淡了他们的民族主义感情。

邓小平曾说,近代"欺负中国的列强,总共大概是十几个……从中国得利最大的,则是两个国家,一个是日本,一个是沙俄,在一定时期一定问题上也包括苏联。"①但是,苏俄早期对华外交的历史还没有完全澄清。当年,国内某些"先进人士"认为,把外蒙古置于苏俄的支配之下,那里的人民可能生活得更好②。今天,我们可以对特定历史背景下产生的这种观点表示理解,但不应当再表示赞同,以便汲取国土被割裂的历史教训。

原载:《史学月刊》2004 年第 2 期

---

① 邓小平:《结束过去,开辟未来》(1986 年 5 月 16 日),《邓小平文选》第三卷,人民出版社 1993 年版,第 292—293 页。

② 中国社会科学院近代史所译:《顾维钧回忆录》(一),中华书局 1983 年版,第 940 页。

二、华北伪"中华民国临时政府"述评

　　九一八事变后,日本侵略者在中国东北建立伪"满洲国"。1935 年 12 月,日本又侵入冀东并成立了"冀东防共自治政府"。七七事变后,日本大举入侵中国,并陆续建立了一些汉奸傀儡政权。经过一段时间的分化组合,中国华北、华中、华南沦陷区相继出现了伪"蒙疆自治政府"、伪"中华民国临时政府"(1940 年 3 月 30 日后蜕变为伪"华北政务委员会")及伪"中华民国国民政府"等傀儡政权。

　　傀儡政权是侵略强权政治的产物。在第二次世界大战中,德、日法西斯侵略者在其侵占的国家里,大都扶植过类似的政治实体。如法西斯德国曾在法国建立维希政府,在挪威建立吉斯林政权等。日本侵略者在越南、缅甸、菲律宾也都扶植过类似的侵略工具。即使在苏联,德国侵略者虽然在其占领土地上没有建立傀儡政治机构,却也组织了以投降的红军将领弗拉索夫为头目的,人数达数十万的伪军。所以,由法西斯扶持出现的伪政权及伪军,不是中国所独有的。但是,在一个国家产生几个傀儡政权,恐怕是不多的,这固然是由于中国地域广大,侵略者对华执行分而治之的结果,同时,也与中国近代社会性质有关。

　　在抗日战争中出现几个汉奸政权,是半封建半殖民地社会在被侵略的历史条件下产生的政治畸形怪胎,其产生与存在说明了中国近代社会的复杂性。

　　中国是有几千年文明历史的大国,近代虽然落后积弱,但仍具有强烈的反侵略、捍卫民族独立的优良传统。日本试图通过侵略直接统治中国,使其沦为如朝鲜那样的殖民地是不可能的。因此,他们在其控制的土地上,必须寻找扶植汉奸、奴才、卖国贼,由他们出面建立殖民统治秩序,制造并宣传卖国文化理论,组织伪军镇压中国人民的反抗。所以,伪政权是日本侵略者妄图吞并中国的必然产物。

但是,中国是个地域辽阔的多民族国家,在列强侵略影响之下,不仅造成了地区、民族之间的政治经济发展的不平衡,也产生了众多不同的政治派系及民族分裂主义势力。这就为日本侵略者在其侵占的土地上实施分而治之、建立数个伪政权提供了政治前提。所以,扶植几个傀儡既是日本侵略者灭亡中国的阴谋手段,也是帝国主义列强瓜分、分裂中国政策的延续,这是中国近代被欺辱、被侵略的特殊国情所决定的。

鸦片战争以后,西方政治、经济、文化等思想理论大量传入中国,在与中国传统文化交汇并推动中国社会转型的历史进程中,也不可避免地产生了某些负面影响及作用。崇洋媚外思想就是在此历史条件下出现的,并在中国社会有一定的市场。它造就了一定数量的、信奉被世人称为"洋奴哲学"的人。这些人或崇西洋,或媚东洋。在和平政治环境下,这也许仅仅表现为蔑视自己国家的事物而已,但在战争暴力的强权下,其媚外思想就可能蜕为卖国理论,这是伪政权产生的思想前提之一。

必须指出,伪政权及汉奸的出现,有一定的历史文化因素。中国历史上,不乏少数民族建立的局部及统治全国的政权。因此,汉族人民已习惯与其他民族融合,有容乃大,已是中华民族高尚品质的重要组成部分。此外,在中国传统文化中,有对天下、君主、朝代的观念,但缺少对国家与民族的认知。尽管与世界大多数国家一样,中国国人的国家与民族观念在近代才逐渐形成。但是,在君主专制统治下,少部分人文化素质低下,在思想意识中,近代的国家意识仍然还比较模糊,感情也不十分强烈。因此,对外族统治不全力抗争的潜意识,在一些民众的头脑中,起着一定作用。这就使众多民众能屈从于法西斯异族统治,甘心充当向任何当权者都完粮纳税的顺民。一些人仅仅是为了吃饭就去充当伪军。这种历史文化因素所产生的社会现象,是汉奸能够滋生的社会基础。

日本扶植的几个伪政权,其头目都是无耻的卖国者。但是,其卖国的政治思想前提都有所不同,所兜售的汉奸理论也小有差异。溥仪是以复辟清朝为目的,汪精卫是以伪三民主义、曲线救国为旗帜,内蒙古的德王则是以民族分裂为号召。华北伪政权的当政者则以北洋政权的延续自居,用儒家经典中的只言片语炮制"新民史观",鼓吹"王道政治",宣传中日两国"同种同文",要人民如服从历史上少数民族的政权那样,屈从于侵略者的统治。因此,华北伪政权在卖国宣传方面,比其他伪政权又有其独特之处。

华北伪政权头目所炮制的汉奸理论,虽然荒谬,但是其以中国文化包装,歪曲、附会一些历史现象,故有一定的欺骗性。但是,中国历史上的民族融合现象与近代帝国主义对我国的侵略有质的区别。历史上入主中原的少数民族本身也是中华民族大家庭的成员,而日本侵略者是以灭亡我民族国家为目的的异国族类。在 20 世纪的近代,其民族也绝不会为中华民族所接纳。任何人以历史上曾出现过少数民族的统治来为在民族战争中的叛国行为辩解,都是站不住脚的。中国民族交融的历史绝不会成为制造卖国理论的依据。

(一)华北伪"中华民国临时政府"的成立

1. 七七事变前日本帝国主义者对华的侵略扩张

日本对外侵略的野心早在明治维新时代就产生了。"日本的国家主义乃至军国主义倾向,实际上就是在明治维新和以后日本所处的客观形势中开始形成和发展起来的。"①"惟欲征服支那,必先征服满蒙,如欲征服世界,必先征服支那……。此乃明治大帝之遗策……"②

日本对外侵略扩张的政策是早已定了,其策略主要有两种:一种是武力的方法。"必须以铁与血,方能拔除亚洲之难局。"这种方法被称为铁血主义、积极政策、③扩张主义④。一种是非武力的方法,即培植亲日势力的方法。这种方法早在培养中国赴日留学生时就实施了。20 世纪初,中国出国留学人员中以赴日留学生为最多。日本不仅与中国距离近,且由一个遭受

① [日]服部卓四郎著,张宝祥、赵宝库译校:《大东亚战争史》,商务印书馆 1984 年版,第 2 页。
② 《田中奏折》,彭明主编:《中国现代史资料选辑》第三册,中国人民大学出版社 1988 年版,第 81 页。
③ 《田中奏折》,彭明主编:《中国现代史资料选辑》第三册,中国人民大学出版社 1988 年版,第 82 页。
④ [美]约翰·亨特·博伊尔著,陈体芳等译:《中日战争时期的通敌内幕(1937—1945)》上册,商务印书馆 1988 年版,第 61 页。

欺凌的落后国家通过明治维新一跃成为强国,对中国青年有很大吸引力。此外,日本对中国留学生的优待也是重要原因。日本企图通过培养中国留学生而使中国军事日本化,以有利于日本控制中国军事;通过培养留学生来培植日本在华势力,为培植汉奸奠定基础。当时的日本驻华公使矢野文雄供认:"如果将在日本受感化的中国新人才散布于古老帝国,是为今后树立日本势力于东亚大陆的最佳策略。其习武备者,日后不仅将效仿日本兵制,军用器材必仰赖日本,清国之军事将成日本化,又因培养理科学生之结果,定将对日本发生密切关系,此系扩张日本之工商业于中国的阶梯。至于专研政治等学生,定以日本为楷模,为中国将来改革的准则。果真如此,不仅中国官民信赖日本之情将增加二十倍,且可无限量的扩张势力于大陆。"①

经过日本帝国主义者的蓄意拉拢、"培养"、"感化",一些人逐渐形成亲日、崇日、媚日和对日本的依赖、信任的感情和习惯。在和平年代,这些人在中国与日本外交、外贸及其他国际事务上,均持亲日态度。在中日开战时,这些人往往公开投敌。这就是日本帝国主义"以华治华"的阴谋:在中国寻找代理人,为日本战略和利益服务。在战争状态下,日本帝国主义者利用这些人建立傀儡政权,利用汉奸对中国推行殖民统治,并称之为"合作政策"、"反扩张主义"。②

九一八事变爆发后,日本侵略者立即抛出在中国东北建立"独立国家"的方案。"以东北四省及蒙古为领域,以宣统皇帝为首建立中国政权。"③这个政权由日本完全控制。"表面上由中国人统治,但实质上要掌握在我方手里。"④在日本关东军导演下,1932年3月8日,伪"满洲国"宣告成立,并根据日本关东军提供的名单任命了各级官吏。9月15日,日本又同伪满签订《日满议定书》⑤,以确保对伪满的绝对控制。日本帝国主义及其卵翼下

---

① 引自《纪念辛亥革命七十周年学术讨论会论文集》(上),中华书局1983年版,第618页。

② [美]约翰·亨特·博伊尔:《中日战争时期的通敌内幕(1937—1945)》上册,商务印书馆1978年版,第5—20、62、131页。

③ [日]土肥原贤二刊行会编:《土肥原秘录》,第11页。转引自张宪文《中华民国史纲》,河南人民出版社1985年版,第388页。

④ [日]关宽治、岛田俊彦:《满洲事变》,上海译文出版社1983年版,第48页。

⑤ 《南京国民政府外交部公报》第5卷第3号。

的伪满政权,在政治上实行法西斯统治,残酷迫害以至屠杀抗日人民;在经济上实行"统制"政策,大量掠夺东北财富,摧残中国民族工商业;文化教育上实行奴化教育,企图泯灭中国民族文化和民族意识。东北变成日本侵略华北和全中国的战略基地。

2. 华北伪"中华民国临时政府"的出笼及演变

日本侵略者在关外扶植了伪政权后,便向关内大举入侵。1933 年 1 月初,日军攻占长城咽喉山海关,3 月进占热河全省,5 月占领长城各口,随即占领察东七县、冀东二十余县。接着,日本又迫使国民党政权签订《塘沽协定》、《秦土协定》、《何梅协定》,这样,日本实际控制了冀察两省部分地区。

在武力侵略的同时,日本帝国主义大肆收买汉奸,策划鼓动华北"防共自治运动"。1935 年 10 月,日本内阁会议正式通过了"鼓励华北自主案"①。10 月 22 日,日本特务指使汉奸在河北香河暴动,宣布"自治";11 月 25 日,又收买汉奸向国民党天津当局"请愿",要求"自治"。与此同时,日本又企图策动阎锡山、韩复榘等军阀、地方实力派"自治"。

1935 年 11 月 24 日,河北省蓟密区行政督察专员殷汝耕在日军唆使下,在通县宣布独立,成立"冀东防共自治委员会"。12 月 25 日又改名"冀东防共自治政府"。该伪政权盘踞的范围为冀东二十二县,包括临榆、香河、通县等。伪政府设于通县。殷汝耕任自治政府长官,池宗墨任秘书长。各厅县都聘用日籍顾问与秘书等,一切大权操纵在日本顾问手中。这是日本在华北建立伪政权的第一步。

在日本咄咄逼人的压力面前,国民党政府步步退让,于 1935 年 12 月 18 日成立变相自治的"冀察政务委员会"。迫于日本的压力,在冀察政委会中,后来华北伪政权的核心人物王克敏、王揖唐、高凌霨、门致中、冷家骥等都被国民党政权明令任命为委员②。后来,齐燮元、石友三、曹汝霖、汤尔和等也被任命为委员,潘毓桂被任命为政务处长。平津地区的汉奸及亲日分子,基本上都被网罗在内。到七七事变后的 7 月 28 日夜,宋哲元潜离北平,

① 张宪文主编:《中华民国史纲》,河南人民出版社 1985 年版,第 433 页。
② 《大公报》1935 年 12 月 12 日第三版头条。

冀察政委会"一切政务,实际上已由汉奸张壁、张允荣、江朝宗、齐燮元等掌握"。①

日军占领平津后,首先在两地拼凑了具有政权性质的伪"治安维持会",作为向华北伪政权的过渡。

1937 年 7 月 29 日,日军攻陷北平。当天,经日本特务今井武夫等密谋策划,决定成立"北平治安维持会",由七十六岁的北洋遗老江朝宗担任主席,总商会代表冷家骥、银行公会邹泉荪、自治会成员吕均、原北平市政府秘书周履安、原北平公安局长潘毓桂,以及梁阿、周肇祥等亲日派七人为常务委员,并于 7 月 30 日举行了成立大会。日本宪兵队长赤藤、冀察军事顾问笠井、冀察政务委员会顾问西田等人担任顾问。冀察政务委员会被迫解散。随后,江朝宗就任伪北平市长。②

1937 年 7 月 30 日,天津失陷,8 月 1 日伪"天津治安维持会"成立。高凌霨(北洋直系政客,曾任国务总理)任委员会长,刘玉书(曾任孙传芳参谋长)、孙润宇(曾任北洋政府国务院秘书长)、王竹林(前盐务督办),以及钮传善、沈同午、赵聘卿、王晓岩、邸玉堂、方若、张志征等 10 人为委员。维持会设总务、财政、社会、教育、警察、盐务、管理、商品检验八局及法院等机构。③

此后,日本侵略者加紧了在华北冀、鲁、豫、晋等拼凑一个伪日政权的活动。

8 月 14 日,日本关东军抛出《对时局处理纲要》,出笼了组建华北伪政权的框架。该《纲要》宣称:"华北政权大致以五省④自治为最终目标,先将河北及山东二省(将来包括山西)组成一个政权。另将察南、晋北合并建立一个政权。前者设于北平,后者设于张家口。"⑤为炮制华北伪政权,日本华

　　① 见常凯、蔡德金:《试论冀察政务委员会》,载于《近代史研究》1985 年第 4 期,第 149、159 页;娄献阁撰《汤尔和》,载于《中华民国史资料丛稿——民国人物传》第 186 页,中华书局1987 年版,以下简称《民国人物传》。
　　② [日]今井武夫:《今井武夫回忆录》,中国文史出版社 1987 年版,第 50—51 页。
　　③ 王仕伍:《天津沦陷后的汉奸组织维持会》,中国人民政治协商会议天津市委员会文史资料研究委员会编《天津文史资料选辑》第二十辑,天津人民出版社 1982 年版,第 214 页。
　　④ 指晋、冀、鲁、绥、察五省。
　　⑤ 日本防卫厅战史室编:《华北治安战》(上),天津人民出版社 1984 年版。

北方面军成立了以喜多诚一为部长的特务部,专司其事。喜多受命后,制定了华北伪政权组成人员选拔标准:"(1)元首须以曾任总统、总理的一流人物任之。(2)政府首长须以曾任总理、总长的一流人物任之。(3)素无抗日言行又非二十九军出身者;有相当资望而反抗国民党者。"①然后,按这个标准物色搜罗,拼凑了一个以王克敏为首,有朱深、董康、汤尔和、王揖唐、齐燮元等人参加的所谓"政府筹备处"。经过一个多月的惨淡经营,于10月28日抛出《树立华北政权的研究》,主张在华北建立一个能够"取代南京政府的中央政府,使之在日军势力范围内的地区普及其政令"。这个政府要承担起"以使中国的新生由华北而波及全中国"的重任,成为"中国的真正中央政权"。②

伪临时政府原定于1938年1月1日成立,但由于1937年12月13日日军攻陷南京,日本军事当局认为这是国民党政权溃灭的标志,接着树立华北伪政权,在政治上有新陈代谢的意义,于是通知汉奸们提前于12月14日成立伪政权。

12月14日,以王克敏为首的伪"中华民国临时政府"在北平宣告成立,并对外发表宣言,公布了"政府组织大纲"。其委员由王克敏、汤尔和、王揖唐、董康等组成。主席一职暂缺。伪临时政府设议政、行政、司法三个委员会,由汤尔和、王克敏、董康三人分别任委员长,继承中华民国年号,以北洋时期的五色旗为"国旗",定都北平。该伪政权的主体是行政委员会,下设内政、治安、教育、司法、赈济五部。这一群汉奸虽然登上了他们的傀儡舞台,但自认为筹备尚未成熟,仍把对外办公和就职典礼的日期,推迟到1938年1月1日。1940年4月30日,日本侵略者将其并入汪精卫伪"中华民国国民政府",改称"华北政务委员会",直至1945年日本投降。

在伪政权宣告成立前,王克敏、江朝宗、高凌霨、汤尔和、朱深、王揖唐、齐燮元八人于12月10日举行会议,几经讨价还价,决定将先已成立的平津两地的伪维持会在华北伪政权成立时一同并入。③ 1938年1月1日,伪"冀

① 北京市档案馆馆藏档案:《华北政务委员会》第240页,《临时政府成员任职资格》。
② 中国社会科学院近代史所编:《日本侵华七十年史》,中国社会科学出版社1992年版,第450页。
③ 刘绍唐主编:《民国人物小传》第六册,台湾:传记文学出版社1984年版,第238页。

东防共自治政府"也宣告并入华北伪政权①。

在伪政权成立后,又陆续并入两伪府、两伪会。

日军占领济南后,于 1937 年 12 月 29 日成立伪"济南治安维持会",以皖系北洋军阀余孽、73 岁②的马良任会长,宋桂山任副会长,张星五为秘书长,越君弼为警察局长,晋子寿任民政科长,李时涛为财政科长。1938 年 3 月 6 日,该维持会并入伪临时政府,改为山东省公署,马良任伪省长。

1937 年 11 月 27 日,伪"河南自治政府"在安阳成立。主席,肖瑞臣;秘书长,胡光;民政厅长,吕东荃;建设厅长,林郁文;警务厅长,王锡良。1938 年 5 月 1 日,该伪组织归属伪临时政府,改称河南省公署,肖瑞臣任省长。

1938 年 1 月 1 日,伪"山西省自治政府"在阳曲成立,后迁太原。主席,曾纪纲;秘书长,韩谦;建设厅长,张联魁;警务厅长,白义惠。6 月 2 日,归属伪临时政府,成立伪山西省公署,伪省长苏体仁。

1938 年 1 月 10 日,伪"青岛治安维持会"成立。赵琪任会长,吕振文、李顺德、姚作宾、周家彦、陆梦熊、尹援一、韩鹏九、杨玉廷八人为委员。1939 年 1 月 10 日,该伪组织归属伪临时政府,改为伪青岛特别市公署,赵琪任伪市长。③

华北伪政权的存在大体可分为三个阶段。

从 1937 年 12 月 14 日伪政权成立,到 1940 年 3 月 29 日,是其第一阶段,为伪政权形成、巩固和发展时期。该时期华北伪政权一方面并入各地伪维持会,完善其机构;另一方面,以"中央政府"自居,谋求与梁鸿志伪维新政权合并,成立了"中华民国政府联合委员会"④。由于日本侵华陆海两军事权不一,两伪府合流不能实现,伪临时政府不能与日本帝国主义签订形式上的同盟条约,只能在华北日军的指挥下做卖国勾当。

从 1940 年 3 月 30 日伪华北政务委员会成立,到 1943 年 1 月汪伪对英

① 《冀东防共自治政府与华北临时政府合并》,载于南开大学历史系、唐山市档案馆合编:《冀东日伪政权》,档案出版社 1992 年版,第 6849 页。

② 马良出生年月两种说法,《国共抗战大肃奸》(孟国祥等编,中国档案出版社 1995 年版)说 1938 年已 74 岁。徐友春《民国人物大辞典》谓 1875 年出生。

③ 郭卿友主编:《中华民国时期军政职官志》第五卷《中华民国时期伪政权(1931.9—1945.8)》,甘肃人民出版社 1990 年版,第 1878 页。

④ 《抗战时期南北两伪政权合流档案选》,载于《历史档案》1983 年第 2 期,第 71 页。

美宣战止,是华北伪政权的第二阶段。在此期间,华北伪政权"中央政府"的梦幻已破灭。日本为贯彻"以战养战"政策,彻底实现汪伪关于将华北划为防共、治安、经济开发的特殊区域和军事上的强度地带的卖国条件①,抛开对日本帝国主义不十分恭顺的王克敏,而推王揖唐上台。

从 1943 年 1 月 9 日到 1945 年 8 月 15 日日本投降止,是华北伪政权的第三个阶段。在此期间,日本帝国主义妄图把华北建成日本进行"太平洋战争"巩固的兵站、物资基地,为此,由冈村宁次出面赶走了万人痛恨的王揖唐,王克敏再次出场,并开展了所谓"东亚解放新国民运动"。日本侵略者虚情假义式地撤出一些顾问,让中国"收回"一些租界,伪政权也假模假式地进行了两次机构改革,等等。但国际国内形势变化很快。随着日本帝国主义的投降,华北伪政权终于垮台。

华北伪政权在其存在期间,其内部组织曾发生以下变化。

从 1937 年 12 月 14 日开场到 1940 年 6 月 6 日,伪政权以王克敏为首。此时伪政权处于初创,为招徕更多的汉奸及欺骗人民,日本帝国主义暂时容忍了王克敏的不太驯服,给了汉奸们一定的"脸面"。从 1940 年 6 月 7 日至 1943 年 2 月 8 日,日本帝国主义出于"以战养战"战略,伪政权换上了更无耻的王揖唐,从而开始了伪政权最黑暗、最残酷的统治阶段。1943 年 2 月 9 日至 1943 年 7 月 2 日,华北伪政权以朱深为首。此为过渡时期。1943 年 7 月 5 日至 1945 年 2 月,王克敏再次登场。1945 年 2 月至 1945 年 8 月,华北伪政权以王荫泰为首。此为伪政权尾声。

(二)华北伪"中华民国临时政府"的组成

1. 北洋余孽组成的班底

华北伪政权政府成员多是北洋军阀集团余孽。

伪临时政府中议政、司法两个委员会的委员由行政委员会委员兼任。所以,行政委员会委员是伪临时政府的核心和骨干。到 1940 年 3 月,伪政

---

① 黄美真等:《中日基本关系条约》,载于《汪精卫集团叛国投敌记》,河南人民出版社 1987 年版,第 306—307 页。

权蜕变为伪"华北政务委员会",三级体制变为一级体制。

伪临时政府成立时,行政委员会有五名常务委员,即:王克敏、王揖唐、董康、齐燮元、朱深。

王克敏(1873—1945)字督鲁①,浙江杭州人。1903 年中举后由清廷派往日本任留日浙江学生监督。北洋军阀政府时期,历任中国银行总裁,南北议和北方代表,四任内阁财政总长等,是直系集团中的风云人物。冯玉祥北京政变后,王潜逃日本。1927 年,被广州国民政府明令通缉。1935 年 12 月任冀察政务委员会委员。

王揖唐(1877—1948)②名赓,号揖唐,安徽合肥人。光绪甲辰科进士,后由清廷保送日本士官学校。因与段祺瑞是同乡,被引为亲信,39 岁出任段内阁内务总长,后组织安福国会,任众议院议长,为皖系核心分子。1920 年直皖战后遭通缉,亡命日本。1928 年被国民政府明令通缉。1935 年任冀察委员会委员。

朱深③(1879—1943)字博渊,河北永清人,毕业于日本东京帝国大学法学部。1918 年任段祺瑞内阁司法总长,安福系政客之一。1920 年直皖战后遭通缉④,避居日本使馆。1925 年段祺瑞复出后,朱曾任京师警察厅总监,市政督办等职。

齐燮元(1885—1946)⑤字抚万,河北宁河人。北洋武备学堂毕业,曾任李纯的参谋长。1921 年任江苏督军。1924 年段祺瑞任临时执政后齐被迫离宁赴沪。1925 年 1 月,被奉军击败后逃亡日本⑥。

---

① 尚海:《民国史大辞典》说字叔晋,系误。

② 其出生年月两种说法。《黑色档案——投降巨奸收场记》(张文捷主编,中国广播电视出版社 1995 年版)等谓其为 1877 年出生。黄美贞:《中华民国史事件人物录》(上)则称生于 1878 年。被处决时间徐友春《民国人物大辞典》等谓 1948 年。

③ 朱深,也作朱琛。

④ 见章伯锋主编:《北洋军阀(1912—1928)》第三册,武汉出版社 1990 年版,第 688、690、691 页。

⑤ 其出生年尚海《民国史大辞典》谓 1879 年,徐友春《民国人物大辞典》谓 1885 年。

⑥ 见《民国人物传》第三册,第 299 页;王士立、赵振国主编:《冀东名人传》,第 384 页;张宪文主编:《中华民国史纲》,第 215、216 页。

董康(1867—?)①字授经,江苏武进人。1898 年进士。历任法律馆提调、刑部主事、大理院候补推丞。1911 年辛亥革命爆发,赴日本学习法律@ 。在直系得势时,三任司法总长,两任大理院长,两任财政总长。

另外三名非常务委员是汤尔和、江朝宗、高凌霨。

汤尔和(1878—1940)字调鼎,浙江杭州人。1902 年考入东京成城学校,在拒俄运动中曾风光一时。1920 年冬,直系控制的北洋政府派汤赴欧洲考察,1921 年 9 月任直系王宠惠内阁教育总长,1933 年任北平政务整理委员会委员,后任冀察政委会委员。

江朝宗(1861—1943)②字宇澄,安徽旌德人。清末曾任近畿督练处总参议、陕西汉中镇总兵。1912 年署北京步军统领,1917 年,以副署解散国会令为代价当了七天过渡总理,后参与张勋复辟。1925 年任临时参政院参政。

高凌霨(1870—1939)③字泽畬,天津人。1894 年中举。清末曾任湖北提学使④。北洋时期,在直系得势时曾任财政总长、交通总长、内务总长、兼代国务总理等职。1935 年任冀察政委会委员。

伪临时政府八名委员全部为北洋军阀集团余孽。其中五名属直系,二名属皖系。

此后,先后担任过伪政权常务委员的还有:汪时璟、王荫泰、殷同、周作人、王谟、杜锡钧、门致中。

汪时璟(1887—1953)字翊唐,安徽旌德人。毕业于日本陆军主计学校⑤。曾任北洋政府财政总长王克敏、张弧的秘书及被服厂厂长。北洋政府垮台后,曾先后任汉口、沈阳中国银行分行经理。王克敏任北平政务整理委员会财务处长时,汪被任命为"中国银行华北及东北三省之总稽核员"⑥。

---

① 毙命时间说法不一。尚海《民国史大辞典》等谓 1942 年,徐友春:《民国人物大辞典》为 1947 年。
② 徐友春《民国人物大辞典》谓 1912 年赴日本习法律,系误。
③ 其出生年月多种说法,见刘绍唐:《民国人物小传》第三册,第 235 页。
④ 有说为湖南提学使,误。
⑤ 北京市档案馆馆藏档案:《华北政务委员会》,谓日本士官学校。
⑥ 北京市档案馆馆藏档案:《华北政务委员会》,第 6 页。

王荫泰(1886—1961)①字孟群,山西汾阳人②。1906 年毕业于东京官立第一高等学校。曾任北京法制局编译,高等检察厅判事等。1920 年皖系当政时期,徐树铮任其为库伦特派员。直皖战后潜赴东北。

殷同(1889—1942)字桐声,江苏江阴人③。先后入日本陆军经理学校、陆军高等经理学校。④后任徐树铮参战军经理科长,1933 年任北平政务整理委员会委员,《塘沽协定》交涉员,"处理与日方一切外交事宜"⑤。

杜锡钧(1880—1945)字鸿宾,河北故城人。清末湖北新军兵士,后被送入日本陆军士官学校。武昌起义后曾任湖北军令部长、汉口镇守使,吴佩孚留守军司令。

门致中(1888—?)字靖原,吉林汪清人。毕业于保定陆军军官学校。曾任西北军团长、旅长、副总参谋长、第七路军总司令、军长等职。1935 年任冀察政委会委员。

周作人、王谟,虽都曾任过常务委员,但时间不长,仅是伪政权的装饰品和为日伪奴化教育效劳的变节文人而已。

从上述人员的履历可以看出,华北伪政权主要由北洋遗老组成,是一个以直系为多数,皖系占相当数量的北洋余孽大集合。

2. 以亲日派政客为核心的汉奸集团

伪临时政府第一批八名委员中,六名在日本留过学或工作过。其中汤尔和先后七次去日本学习、观光、游历。只有江朝宗、高凌霨二人例外,并因此始终未真正进入伪政权核心,只是排名在最后的委员。高不到一年所有实职被免,仅留一挂名委员。江虽不遗余力为日本侵略者在北平"维持秩序",但伪政权刚开张就被免去了北平市长一职,只剩空头委员。⑥

在后来先后任过常务委员的七名汉奸中,五名在日本留过学。周作人

---

① 其毙命时间,尚海《民国史大辞典》谓 1947 年,陈玉堂编《中国近现代人物名号大辞典》说 1961 年。
② 孟国祥《国共抗战大肃奸》谓浙江绍兴人。
③ 北京市档案馆馆藏档案:《华北政务委员会》,第 47 页,谓浙江人。
④ 北京市档案馆馆藏档案:《华北政务委员会》,第 47 页,谓结理学校。
⑤ 北京市档案馆馆藏档案:《华北政务委员会》,第 47 页。
⑥ 张炳如:《华北敌伪政权的建立与辟体》,中国政治协商会议全国委员会文史资料研究委员会:《文史资料选辑》第 39 辑,文史出版社 1963 年版,第 147、149 页。

自 1906 年去日本后一直不肯回国,并娶了日本人羽太信子为妻。其兄鲁迅亲自到日本才把周作人夫妇接回。①

上述诸者,在其留学日本的过程中,逐渐养成崇日、媚日、亲日的感情和习惯。"他们之中的许多人,早在留日期间就滋生了亲日情绪。日本人利用培养中国留学生这条途径,处心积虑地寻找他们侵略中国的工具,在这一点,可说是大收其利,大见其效。"②这些人很早就对日本有着特殊感情。每当他们在国内政治、军事斗争失败,无法在国内立足时,往往逃向日本或其驻华使馆,寻求日本人的庇护。他们常常引日本势力为国内角逐的外援,其沉浮升降往往与日本支持的程度紧密相关。在日本加紧对华侵略,国难当头之时,他们又大肆散布惧日、恐日言论,鼓吹"亡国论"。1933 年日本大肆侵略热河,进而入侵华北,汤尔和赋诗云:"国到将亡百事哀……谁令朽木支危屋……料应天意久难回……"③

这些汉奸大都已老朽不堪和臭名昭著。伪临时政府成立时,八名委员中最年轻的 58 岁,最年老的已 76 岁,平均 64.25 岁。有些汉奸在公开投敌前就已颇负恶名。王揖唐,在他搞了安福国会丑剧后,就成为全国人民的活靶子。胡适在《多研究些问题,少谈些主义》一文中,是将王揖唐作为靶子和反面典型来引证的。④ 江朝宗之为人,就连北洋派也视之为不齿,在汉奸内部也轻视这位"三定京师"的"江宇老"。王克敏,在日本人眼中是一个"并无威望"的政客,在北洋官僚眼中,也不过是一个帮助北洋政府聚敛民财的"钱鬼子"⑤。

(三)华北伪"中华民国临时政府"的罪恶

华北伪政权是日本侵略者对华北人民进行殖民统治的工具,在其存在

---

① 见《从新文化运动的骁到汉奸文人——周作人的一生》,载于《人物》1983 年第 4 期,第 49 页。

② 孟国祥:《国共抗战大肃奸》,中国档案出版社 1995 年版,第 38 页。

③ 汤尔和:《哀热河寄黄任之上海》,原载于《哀哉热河》1933 年版第 4 页,今载于《民国人物传》第 185 页。

④ 见《近代史研究》1985 年第 6 期,第 253—257 页。

⑤ 黄美真:《汪精卫集团叛国投敌记》,河南人民出版社 1987 年版,第 200 页。

期间,对华北人民进行了残暴的政治统治、疯狂的军事镇压、野蛮的经济掠夺及不遗余力的奴化教育。

1. 残暴的傀儡政治统治

为了便于日本侵略者对华北的控制,伪政权把治安、民政两部及各省、市、道、县"公署"的警备力量交由日本特务机关和宪兵队统率指挥,专门从事统治、镇压民众的勾当。它随时可以传讯伪政权管辖下的任何人,监视调查包括伪政权、伪组织成员在内的一切人的思想言行,可以随意拘捕、刑讯他们认为有"嫌疑"的人,残害人民,摧残抗日力量。伪政权大力强化特务警察力量,特工人员仅山西一省就达八千余人,加上情报人员过万人①。警察人数仅山东在 1942 年就有三万②。如此众多的特工和警察,遍布社会各界各阶层,出入于车站、码头、客栈、烟馆、妓院、机关、学校、商店、工厂等各个角落,干着搜集情报、监视民众、镇压抗日力量、逮捕杀害共产党人等罪恶行径。伪政权实施保甲制并发放"良民证",把华北民众的思想行动置于绝对监督控制之下。"邻左连保连坐法"、"爱护村民连坐法",将华北人民置于血腥统治之中,把华北变成人间地狱。

为推行日本帝国主义的殖民统治,以汉奸齐燮元"兴学、建军、剿共"③的谬论为指导,拼凑了华北伪军。

"兴学",就是开办伪军校,以培养伪军骨干和军官。1938 年夏初,在通县南门外老四营营址设立伪"陆军军官学校",齐燮元自兼校长。此校目的是培养伪军排级军官,先后共练出伪军排、连干部约三千人,其中第一、二期学生,大部分充任团、营级干部。1938 年 8 月在北平东四四条成立伪"宪兵学校",先以奉系军阀老牌的宪兵司令邵文凯为校长,1944 年改由伪宪兵司令黄南鹏兼任。1938 年 10 月,在清河镇原陆军中学旧址成立伪"军士教导团",团长刘凤池。第一期共训练出军士八百余名,于 1939 年 10 月结业。1940 年、1941 年办过第二、第三期,至 1942 年并入伪教导集团。为罗致中级干部(团、营级),1939 年初在通县老四营伪军官学校内,招集了二百名闲

---

①　张全盛、魏卞梅编著:《日本侵晋纪实》,山西人民出版社 1993 年版,第 52 页。

②　《文史哲》1982 年第 6 期,第 29 页。

③　中国人民政治协商会议北京市政协文史资料委员会编:《日伪统治下的北平》,北京出版社 1987 年版,第 223 页。

散无业的老军人,组织起伪"军官队"。学员大多为失业的旧军官,毕业后多数被委派为伪军营长、连长和中级幕僚。为建立伪军需要,还成立了一些专业训练班如译务、军需、军医、准尉等宣导学校。

以上除宣导学校是 1942 年成立外,其他各伪团、校、班、队之第一期都于 1938 年、1939 年开办,并于 1939 年 10 月第一期都结业。在联合结业式上,齐燮元当场宣布即将建立伪"治安军",并于 1939 年 10 月编练了第一期伪军。其共三个集团;1940 年 10 月又成立了十四个团,1941 年 10 月又扩建了七个步兵团、四个集团司令部;1942 年又收编一部分伪军。总计伪军所属十一个集团司令部,所辖三十四个步兵团及一个教导团,拼凑了一支庞大的军事力量。1945 年初王荫泰及门致中又招抚六千人,但未及点编,日寇即已投降。① 以上伪军由伪政权直接统辖,分驻平津地区及河北、山东两省。

山西伪军有"警备队"、"剿共军"两支,兵力各五万。河南有庞炳勋、孙良诚、孙殿英等伪军,约十二万人。两省伪军由日本华北军司令部指挥。

伪军主要职能有两项:维持"治安"和助日"剿共"。

1941 年 4 月,日本侵略者将所练之八个团的大部分伪军集结于迁安,企图进攻中共冀东军区李运昌部,并在滦县设立伪华北绥靖军总司令滦县行营办事处,统一联络指挥。4 月至 6 月间,伪军对冀东抗日根据地发动进攻,但遭到惨败。同年 9 月,伪军第二次向冀东集中,总兵力十六个团,在唐山设指挥部,企图消灭我冀东抗日部队。八路军首先击溃伪新军第十团,又全歼第四团,击毙、俘获日本教官多人,大获全胜,使伪军闻风丧胆。截至1942 年,伪绥靖军集中于冀东地区曾多达十九个团。伪行营主任三易其人,第五集团四易司令,不但未消灭我抗日部队,反而多次遭我抗日力量歼灭,我八路军则日益壮大。②

伪军"剿共"虽然节节败退,但维持"治安"、镇压人民、欺压百姓却气势汹汹。他们在岗楼、据点里、哨卡中,为日军站岗放哨、搜索过路行人;在

---

① 张宪文:《中华民国史纲》,河南人民出版社 1985 年版,第 560 页;北京市政协文史资料委员会编:《日伪统治下的北平》,北京出版社 1987 年版,第 233 页。

② 北京市政协文史资料委员会编:《日伪统治下的北平》,北京出版社 1987 年版,第212—256 页。

"扫荡"中为日军武装抢粮、棉,抢牲畜,抢物资;在劳工修碉堡、修公路等劳役中,为日军充当监工。他们逮捕抗日人民,屠杀抗日志士;敲诈勒索百姓,为虎作伥,其罪行罄竹难书……

2. 日本侵略者经济掠夺的帮凶

为了给日本"以战养战"的侵略政策效力,伪政权对华北的金融、农业、工矿企业等实行高度垄断和统制,进行了残暴的掠夺和摧残。

1938 年 2 月,伪政权成立了其"中央银行"——"中国联合准备银行",由汪时璟任总裁。伪政权规定:"联银"发行的"联银券",与日元挂钩等值;日本的正金、日本、朝鲜、兴业四家银行可大量透支联银券,日军凭调拨单可随意支取联银券;集中各银号的流动资金提成,存入"联银";伪政权机关的收入全部存入"联银"。① 在日伪刺刀保护下,"联银"无限制地滥发"联银券",为日本垄断和掠夺华北经济效力。(1)滥发"联银券",搜括法币。联银券发行后,伪政权宣布正在流通华北的法币限期兑换,并一再宣布法币贬值。法币与联银券兑换率从 5∶1,下降到 15∶1。1939 年 3 月颁行《扰乱金融暂行处罚法》,用严刑峻法禁止法币流通。在开封,对持有 1 元法币者处罚收;60 元以下者处徒刑并罚款;60 元以上者处死刑。② 搜刮的大量法币用以套取外汇,套购非敌占区和第三国战略物资。(2)滥发联银券,掠夺华北资源,支付日军军费、伪政权军政各费。(3)建立金融统制网,垄断华北金融。在日伪刺刀保护下,伪政权赋予"联银"管理银行的职能,各银行须将一定的准备金存入"联银",各银行业务须接受"联银"的指导、监督、检查,不然,"联银"顾问就通知日本侵略军或伪政权接管。借此,垄断了华北金融。(4)统制华北外汇和外贸,使日货独霸华北市场。伪临时政府 1939 年 3 月 2 日规定,华北外汇集中于"联银"一家。后又以海关通知形式颁布输出货物报关条例,规定十二种商品输出须向"联银"结交外汇。③ 货物进口也受"联银"统制,联银考查商品性质后再决定是否拨外汇。结付外汇时,实际购而不售。进口商品除日货外,难以得到外汇。这样既保证了日货

---

① 《伪中国联合准备银行浅析》,载于《民国档案》1984 年第 1 期,第 123 页;《汪时璟与伪联合准备银行浅析》,载于《中华文史资料文库》第五卷,第 34—38 页。
② 《河南大学学报》1988 年第 1 期,第 98、92、93 页。
③ 北京市档案馆藏档案:《华北政务委员会》,第 194 页。

独霸华北市场,又保证了大批套购外汇。"联银券"发行数量猛增,钞票面值由最初的 1 元、5 元、10 元到 100 元、500 元、1000 元,并开始筹划印制5000 元大钞,直至日本投降才结束这种罪恶。伪行八年共发行伪"联银券"1720 多亿元①,其中近半数(700 多亿元)为日军掠夺军需物资之用。这种毫无限制地滥发毫无准备金的纸币的罪恶,造成物价一日三涨,通货恶性膨胀,百姓横遭劫掠,经济秩序混乱,人民生活难以为继。为了搜刮民财,回笼"联银券","联银"又实施鸦片公卖、开放黄金市场、扩大赛马会、设财场、设土药公会、开设证券交易所等措施。连汪时璟也承认干了这些事"连祖坟都要被人扒掉"②。

华北伪政权还大力配合日本侵略者掠夺农副产品。其主要有三种方式:武装抢劫,强行征用,低价强购。武装抢劫多由日伪军在"扫荡"中进行。如 1944 年 3 月,河南林县日伪两千余人三次南下抢劫,四次北去上庄村抢粮与牲畜。1942 年 3 月,日伪军仅在河南浚县一次抢走粮食 70 余万斤。强征是由日本军方先编制计划,传达给伪政权。伪政权再层层下达,实行省长、县长层层负责制。1943 年向河南下达了以下征派计划:棉花 192,337 担,青麻 30 万斤,花生仁 1.5 万吨,芝麻 1 万吨,净羊毛 30 万吨,制革用羊皮 33 万张。强购就是日伪政权利用行政暴力用低价强行收购农副产品。伪政权通过设立"物价对策委员会"、"物价处理委员会"、"华北棉业改进会"、"华北粮食统制委员会"、"华北皮毛统制协会"、"合作社"、"采运社"、"农业仓库"及其他统治机构,对农产品如粮、棉、油、皮、麻等的收购、运销、分配实行严格的编制,严格禁止私人和其他组织采买营销。实行粮食及日用品配给制,每个百姓除留两个月生活必需量外,悉数存入农业仓库和合作社,用低于市场的价格强行购买,如:"1938 年秋,郑州、天津、济南地区强购棉花,规定每担售价不得超过 38 元,而当年同样棉花售价 65 元左右。"③

伪政权还协助日本侵略者大肆掠夺华北土地。为此,成立"华北土地

---

① 这个数字说法较多:《1947 年中国经济年鉴》第 63 页为 1326 亿,中国第二历史档案馆馆藏档案为 1951 亿,等等。按抗战胜利后加收的数目,1720 亿较为合理。

② 《文史哲》1982 年第 6 期,第 31 页。

③ 伪中国联合准备银行调查室编:《中外经济统计汇报》(1943 年 5 月 31 日)第 7 卷第5 期,第 2 页。

调查委员会",凡是日人认为需要的土地随时可以圈占没收,至于以军事用途为口实侵占的土地更是惊人。到 1943 年,山东修建据点 2,184 个,封锁墙、封锁沟长达 8,494 里,可以绕山东两周至三周。上述两项共占地 109,106 亩①。向中国移民是日本侵华的重要措施和步骤。从 1937 年 7 月至 1943 年 12 月,日本侵略者移住关内的日人达 40 万人②。其耕地、住房侵占了华北农民大量土地。

抓丁拉夫是伪政权为日本主子效劳的重要一环。为此,成立了"华北劳工协会"、"劳工总署"、"华北满蒙劳务联络会议"等机构,③颁布"招募劳工条例"等。为镇压抗日武装,日伪当局在华北大量修筑碉堡、封锁沟墙,修铁路、公路。这些重体力劳动的巨大工程都由抓来的中国劳工去做。不仅如此,伪政权还在占领军指使下,公开诱拐、抢劫华工到朝鲜、日本做苦工。1941 年 9 月,日伪仅在山东莱博边区抓去壮丁三千多人④。日伪仅在 1937 至 1942 年间捕捉和诱骗出关的劳工八百多万(含眷属)⑤,其中战俘劳工(即特殊工人)数十万,强掳到日本的劳工约占四万。其中 91.9% 来自华北,大半为青壮年男子。这致使农业生产遭到严重破坏。1938 年 7 月,伪政权在开封一次抓壮丁两千名⑥。

为协助日本主子对华北经济和资源的掠夺,伪政权参与组建或召开了许多旨在对华北进行经济侵略和掠夺的团体和会议,如"日本经济协议会"、"华北产业利学研究所"、"东亚经济恳谈会华北部"、"华北综合调查研究会"、"地方日华经济协会"、"对华问题调查研究会"、"黄海组织同盟"等组织。⑦ 其中,"日华经济协议会"是日本掠夺华北经济的最高级机关,由王克敏任会长,"临时政府"最高顾问相平生趴三郎任副会长。华北汉奸政

---

① 《文史哲》1982 年第 6 期,第 31 页。
② 伪中国联合准备银行调查室编:《中外经济统计汇报》(1943 年 5 月 31 日)第 7 卷第 5 期,第 2 页。
③ 《北京档案》,第 105 页。
④ 《大众日报》1941 年 10 月 16 日。
⑤ 刘宝辰、林凤升:《日本掳役中国战俘劳工调查研究》,载何天义《华北劳工协会罪恶史》,新华出版社 1995 年 8 月版,第 1 页。
⑥ 《河南民国日报》1938 年 7 月 31 日。
⑦ 北京市档案馆藏:《华北政务委员会》,第 69 页。

权还与日本主子共同召开了"日满支经济恳谈会"、"华北经济政策协议会"等会议,并在这些活动中积极献计献策。

伪政权还为日本侵略者掠夺工矿企业效犬马之劳。首先,它接管了原国家资本的生产和经济部门并将其交由日本企业如"住友"、"三菱"等经营;后来,又参与和支持日本"华北株式会社",①垄断和掠夺华北工业矿业和公用事业。华北株式会社成立于1938年,它的子公司达三十多个,垄断了华北的煤铁矿产资源、交通运输、港湾航政、邮电通讯、能源发电、冶金机械、轻纺化工、公用事业等,从华北夺走了数亿吨的物资和产品。以纺织为例,华北纱厂被其占去80%以上。

为帮助日本主子控制华北外贸和华北市场,伪政权于1938年1月颁行了《华北新税则》,大幅度下调关税税率。3月再次下调关税税率。6月又同伪维新政府合署颁行"统一税则"。这样,与1934年中国税则相比,关税下降40%—70%,出口到日本的产品许多可以免税。伪政权还与日本共建"日华贸易公司",实行贸易统制和进出口"连锁制",重要物资和商品的进出口必须经日伪当局批准。海关、引水、港口、航政等事业交与日人执掌,并任其支配关税与储存。

在日伪统治下,日货像潮水般涌向华北。输入天津的日货值在1937—1943年间占了天津进口货值的55%以上。华北农副土特产品也源源流向日本,天津出口到日本的商品货值从1938年占46%上升到1943年的83.87%②。

为支持日本对东南亚的战争和进行太平洋战争,伪政权强制人民进行各种"献纳"活动,如"献铜"、"献铁"、"献金"等。在1944年的"献铜"活动中,连故宫的铜缸、铜炮等文物也被迫"献"了出去。1942年"献金运动",仅北平一市"献金"额就超过百万元。③

3. 推行奴化教育

为配合日本帝国主义的侵略和经济掠夺,伪政权还不遗余力地对中国

---

① 日本称股份为:株式,公司为"会社",株式会社即股份有限公司。

② 《历年海关中外贸易统计年刊》,上海总税务署统计科编印。

③ 北京市政协文史资料委员会编:《日伪统治下的北平》,北京出版社1987年版,第178、183页。

人民进行奴化教育和欺骗宣传。华北伪政权在日本"兴亚院""指导"下,利用教育、宣传互动组织等手段向华北民众反复灌输中日两国"同文同种"、"亲仁善邻"、"经济提携"、"共存共荣"、"剿共灭党"、"共建东亚"、"王道乐土"、"日皇至上"等反动论调,图谋使华北民众忘掉自己的国家和民族,心悦诚服地充当日本奴才。伪政权在学校进行奴化教育,加紧对教师的控制,并由日人担任教官和日语教师,主宰学校一切及监视师生思想言行。当局把日语列为主课,不及格者不得升级。学校教学灌输"新民主义"谬论,大搞"经济训话",颂扬日本大和民族是优等民族,诬蔑中华民族是劣等民族。历史教材篡改中国历史和疆土,杜撰伪"满洲国"史实。此外,当局还组织学生到所在地区日军建的"神社"进行"朝拜",颂扬"武士道精神"等。伪政权还通过报刊电台开展奴化宣传。在1939年,华北四省三市的日伪汉奸报纸、刊物、电台有56家①。北平一市就有报纸30种②。《新民报》、《北平晨报》、《庸报》、《东亚晚报》等是日伪奴化民众的得力工具。其中《新民报》是日伪奴化宣传的总喉舌,由日本华北方面军指导部直接掌握。1940年2月成立了"中华通讯社",统一编造、发布各种奴化民众的文稿和消息。1940年7月,伪政权又建立起"华北广播协会",统一对民众进行奴化广播。对鼓吹奴化宣传,伪政权组织的"新民会"更是不遗余力。"新民会"于1937年12月成立于北平。它以伪满协和会为蓝本,以汉奸缪斌的所谓"新民主义"为理论基础,以"扶植新政权、开发产业、发扬东方文化道德、剿灭共党、促进友邻缔盟之实现"为宗旨。它有纲领、会旗、会歌、会服,从中央到地方设有"指导部",区设办事处,是一个官方的汉奸组织。其基础组织按行政区划设立,各行各业设分会,一切机关、学校、乡村、街道均有其组织和人员活动。在"新民主义"、"新民运动"的口号下,它设了若干汉奸文化团体和机构,办有传播奴化思想的报刊杂志,并设立"新民印书馆"编辑出版各类"新民教科书"。

---

① 延安时事问题研究会编:《日本帝国主义在中国沦陷区》,上海人民出版社1958年版,第206页。

② 北京市政协文史资料委员会编:《日伪统治下的北平》,北京出版社1987年版,第251—252页。

（四）与日本侵略者及汪伪政权的关系

1. 主子与走狗

华北伪政权是侵略者一手炮制出来的，是在刺刀的保护下得以生存的，它完全控制于日本侵略者之手。所以，该政权与日本侵略者之间的关系形如主子与走狗。日本侵略者通过以下四种途径和方式对华北伪政权进行控制。

（1）向伪政权派驻顾问。1938 年 4 月 17 日，日本华北派遣军司令官寺内寿一与王克敏签订《政治技术指导约定》。其中规定："中华民国临时政府为推进及改善技术家、专门家之必要业务起见，所需专门技术官、教授、教官、教导官等，由日本军最高指挥官之推荐，任用或聘请日本人充任之。"①"监时政府"最高顾问由相平生趴三郎、大达茂雄、西田耕一等担任②。各省、特别市、道、普通市、县，由该地的日军特务机关长或特务人员担任顾问，"通过日本顾问，对外交、经济、内政进行幕后指导"③。各级伪政权"在制定政策大纲方面由日本顾问进行内部领导"④。这种派顾问来控制伪政权的方法，在"临时政府"成立前各地方出现"治安维持会"时就推行了，到伪华北政务委员会时期更广泛地加以使用。"临时政府"时期的"顾问团"、"顾问室"改称"顾问部"，最高顾问由佐藤三郎、丸茂藤平担任。华北各级伪政权所有政务，均为日本顾问操纵，同级行政长官的命运掌握在同级顾问手中。"临时政府"首席顾问汤泽三千男直言不讳地把顾问比喻为"附家老"，即日本德川时代封建诸侯的总管家。⑤ 在山东，"各厅均有日本顾问及

---

① 中国社会科学院近代史所：《日本侵华七十年史》，中国社会科学出版社 1992 年版，第 454 页。

② 延安时事问题研究人编：《日本帝国主义在中国沦陷区》，上海人民出版社 1958 年版，第 184 页。

③ 日本防卫厅战史室编：《华北治安战》（上），天津人民出版社 1984 年版，第 49 页。

④ 复旦大学历史系编：《日本帝国主义对外侵略史料选编》，上海人民出版社 1983 年版，第 253 页。

⑤ ［美］约翰·亨特·博伊尔著：《中日战争时期的通敌内幕（1937—1945）》上册，商务印书馆 1978 年版，第 19 页。

日籍职员,对公务员每日到值、散值及一切事务均加干涉,闻省长以下对于用人行政、诸凡措施、甚至用舍一差役均须取得同意"①。

(2)日本侵略者通过与伪政权签订品种繁多的协定,来保证对伪军政权的控制。1937年11月底,在华北伪政权出笼前,日本帝国主义者就迫使王克敏与其签订了《日王密约要点》。包括:甲,华北矿产完全归日人开发经营。乙,临时政府最高指挥权及行政设施悉由日人计划。丙,军政指挥调动完全由日人支持。丁,交通、电业、棉业等实业均由日方管理经营。戊,政府所用之人员,须经日本调查检别后,方得录用,若有三日人以上之介绍,亦得录用。②

(3)通过控制伪政权的人事任免,伪员的引降、调留、奖惩、甚至生死来控制伪政权。伪政权的头目,是日本侵略者按照自己的意图,按自己制定的标准物色来的。对此,《日王密约要点》第五条予以明文规定。殷同曾任伪政权中的常务委员,是大汉奸,曾保释共产党员(殷同并不知道他保释的是共产党员),日本人就认为其有脚踩两只船的嫌疑,结果"强健的殷同很快不明不白地死去,而且只准日本医生包治"③。

(4)日本侵略者还通过于预各项工作、活动、行动等的计划的编制,来保证对伪政权的控制。《日王密约要点》第二条就规定了"行政设施由日人计划"。伪政权必须按计划行政。计划"细密周详,无孔不入"④。

日本侵略者以签订协议来掌握伪政权的政治取向,以编制计划来实施统治细节,派驻顾问以保证落实,掌握人事任免以掐住伪政权的命脉。这样,伪政权就牢牢控制在日本侵略者手中了。

但是,华北伪政权与其主子也存在某些矛盾,也有不驯服的时候。

华北伪政权的不同时期对主子驯服程度有所不同。王揖唐对日本帝国

---

① 《华北伪政权山东视察团第五组关于视察情况的文电两件》,载于《民国档案》1988年第1期,第42页。

② 黄美真:《日王密约要点》,《汪精卫集团叛国投敌记》,河南人民出版社1987年版,第200页。

③ 北京市政协文史资料委员会编:《日伪统治下的北平》,北京出版社1987年版,第233页。

④ 张炳如:《华北敌伪政权的建立与解体》,中国人民政治协商会议全国委员会文史资料研究委员会编:《文史资料选辑》第39辑,文史资料出版社1963年版,第159页。

主义最为恭顺,王克敏则时有讨价还价。"王克敏坚决反对把满洲国的制度照搬到华北来,(同时)也强烈反对把大批低级日本官员安插在各个部局。"①在伪政权出笼时,王克敏拒绝任命何丰林任治安部长;在喜多诚一任联络部长、森冈任联络部次官时,王克敏对森冈时有话语上的顶撞②。"寺内将军和喜多好些时候以来一直设法劝说王(克敏)签订一个把华北所有铁路'移交'给日本政府以应战争之需的文件……,但王总是拒绝这样做","他们都是一些一贯追求权力和权威的人,……他们为了得到他们的个人利益或小集团的利益而进行讨价还价",③王揖唐则不然,"对于公事政务,则一概服从日本顾问的旨意,自己从不做主"。对此他还有一套无耻理论,"顺从为万事之本,不管他人笑骂",所以,日本人有"王克敏能做事不听话,王揖唐肯听话不做事"的议论。④

不同级别的伪政权驯服程度不同。在华北伪政权的"中央"一级,各日本顾问"在表面上看还隐藏其太上皇的真实面目,对汉奸主要头目还算客气,各部门的汉奸也不必与其直接接洽公务。顾问们调阅卷宗须经王克敏批准"⑤。省市县的日本顾问则不同了,公然张牙舞爪地凌驾在伪省市县长之上,直接对其发号施令,盛气凌人,颐指气使。如山西伪省长苏体仁未经请示日本驻山西顾问谷薮那华雄,就将曲阳县知事么伯璋调回政府任职。谷薮那华雄对此大闹公堂,将苏体仁派费尊彝为曲阳县知事这一任命作废⑥。

2. 与汪伪政权松散的隶属名义

1940 年 4 月 30 日,华北伪政权在名义上统归汪精卫伪"中华民国国民

① [美]约翰·亨特·博伊尔著:《中日战争时期的通敌内幕(1937—1945)》上册,第 18 页。

② 张炳如:《华北敌伪政权的建立与辟体》,中国人民政治协商会议全国委员全文史资料研究委员会编:《文史资料选辑》第 39 辑,文史资料出版社 1963 年版,第 149、152 页。

③ [美]约翰·亨特·博伊尔著:《中日战争时期的通敌内幕(1937—1945)》上册,商务印书馆 1978 年版,第 131 页。

④ 中国政治协商会议全国委员会文史资料研究委员会编:《中华文史资料文库》第 9 卷,中国文史出版社 1996 年版,第 237 页。

⑤ 张炳如:《华北敌伪政权的建立与解体》,中国人民政治协商会议全国委员会文史资料研究委员会编:《文史资料选辑》第 39 辑,文史资料出版社 1963 年版,第 150 页。

⑥ 张全盛、魏卜梅编著:《日本侵晋纪实》,山西人民出版社 1992 年版,第 52 页。

政府"领导,实际上仍由日本主子牢牢控制。汪伪政权与其之隶属关系则徒有虚名。

由于日本侵略者的"分治合作"侵略政策,汪伪对其他几个伪政权的控制程度是不同的。日本帝国主义很久以来就拒绝承认东北和蒙古是中国领土,"满、蒙非支那领土"①。在日本对苏联战略防线布置上,伪满、伪蒙疆处于第一条防线上。这两个伪政权"自治"程度最高,受日本主子直接控制最严,与汪伪的关系最松散。伪满是以一个"国家"的身份出现的,与汪伪是平等的"国"与"国"之间的关系。伪蒙疆名义上是汪伪的一部分,汪伪政权开场时,伪蒙疆还派卓特巴札布、陈玉铭两名代表参加汪伪开场庆典,并且两名代表被任命为汪伪延聘委员。不过仅此而已,汪伪对伪蒙疆的事务未有丝毫染指,伪蒙疆"始终屹然独存"②。

华北伪政权早于汪伪开场,而且是以"中央政府"的企图开场的,其蜕变为伪"华北政务委员会"后,"继承原临时政府的既成事实"③,而且"关于纯正国民党及修正之三民主义……,不助长其流入华北,而努力于新民主义之普及"④,汪伪的伪员派不到华北来,汉奸理论也传播不到华北来,更谈不上作华北伪政权的指导思想。华北伪政权的政治体制、"国旗"、"国歌"等都自行其是,与汪伪迥然不同。其人事任免、政务管理、经济开发、军事训练与指挥统帅等,由日本主子直接操纵,汪伪不能插手和染指。汪伪虽然不能直接控制华北伪政权,但对华北伪政权的威慑力和潜在的、微妙的影响还是有的。1940 年 4 月至 6 月,王揖唐被王克敏排挤出华北,担任汪伪考试院长,成为汪伪政府成员之一⑤。1940 年 6 月,王克敏是在日本主子和汪伪的双重压力下被迫辞职的。在汪伪筹建过程中,由于日本主子的意图,华北日军的撑腰和唆使,王克敏采取不合作态度,对汪伪的成立处处设障,对汪精

---

① 《田中奏折》,载彭明主编:《中国现代史资料选辑》第三册,中国人民大学出版社 1988 年版,第 79 页。

② 李超英编著:《伪组织政治经济概况》,商务印书馆 1944 年版,第 24 页。

③ 张炳如:《华北敌伪政权的建立与解体》,载中国人民政治协商会议全国委员会文史资料研究委员会:《文史资料选辑》第 39 辑,文史资料出版社 1963 年版,第 154 页。

④ 《北京档案》,第 85 页。

⑤ 见郭卿友主编:《中华民国时期伪政权(1931·9—1945·8)》,《中华民国时期中政职官志》第五卷,甘肃人民出版社 1990 年版,第 1883 页。

卫明言讥讽,正面对抗,于是二人结下仇隙。汪伪成立并成为"中央政府"后,汪精卫成了王克敏的顶头上司。汪精卫不时给王克敏施加政治压力,寻机报复。终于,不到三个月,王克敏被迫辞职①。

(五)华北伪"中华民国临时政府"的卖国特色

华北伪政权在卖国求荣的罪恶行径中,也暴露出某些政治特色。

首先,华北伪政权内部派系斗争激烈异常。

"二王斗法",即王克敏与王揖唐之间的斗争,是华北伪政权内部激烈派系争斗的突出表现,在伪政权成立过程中,在人事安排、机构设置等问题上,二王钩心斗角、争吵激烈。伪政权成立之初,王克敏与群奸本来打算由王揖唐任内政部总长。不料这个七七事变前就已投靠日本帝国的汉奸,此时却忸怩作态,拒绝就任。他强调灾区需要救济,提议设灾区救济部。他的如意算盘是:既然第一把汉奸交椅已由别人抢去,那就改变策略,既要从伪组织中攫取实权,又要少负卖国责任。王克敏窥破他这种政治上避重就轻的阴谋后,宣布救济灾区是一项临时任务,不应设专部,只成立救灾委员会,附属于行政委员会。可王揖唐又不肯屈就群奸之下,于是彼此争论不休。这群汉奸对伪政权的"设官司分职"本来就等于集体分赃,不愿因长期争吵妨碍组织伪府工作的进行,遂折中二王争端,给王揖唐设赈济部,"掌赈灾、农贷,和内部部门应管的卫生行政,与其他各部并列"②。当时,王克敏觉得内外环境对自己尚不是十分有利,于是暂时屈从。随着日本侵华军事的进展,伪政权逐渐巩固,王克敏在伪政权中的势力日益增长。1938 年 10 月,王克敏乘机提出充实伪府机构方案,再让王揖唐任内政部总长。王揖唐意识到这是王克敏给自己施加政治压力,但如果推托,以王克敏手段之毒、城府之深,很可能以伪府明令将赈济部裁撤,自己将陷入更加被动的境地。于是,他不露声色地同意了王克敏的提议。从这时起,王揖唐抛开了他的伪装

---

① 中国政治协商会议全国委员会文史资料研究委员会编:《中华文史资料文库》第 9 卷,中国文史资料出版社 1996 年版,第 237 页。

② 见郭卿友主编:《中华民国时期伪政权(1931·9—1945·8)》,《中华民国时期中政职官志》第五卷,甘肃人民出版社 1990 年版,第 1892 页。

面纱,开始公开攘夺汉奸的政治地位和权力,与王克敏的矛盾也更趋激化。通过这次机构整改,王克敏取得暂时胜利。1940 年 3 月 30 日,汪伪开场,伪临时政府蜕变为伪"华北政务委员会"。于是,王克敏趁机将王揖唐挤出华北,王揖唐去南京任汪伪考试院长。王克敏把王揖唐在伪临时政府时担任的总政总署督办一职抓到自己手里,由自己亲自兼任。① 王揖唐虽去了南京,却一直伺机整倒王克敏。由于在汪伪政权成立过程中,王克敏与汪精卫结下怨隙,于是,王揖唐加紧与汪精卫勾结。王克敏的后台老板吉多诚一调回日本,由联络部次官司森冈继任,而盐清宣升任次官。森冈任次官时,不断受到王克敏话语上的顶撞,与王克敏不和。日本侵略者对不十分驯服的王克敏已不能容忍,而需要换上一个更服帖更恭顺的代理人。终于王克敏被迫辞职,在盐泽的支持下,王揖唐走马上任。太平洋战争爆发后,日本侵略者妄图缓和中日矛盾,转移中国人民斗争的矛头。王克敏抓住时机,乘机在青岛幕后指挥他留在华北的旧喽啰,向日本内阁控告王揖唐"贪污渎职,废弛公务"②。王揖唐被赶下台,"二王斗法"王克敏取得最后胜利。

这种钩心斗角的狗咬狗,在争宠争食时往往互相掣肘。1941 年,伪政权成立"剿共委员会",王揖唐任委员长,伪教育总署总务局长邢某兼情报处处长。邢某急于表现自己,宴请了伪绥靖总署总务局长秦某,要求由伪绥署供给情报。齐燮元在审阅即将送出的材料时,批了"不给"二字。在北洋军阀时代,齐燮元就与王揖唐分属直皖二系,势同水火,如今仍互相卡脖③。

由于内部派系斗争激烈,华北伪政权头目更换频繁,先后坐上华北第一把汉奸交椅的达五人之多。其他几个伪政权,除汪伪因汪精卫病死,总头目中途换马外,伪政权头目未有过变动。

在华北伪政权中,直系分子不但数量上占优势,而且在内部的派系斗争中优势更明显。

在华北伪政权拼凑过程中,王克敏拒绝非直系的何丰林,而引来直系分

---

① 刘国铭编:《中华民国国民政府军政职官人物志》,春秋出版社 1989 年版,第 911 页。
② 中国人民政治协商人文史资料研究会:《中华文史资料文库》第 9 卷,中国文史出版社 1996 年版,第 237 页。
③ 北京市政协文史资料委员会编:《日伪统治下的北平》,北京出版社 1987 年版,第 376 页。

子齐燮元,出任常委、治安部长。王克敏还以不没收余晋和在青岛的财产为条件,将亲信余晋和引入伪政权,任北平市长兼北平警察局长,把首都牢牢抓在自己手中。天津市也掌握在王克敏亲信手中。市长潘毓桂"曾充任北洋直系军政要职多年……处处与王克敏表示合作……潘对王克敏凡事予以好感……"①

华北伪政权的筹建是以王克敏为首的,故有些皖系分子也极力向王克敏投靠。"朱深、王荫泰、殷同,都是王克敏的亲信","朱深与王克敏同进退"。②

相比之下,王揖唐愈显势单力孤。在其任委员长时,只有夏肃初、江绍杰等几个没上过台面的亲信,连伪府委员也未曾任过。王揖唐安排夏肃初为秘书厅长兼政务厅长,江绍杰为政委会顾问,给王在公文线上伏路把关③。王揖唐任委员长时,各常委、委员、总署督办,王揖唐不敢也无权更动,还是王克敏时的政底。正因为王揖唐势单力孤,所以,他以更加彻底的卖国和对主子最大的恭顺来取得日本主子的信任和支持。

王揖唐的后台老板是华北联络部次官盐泽清宣,而部长森冈是齐燮元的靠山,于是,在王揖唐任内,大权逐渐落到齐燮元手中。到朱深任委员长时,齐又兼内务总署督办。齐燮元在各部门、各省市地方,广植私人势力。朱深生性庸懦,且很快重病缠身,齐更是一手遮天。

华北伪政权总头目由直系担任的时间比由皖系担任的时间长。五任头目中,直系前后四年半,皖系三年。而且,皖系当政也是王克敏时的班底。在王揖唐、朱深二人任内,实权也在齐燮元之手。其中,经济、军事大权完全由直系分子把持。汪时璟自1938年3月任联银总裁,10月任财政总长、常务委员后,一直把持着华北经济大权。军事上,1937年12月至1943年11月齐燮元掌握。齐下台后到1945年2月为杜锡钧掌握,1945年2月至日本投降由门致中掌握。所以,纵向看,直系分子掌握着华北伪政权政治、经济、军事大权。

---

① 北京市档案馆馆藏档案:《华北政务委员会》,第25、281页。
② 张炳如:《华北敌伪政权的建立与解体》,中国人民政治协商会议全国委员会文史资料研究委员会编:《文史资料选辑》第39辑,文史资料出版社1963年版,第160页。
③ 《北京档案》,第20页。

　　正因为华北伪政权是以直系分子为主组成的,其在伪政权中权大势大,所以,他们也把伪政权看成直系的天下,曾以"恢复法统"①为由劝诱曹锟登场,但却遭到曹的拒绝。

　　此外,华北伪政权具有浓厚的封建性。

　　华北伪政权没有像汪伪一样进行"选举","临时政府没有把自己装扮成是受民众委托或由选举产生的,它甚至连日后有无实行选举、代议制度或其他民众监督方法的可能性都没有暗示过"。伪临时政府时期虽然表面上是三级体制,但实质是一级体制。"由于人员的相互兼职以及行政院(指行政委员会——笔者注)拥有的权力很大,临时政府各部门之间也没有什么真正的权力分工。"②华北伪政权以儒家学说为理论来欺骗人民。"王道"是其主要论点和用以反对孙中山三民主义、共产主义的武器,"被临时政府用来作为一种解毒良方"。③ 但"王道"来源于儒家哲学,是衡量国君的统治是否贤明的最高标准。而"新民会"和"新民主义"中的"新民"一词来自《大学》一书。"新民主义"强调儒家的德行,强调重礼、敬上、孝顺。"新民会"还准备在山东开办一所教授儒学的大学,在山西开办一所教授佛学的大学。伪政权提倡朝拜孔庙和学习《大学》等儒学。在政治体制上,实施儒家的保甲制,恢复了"道"一级政权,各部首长称总长,以北洋时代的五色旗为"国旗",卿云歌为"国歌"。华北伪政权连一套成体系、完备的政治纲领都没有,仅在其成立宣言中骂几声"国民党焦土抗战之非",声称"反对拾共产主义之唾弃,为党权高于一切之邪说",扬言"要湔除污秽党治,绝对排除共产主义,发扬东亚道义",④如此而已,纯属一种空洞乏力的宣教。而汪伪在"还都"之际,公布了"十大基本政纲",阐述了从外交到内政,从政治、军事到经济文化教育等方方面面的基本政策。尽管通篇是骗人的鬼话,但表面上是成体系、完备的政治纲领,具有一定的欺骗性。

　　就几个伪政权的政治体制、人员组成和统治特点来看,可以得出以下结

---

　　① 李超英编著:《伪组织政治经济概况》,商务印书馆1944年版,第75页。

　　② [美]约翰·亨特·博伊尔著:《中日战争时期的通敌内幕(1937—1945)》上册,商务印书馆1978年版,第124页。

　　③ 李超英编著:《伪组织政治经济概况》,商务印书馆1944年版,第82页。

　　④ 北京市档案馆馆藏档案:《华北政务委员会》,第157页。

论:几个日伪政权有两个共性,一是封建性,二是奴性。均是日本侵略者用刺刀扶植的走狗政权,但是,它们也有少许差异,伪"满洲国"是清王朝在中国东北局部地区的变种。华北伪政权是北洋军阀政权的延续。汪伪政权是国民党统治内部矛盾斗争、内部分化出来的变异、伪蒙疆政府是蒙古封建王公叛国投敌、搞民族分裂的产物。

蒋介石国民党政权是代表中国的中央政府,但华北伪政权面对的主要敌手却是中国共产党及其领导下的广大军民。因此,华北伪政权处于中共及其领导下的广大军民的汪洋大海之中。

蒋介石国民党政权曾通缉华北诸奸,也曾派特工对汪时瑶、王克敏等进行暗杀和恫吓。华北伪政权也痛骂国民党,其伪员大多与蒋介石国民党也有历史性宿怨。但是,自抗战爆发后,面对日军的强大攻势,国民党军虽奋力抵抗,付出了巨大牺牲,但终是负多胜少,一步步退向大后方。共产党在敌后趁势而起,使用各种手段壮大自己,迅速成了华北伪政权的心腹之患。按照中共中央洛川会议确定的到敌人后方去开展游击战,广泛创建抗日根据地的战略方针,八路军纷纷开向敌后,开向华北,相继创建了晋察冀、晋冀豫、晋西北、晋西南、山东等根据地。这些根据地日益巩固、发展,并连成一片,华北伪政权处于我广大抗日军民的包围之中。1939 年 10 月下旬,我武工队深入到北平的潭柘寺、坨里煤矿、卧佛寺、田家花园、十三陵一带活动,并建立起平津地下党组织秘密交通线,严重威胁敌伪政权。1940 年 1 月,八路军一部进抵昌平一带,开始创建平北根据地。6 月,平北抗日根据地日益扩大,已建成昌延(昌平,延庆)、龙亦(龙关,赤城)、丰密(丰宁,密云)三联合县。7 月下旬,北平城郊游击队活跃,连日来数次袭击永定门等处。日伪惊恐,每天下午 6 时即关闭北平城门。① 当日本甲级战犯冈村宁次就任日本华北方面军总司令时,日伪"对重庆政府军的作战已大致结束,周围几乎到处都有共军活动……大体各军……对当地共军都在日夜进行讨伐"②。

---

① 北京市政协文史资料委员会编:《日伪统治下的北平》,北京出版社 1987 年版,第 397 页。

② [日]稻叶正夫编,中国人民政治协商会议天津市委员会编译委员会译:《冈村宁次回忆录》,中华书局 1981 年 12 月版,第 325 页,第 312 页。

所以日伪军在华北的口号是"灭共爱民",在华中的口号是"反蒋爱民"。①
也正因为如此,华北伪政权成为各伪政权中的反共急先锋。

　　华北冀、鲁、豫、晋等省的伪政权是旧官僚卖身为汉奸的典型,其卖国的
理论色彩虽不很浓厚,但其卖国的行动却极为无耻、露骨,几乎没有什么遮
羞布。这充分展示了一些旧官僚由权欲膨胀所产生的罪恶后果。汉奸头目
为一己私利,给国家和人民带来的灾难是深重的,自己也逃脱不了历史的惩
罚。这是每个利欲熏心者应该警惕的。

　　　　　　　　　　　　选自:河北大学历史学丛书《华北日伪政权研究》

---

　　① ［日］稻叶正夫编,中国人民政治协商会议天津市委员会编译员会译:《冈村宁次回记
忆》,中华书局 1981 年 12 月版,第 349 页。

三、试析华北伪陆军军官学校及奴化教育

华北伪陆军军官学校是伪华北治安军下级军官的养成所,专门招收 17 岁至 25 岁的社会青年,对他们施以奴化教育。这些人毕业后,大多在伪华北治安军中任军官,甘受日军的驱使,沦为日军的走狗、屠杀中国军民的刽子手。对此,学界很少有人涉猎。笔者依据京、冀等地档案资料,试对其始末进行论述。

(一)华北伪陆军军官学校的建立

七七事变后,日本侵略者积极在华北地区扶植伪政权。经多方策动,以王克敏为首的伪中华民国临时政府,于 1937 年 12 月 14 日在北京成立。伪临时政府成立时,对治安问题,王克敏没有适当的人选。齐燮元受到日军多田中将的"优遇",由多田中将推荐,被任命为伪治安部总长。齐燮元原是北洋直系军阀头目,"其人自视颇高,不愿甘居人下,久思独树一帜"。① 他投伪的目的,只不过是想借助日军的力量,"造成个人的势力,以遂其封建割据的野心"。②

1938 年 3 月,伪临时政府接收原伪冀东防共自治政府下的伪警防队,归伪治安部统辖,司令为王铁相。齐燮元一心想"整个把握警防队",而王铁相"不撒手",在这样的冲突下,他们的感情"日趋破裂"。③ 齐燮元不能控制伪警防队,便想另外建立一支完全听命于自己的军队。齐燮元认为,要

---

① 北京市档案馆馆藏档案:《王克敏等人简历》,华北政务委员会教育、治安、内务总署零散档案汇集,档案编号:J144—1—21,第 90 页。
② 河北省档案馆馆藏档案:《关于伪绥靖军》,档案编号:578—1—56—6,第 8 页。
③ 河北省档案馆馆藏档案:《关于伪绥靖军》,档案编号:578—1—56—6,第 7 页。

编练军队"党军人员""不能用",而其他"人才""又有缺乏之感",必须"先造就干部将校",训练一批青年作自己的爪牙,"方可从新改良"。① 因此,齐燮元向日军抛出"先设学,后建军"的方案。

随着日军侵华的不断深入,其兵力渐渐不敷分配。为解决其兵力不足,镇压抗日力量,日军便想利用齐燮元"作傀儡",②在华北建立一支正规伪军,充当日军侵华的炮灰。日军认为,一支正规军队,它的基本干部必须经过严格的军事训练。日军想招收一批思想单纯的青年,向其灌输奴化思想,以便于驱使。因此,齐燮元的方案一抛出便得到日军的支持。在日军的支持下,齐燮元开始了他野心勃勃的"设学"、"建军"的计划,着手在华北筹建伪陆军军官学校,"造就基本干部军官,以供建军之用"。③

1938 年 4 月 19 日,齐燮元"奉临时政府会字第一七五号令""兼任陆军军官学校校长"。齐燮元"于即日就职并着手筹备一切",经过一番筹备,华北伪陆军军官学校于 5 月 1 日"在通县校址组织成立,开始办公"。④ 1939年 10 月,华北伪陆军军官学校随第二期学生一起迁至京北清河镇前陆军预备学校内。

华北伪陆军军官学校建立后,成为伪军下级干部的养成所。伪华北治安军的所有下级干部差不多都出自这里。可以说,没有华北伪陆军军官学校就没有伪华北治安军。

(二)华北伪陆军军官学校的管理

华北伪陆军军官学校最初隶属于伪治安部,1940 年 4 月,伪治安部改组为伪治安总署,后又于 1943 年 12 月 31 日,改称伪绥靖总署,华北伪陆军军官学校也随之隶属。

---

① 齐燮元:《总长召集教导官在本部礼堂训话》,《治安部纪事》,1938 年第 7 期,第 2页。

② 河北省档案馆馆藏档案:《关于伪绥靖军》,档案编号:578—1—56—6,第 8 页。

③ 北京市档案馆馆藏档案:《北京市警察局关于陆军军官学校简章、招生简章的训令》,档案编号:J183—2—2 6272,第 5 页。

④ 《治安部纪事》1938 年第 5 期,第 1 页、第 99—101、第 97—98 页。

华北伪陆军军官学校建立后设校长 1 人；教务长、副教务长各 1 人；下设教授部、校副官、学生队及校附各员。教授部设教授部长 1 人、教官 18 人、助教 5 人、翻译官 10 人。学生队共分 4 中队，每队学生 100 人；每中队辖 3 区队共 12 区队；学生队设队长、队副各 1 人；中队长及中队副各 4 人；区队长 12 人。另外还设有校副官 3 人；军需、军医、司药、书记、司书等校附各员多人。其中，"副教务长、教授部长、中队长、均聘请日本军官充任"，"教官中四人乃至五人聘请日本军官充任"。① 华北伪陆军军官学校迁至清河后，其组织更加完善，将校附各员分别编入总务课、军需课和医务课；由于学生人数增加，学生队也扩编为 8 个中队。

华北伪陆军军官学校一建立，齐燮元就将它控制在自己手中。华北伪陆军军官学校由齐燮元亲自兼任校长，"统辖全校职员，综理一切事务"。1938 年 5 月 4 日，齐燮元任命其"心腹"次长王永泉兼任教务长；王永泉于 1940 年 8 月 30 日病死，教务长一职也改由齐燮元"自代"。1943 年 11 月，齐燮元被王克敏等人排挤出伪政权，校长才改由秦华担任，教务长改由田申担任。②

为防止抗日思想的渗透，华北伪陆军军官学校对学生进行非常严格的管理。校规规定：学生一律在校住宿；不得中途请求退学；非因丧亲大故不得请假；不得私行集会结社；未经长官许可不得在外演说及发表言论。这就在思想和行动上加强了对学生的控制，使他们很难与外界接触，方便了日伪奴化教育的施行。另外，学生如果违犯下列各项之一即被退学：各门功课毫无进益者；紊乱军纪弗竣者；品行不端不能竣改者；久病旷课不耐劳苦者；考试分数不及格者（但操行尚好而才能稍钝者亦可令降级）。③ 从以上规定可以看出，日伪更看重学生的"品行"，只要亲日，肯为日伪卖命，有没有"才能"是次要的。

① 《治安部纪事》1938 年第 5 期，第 1 页、第 99—101 页、第 97—98 页。
② 河北省档案馆馆藏档案：《关于伪绥靖军》，档案编号：578—1—56—6，第 16 页。
③ 《治安部纪事》1938 年第 5 期，第 1 页、第 99—101 页、第 97—98 页。

（三）华北伪陆军军官学校学生的招考

华北伪陆军军官学校前后共招收 7 期学生。这些学生由伪治安部"遴选相当人员组织考试委员会"，"举行入学考试"，考试合格方准入校肄业。其考试项目分为：体格检查，检查体格不及格者即不能参加以次各项考试；笔试，包括国文、历史、地理、数学(算术、代数、几何)四科；口试。

华北伪陆军军官学校对投考学生资格的要求，随着招生情况的变化而变化。伪治安部规定：伪陆军军官学校"专收考高中或同等学校毕业之学生"。招考第一期学生，其学历要求为"高中或同等学校毕业得有证书者"。① 由于伪临时政府声名狼藉，一般学生不肯作伪军，所以投考的真正学生并不多。至招考第二期学生，不得不将学历要求降为"高中毕业及高中二年级以上肄业或同等学校毕业得有证书或有同等学力者"；②后来，随着战局的变化，甘心充当汉奸的高学历青年愈来愈少。不得不再次通告将学历要求降为"初中以上毕业及同等学校毕业或有同等学力者"；第三期至第五期均要求学生为初中以上毕业；第六期以后由于建军停止，需用不急，人数又少，所以仍要求高中毕业。

第一期要求年龄在"二十岁以上二十五岁以内"；③至第二期放宽为"十八岁以上二十五岁以内"；④第七期由于修学期限延长为三年，年龄要求改为十七岁至二十三岁之间。

为了吸引更多的学生投考，日伪许诺给学生很优厚的待遇。各期招生简章均承诺：学生入伍及在校，宿膳、服装、书籍、文具等项统由公家配给；入校后，按月发给津贴；毕业后，以初级军官任用。津贴数额，前四期均为每月 6 元；至第五期增至 8 元；第七期更增至 28 元。对"困于经济"的投考学生，

---

① 北京市档案馆馆藏档案：《北京市警察局关于陆军军官学校简章、招生简章的训令》，档案编号：J183—2—2 6272，第 5 页。

② 《治安部公报》1939 年第 6 期，第 66—71 页。

③ 北京市档案馆馆藏档案：《北京市警察局关于陆军军官学校简章、招生简章的训令》，档案编号：J183—2—2 6272，第 5 页。

④ 《治安部公报》1939 年第 6 期，第 66—71 页。

甚至还"发给川资拾元"。① 这样优厚的待遇,在当时,确实可以吸引一些家庭贫困、生活无着的社会青年。

招生地点基本局限于日伪在华北的有效控制区内。第一期为北京、天津两地;②第二期为北京、天津、济南、开封、太原五地;③第三期为北京、天津、济南、保定四地;第四期与第三期同;④第五期为北京、天津、济南、保定、滦县五地;第六期为北京、天津、济南、保定、唐山等五地;第七期与第六期同。

第一期学生定额400名,修学期期限1年,招考分两次。1938年4月底5月初进行第一次招考,及格者仅177名。5月10日,举行开学典礼后即开始训练。⑤ 由于学生不足额,伪治安部不得不于6月底7月初,续招新生280名。⑥ 第二次招考,合格者268名,报到时实到238人,被编入各队,当时全校共有学生383名。1939年1月31日,第一期学生被派赴清河伪陆军军士教导团实习新兵教育,实习为期三个月,毕业时间延长至八月末。9月,又赴日参观1个月。因此,第一期学生实际在校一年零五个月。10月2日举行毕业典礼,毕业学生297人。⑦

第二期学生定额1000名,修学期限1年。⑧ 从陆军军士教导团、宪兵司令部各队中考选101名;第一期病愈特准入学者2名;通过统一考试正取897名;备取64名。⑨ 于1939年10月16日入学,24日举行开学典礼,开学时共有学生938人。1940年10月25日举行毕业典礼,毕业学生926人。

第三期学生定额800名,入伍3个月修学期限1年。经过考试共录取850名,计北京考取及格者587名;天津107名;保定54名;济南37名;又第

---

① 《治安部公报》1939年第6期,第66—71页。
② 北京市档案馆馆藏档案:《北京市警察局关于陆军军官学校简章、招生简章的训令》,档案编号:J183—2—2 6272,第6页。
③ 《治安部公报》1939年第6期,第66—71页。
④ 《军事月刊》1941年第13期,第128—130页。
⑤ 《治安部纪事》1938年第5期,第1页、第99—101页、第97—98页。
⑥ 北京市档案馆馆藏档案:《北京市警察局关于陆军军官学校简章、招生简章的训令》,档案编号:J183—2—2 6272,第3页。
⑦ 《治安部公报》1939年第11期,第1—2页。
⑧ 《治安部公报》1939年第6期,第66—71页。
⑨ 《治安部公报》1939年第9期,第55页。

二期学生病愈 3 名,准其随同第三期肄业;为补充招考的缺额,第三期允许士兵志愿入学。第三期学生于 1940 年 8 月 5 日入伍;11 月 6 日入学;1941 年 10 月 27 日毕业;毕业者 706 名。[①]

第四期学生定额 600 名,入伍 3 个月修学期限 1 年。1941 年 6 月中旬至 7 上旬报名;7 月中旬至月底考试;8 月 1 日入伍;11 月 1 日入学。[②] 由于第四期允许准尉投考,故录取者达 631 人;但入伍者 596 人;入校者 572 人;得以毕业者仅有 493 人。[③]

第五期学生定额 700 名,入伍 3 个月修学期限 18 个月,共 2 年。1942 年 12 月下旬报名;12 月底至 1943 年 1 月中旬考试;1 月 20 日入伍;至 1943 年 5 月 10 日,在校肄业者为 460 人。1944 年 7 月 27 日毕业,毕业学生 428 人。

第六期学生定额 300 名,修学期限为 3 年。1943 年 5 月 10 日开学,当时在校肄业学生为 301 名。至日军投降时修学期限未满,故没能毕业。

第七期学生,从 1944 年 7 月开始报名招考,8 月 20 日入学,受准备教育两周后,于 9 月 12 日举行入学典礼。其具体招考人数,由于材料所限,并不清楚。

华北伪陆军军官学校修业期满毕业的学生共五期,为日伪培养伪军干部 2850 人。这些学生大部分出自社会青年,只有少数来自伪军士兵、准尉。他们很多都是因为贫困而投考,即使入校,也有很多人不堪忍受日伪的奴化教育而逃跑,或被日伪认为"不堪造就"而被开除,因此毕业人数往往与招考人数相差很远。学生籍贯,以河北、北京、天津为最多,其次是山东、河南、东北等地,华中、华南基本没有。[④] 从平均年龄上看,以第一期为最长。从成分看,以第一期最为复杂;第二期次之;第三、四、五期因为伪军建军困难、发展迟缓,干部需用不急,因此挑选学生比较严格,学生成分相对比较单

---

① 齐燮元:《第三期军官学校毕业学生同学录序》,《军事月刊》1939 年第 2 期,第 114 页。

② 《军事月刊》1939 年第 13 期,第 128—130 页。

③ 齐燮元:《军官学校第四期毕业生同学录序》,《军事月刊》1943 年第 30 期,第 119 页。

④ 河北省档案馆馆藏档案:《关于伪绥靖军》,档案编号:578—1—56—6,第 15 页。

纯。① 学生的知识水平,第一期以中学毕业的最多;师范毕业的次之;大学毕业的最少。其余各期和第一期差不多。

(四)华北伪陆军军官学校学生的教育

日伪对华北伪陆军军官学校的学生"以施行步兵教育为主"。② 教学内容分学、术两科,学科主要有:训育、精神讲话、战术学、兵器学、筑城学、地形学、交通学、军制学、日语;术科主要有:制式教练、野外演习、射击、武技及与术科相关联之步兵操典、战斗纲要、阵中要务令和各种教范规则等。③

在各学、术科中,日伪尤其注重训育与精神讲话。训育"以养成亲仁善邻、坚决有为之青年将校为主旨";精神讲话"以坚其志操,洁其品性为目的"。④ 其实质就是清洗学生头脑中固有的民族意识,以奴化思想取而代之,将学生培养成死心塌地为日伪卖命的忠实走狗。

训育主要是由校长讲解军人训条。《军人训条》为齐燮元所著,分为总训和条训。其总训为"忠爱国家";条训二十条,分为:严守军纪;服从命令;尊敬长官;确尽职守;整饬礼节;义勇奉公;合群禁党;亲仁善邻;崇尚道德;并重仁义;重有气节;尊重名誉;修养五德;诚实俭廉;决心坚敏;强健身体;忍苦耐劳;精勤学术;爱护兵器;特重实行。军人训条以"总训为目的,条训为方法;总训为决心,条训为处置"。⑤ 其实质就是教学生如何做一名合格的伪军,如何亲日,为日伪效忠。

精神讲话一般由教务长、学生队长每周施行一二次。另外,每逢学生开学、毕业或学校开学纪念日,齐燮元都要亲往训话。精神讲话形式灵活、内容多样,主要向学生输灌"中日亲善"、"亲仁善邻"、"共存共荣"等奴化思想。向学生宣传"大东亚战争"的意义;同时丑化共产党,进行反共宣传。⑥

---

① 河北省档案馆藏档案:《关于伪绥靖军》,档案编号:578—1—56—6,第39页。
② 《治安部纪事》1938年第5期,第1页、第99—101页、第97—98页。
③ 《陆军军官学校年来的情况》,《武德报》1939年6月15日第2版。
④ 《陆军军官学校年来的情况》,《武德报》1939年6月15日第2版。
⑤ 齐燮元:《答问随笔》,《军事月刊》1941年第12期,第10页。
⑥ 齐燮元:《共产党之为国敌》,《军事月刊》1940年第2期,第1—6页。

使学生在思想上更趋亲日反共,以便利用他们进攻共产党领导的抗日根据地,屠杀抗日军民。

总之,日伪对学生一切教育的目的,是要清除学生民族意识、抗日思想等"误染之邪说",代之以"共存共荣"、"中日亲善"等"东亚固有之道德"。其具体实施,则"以军人训条为经,各种学科为纬,以伟大之精神为体,各项技能为用",把学生培养成符合日伪要求的亲日、卖国的走狗,作为日伪政权"建军之基础";那些经教育仍存民族意识的学生,则被日伪认为"不堪造就,施以淘汰"。①

日伪的教育对学生的毒害很深,使一些学生被奴化,成为日伪侵华的牺牲品。第二期学生王炳奎,毕业后任伪华北治安军第十七团少尉排长,后升任中尉连长。任职期间,他"服务忠诚";战时则"忠勇兼备";为日伪监工修筑遮断壕时,因"深感未能依限办竣"而开枪自杀,作了日伪的"忠魂"。②日伪的奴化教育对学生毒害之深,由此可见一斑。

(五)华北伪陆军军官学校毕业生的任用

华北伪陆军军官学校的学生毕业后,大多被分入伪华北治安军中任初级军官。这些学生一般在毕业典礼前被下令分发,典礼结束后即分赴各地报到任职。如:第一期毕业学生 297 人,齐燮元于 1939 年 9 月 30 日开始下令分发。除 24 人留校任区队长,8 人留校任区队附外;其余 265 人被分发入新建的伪治安军 8 个团任少尉排长,第一团 34 人,其余每团 33 人。③ 10 月 2 日举行毕业典礼后即分赴各地。

学生毕业后即补陆军步兵少尉,其最初的待遇按在校成绩叙给。在校成绩考列最优等者,叙少尉第二级薪;考列优等者,叙少尉第三级薪;考列中等者,叙少尉第四级薪。如:1940 年 11 月 1 日,第二期毕业学生 926 人全部被任命为陆军步兵少尉;并规定其月支薪俸按考试成绩分别叙支。其中,考

---

① 《陆军军官学校年来的情况》,《武德报》1939 年 6 月 15 日第 2 期。
② 《通令》,《军事月刊》1942 年第 28 期,第 84 页。
③ 《治安部公报》,1939 年第 9 期,第 55 页。

列最优等叙支少尉第二级薪者共计 130 名;考列优等叙支少尉第三级薪者共计 374 名;考列中等叙支少尉第四级薪者共计 410 人。另外,有 12 人志愿入宪兵学校肄业,也被任命为陆军少尉,其月支薪俸也按照考试成绩分别叙支。其中 2 人支少尉第二级薪;5 人支少尉第三级薪;5 人支少尉第四级薪。①

齐燮元出于对学生的拉拢,往往使一些学生升迁很快,尤其是其中一些成绩"优秀"或立有"战功"者。如:1939 年 10 月 5 日,第一期学生全部补陆军步兵少尉。② 1940 年 11 月,孙鸿志等 8 名第一期"考列最优等者"即被升任华北伪陆军军官学校上尉中队长。另有 12 名中尉代理上尉连队长者也被补实上尉,支上尉第四级薪。而第一期毕业的大部分学生直到 1941 年 11 月 1 日才一律晋级上尉。

华北伪陆军军官学校是伪军下级干部的养成源,为伪华北治安军培养了大批军官。它使伪华北治安军得以建立、扩建;军官得以补充。1945 年 8 月,日本侵略者投降后,伪华北治安军被国民党接收。华北伪陆军军官学校也结束了它为日伪培养伪军官的罪恶使命。

原载:《河北大学成人教育学院学报》2005 年第 1 期

---

① 《军事月刊》1941 年第 11 期,第 107—113 页。
② 《治安部公报》1939 年第 11 期,第 1—2 页。

四、日本对华北沦陷区的移民及其影响

（一）近代日本的对华移民

早在晚清时期，就有日侨在华居住，但数量不多且变动较小。需要指出的是，与正常的国际移民不同，近代日本对中国的移民多属于带有侵略性的殖民活动。其最早对中国实施有计划的殖民活动出现在 1906 年的东北。当时，把持东北南部铁路经营权的日本"满铁"公司总裁新平从控制东北的角度，首先提出了由日本政府组织居民迁移中国的主张。在获得日本政府支持后，从 1907 年开始，大批的日本人以经商、开办工厂为名义进入东北南部铁路沿线城市的"满铁"附属地。到九一八事变前，日本在中国东北南部大约有总数 40 万以上的移民；九一八事变后，随着日本对东北全境的占领，其对华侵略的野心进一步膨胀，逐年加大了移民的速度和范围。

七七事变以后，伴随着日本对华的全面侵略，日本人也很快大举移民至其占领区，以配合日军对华的军事行动，在华日侨人数也因而急剧增长。"据日本人估计，迄至 1944 年，居住在中国的日本人的人数是 1937 年的 10 倍"。其中仅 1939 年"从神户搭船到（中国）大陆去谋求发迹的就有 22 万日本人"①。抗战胜利后，据国民政府统计，当时滞留在中国战区的日侨为 784974 人。② 此外，中国东北虽然归苏联受降，但是苏军在将 59.4 万日军悉数俘走后，仍把 110 万日侨留在了中国。因此，在华日侨约为 190 万人。

---

① 陈体芳译：《中日战争时期的通敌内幕》，商务印书馆 1978 年版，第 142 页。
② 何应钦：《八年抗战之经过》，沈云龙：《近代中国史料汇编》，台湾文海出版社有限公司印行。

　　日本当局在各大小城市划定日本人的住宅区、娱乐场所和工厂地区。来华日侨在各方面都享有特殊权利。日侨在组织上也有独立的机构，在各个有日侨聚居的地区均设有日本人居留民团。所有的日侨都必须参加该组织，且每人都须由其发给居留民证以证明身份。居留民团除了办理日侨的生死、就学、福利、配给等一般事务外，还有一个主要的任务就是协助日军，镇压与监视中国人民。另外，日本当局还指定一些"中国通"的日本浪人杂居在中国人中间，其与日本特务机关保持着紧密的联系，随时汇报中国人的思想和活动情况。他们除了充当打手和暗探外，还贩卖鸦片和吗啡，开设赌场、烟馆和妓院等，进行毒化中国人的活动。

　　可见，对华推行殖民政策是日本侵华战略的重要组成部分。来华的日本侨民在中国的土地上形成了一个特殊的殖民阶层，他们配合日本侵华的国策，对中国人民横征暴敛，为日本发动侵略战争提供了后期保障和支持。而诸日侨则在日军的庇护下过着衣食无忧的日子。他们为所欲为，给中国造成了重大的经济损失，也使中国人民遭受了巨大的精神创伤。

（二）日本对华北沦陷区的移民情况

　　随着日军侵华步伐的加快，日侨也逐渐深入到了中国内地。华北地区是全面抗战爆发后首遭沦陷的地区。沦陷后，日本侵略者对该地区的经营非常重视，特别是在1941年12月太平洋战争爆发后，日本又试图将其变成"大东亚战争的兵站基地"。为保持华北沦陷区兵站基地的稳定性和持久性，日本在不断加强对其统治力度的同时，还不断移民至此，使该地区日侨激增。而大量日侨的到来对中国人民的生存造成了严重的危害。

　　沦陷期间由伪北京特别市社会局编纂委员会所编的《社会统计月刊》从第二卷第六号（1939年6月）至第三卷第四号（1940年4月）刊载了1939年5月至1940年3月的《华北日侨人口统计表》，统计范围先后包括北京内外城、四郊、南口、南苑、长辛店、丰台、通州、古北口、密云、保定、定县等11个地区。由于当时日本侵占了朝鲜和我国的台湾地区，统计表也将韩侨和台胞包括在日侨内。为便于相互对照，现仅选择其中统计较完整的8个地区的日本人人数变化情况列表于下：

华北各地日侨人口统计表

年月	北京	四郊	南口	南苑	长辛店	丰台	通州	保定	总计
1939.5	24 870	226	435	122	429	849	261	1143	28 335
1939.6	28 237	233	483	159	459	901	239	1143	31 854
1939.7	29 170	259	475	169	492	926	264	1316	33 071
1939.9	30 545	264	478	175	501	960	261	1356	34 540
1939.10	32 604	272	575	199	623	1112	250	1454	37 089
1939.12	34 079	288	589	204	631	1173	261	1410	38 635
1940.1	35 261	293	627	209	679	1217	268	1356	39 350
1940.2	39 643	322	663	242	687	1253	265	563	43 638

资料来源：据国家图书馆所藏，由伪北京特别社会局编纂委员会编辑发行的《社会统计月刊》统计数据整理而成。

总的来看，在1939年5月到1940年2月前后不到十个月的时间内，日侨人数一直呈增长趋势，共有15303人陆续来到上述地区，增幅约为54%。这个统计虽不够全面，但其来华人数与同时期该地区的其他外侨相比，要多出很多倍。仅以北京为例，经调查1939年9月在京的英、美、法、德、俄、意等28个国家外侨总人数为1452人；而日侨人数则在8月底时已为30545人，是外侨总数的21倍多。另外由伪北京特别市公署秘书处编《市政统计月刊》一卷一号（1941年1月）至三卷三号（1943年3月），刊有从1940年11月至1943年2月共28个月的《本市外侨户数及人口统计表》，据《统计表》显示，日侨占当时北平市外侨的比例，最多时竟达到99%，最少时也有95%。由此可见，日本对华北的移民是如何的疯狂。

在太平洋战争爆发后，日本又掀起了移民来华的热潮。到1943年，华北沦陷区的日侨人数已经达到了40余万人。伪中国联合准备银行调查室于1943年5月31日发行的《中外经济统计汇报》，刊载了伪北京日本大使馆对1942年9月到1943年2月华北日侨人数的调查结果：

华北日侨人口统计①

时间 人数 地区	1942 年 9 月	1942 年 10 月	1942 年 11 月	1942 年 12 月	1943 年 1 月	1942 年 2 月
北京	96 798	96 785	99 873	99 909	102 012	102 087
天津	68 608	67 122	68 258	69 514	71 062	71 536
唐山	3 568	3 215	3 296	3 303	3 346	3 587
塘沽	4 336	4 491	4 577	4 753	4 677	4 757
秦皇岛	1 116	1 060	1 063	1 074	1 165	1 171
山海关	2 481	2 505	2 516	2 580	2 580	2 593
芝罘	1 743	1 765	1 807	1 775	1 796	1 790
青岛	32 357	32 617	32 792	33 160	33 374	33 729
博山	843	858	890	899	933	943
潍县	325	328	342	340	344	343
济南	24 335	24 504	24 604	24 919	25 289	25 358
德县	1 623	1 650	16 151	704	1 771	1 855
济宁	740	724	776	826	861	901
兖州	1 126	1 153	1 326	1 133	1 180	1 081
徐州	13 268	—	—	—	—	—
开封	8 557	8 722	8 742	9 582	9 816	9 921
保定	2 719	2 719	2 757	2 833	2 901	2 902
石门	12 936	13 204	13327	13 582	13 762	13 820
顺德	1 751	1 748	1 751	1 765	1 819	1 864
邯郸	1 535	1 507	1 526	1 612	1 651	1 650
新乡	4 424	4 424	4 652	4 732	4 659	4 828
太原	17 528	17 858	18335	18 404	18 452	18 595
运城	1 826	1 749	1 749	1 749	1 819	1 843
临汾	1 792	1 795	1 792	1 792	1 802	1 830
其他	102 335	115 108	59268	60 002	61 404	61 854
总计	408 670	407 661	357 634	361 942	368 475	370 838

　　上表统计范围要远大于《社会统计月刊》中所载的《华北日侨人口统计表》,这就使我们可以对当时整个华北地区日侨情况了解得更清楚一些。

――――――――――

　　① 伪中国联合准备银行调查室:《中外经济统计汇报》1943 年 5 月 31 日。

可以看出,日侨大多聚居于北京、天津、青岛、太原、济南等大城市,其中尤以北京、天津为最,以这些大城市为中心,又有少量日侨居住于其周围地区;与1939年以前相比,华北日侨总数也在此后的几年时间里增长迅速,到1942年9月达到最高峰408 670人。在经历了这一段时间的殖民狂潮后,由于日本国内已缺少可移之民,其军队兵员也日益紧张,日侨的数量即显出停滞的势头,之后均只是略有增减而已。到日本投降时,华北地区的日侨仍有40余万人。

(三)日本移民所造成的影响

日本人的大量移民对中国造成了重大影响,这反映在社会生产生活的各个方面。首先,表现在粮食问题上。由于大量日侨的到来,给本已缺少粮食的华北造成了巨大的负担。1943年3月9日的《晋察冀日报》报道:"事变以前,华北粮食即感不足,每年都要由外地运入面粉1600万袋以上,小麦5万余吨,高粱、玉黍、小米等项杂粮40万吨以上。事变以后,华北驻有敌军40万,加上数量相当大的伪军和40万左右的'居留民'(即日本侨民)——由于增加了众多的强盗和寄生虫,使华北各大都市人口形成脑充血的状态,敌占区的粮食因之愈形恐慌,这首先在北平和天津露骨的显现出来。"而日本当局为了保障日本军方及侨民的粮食需要,经常强行搜刮中国百姓的存粮,这就对其生存构成了严重威胁。其中北平市作为日伪时期华北的政治经济中心,是日本人的聚集地之一,日侨数目众多,其受危害程度也最深。北平是个消费型的城市,市民的粮食供应,一向主要依仗铁路运输、私商贩运,即主要是由外省调入而不是由郊区农业地带供给。日军的对外封锁,掐断了市民与外界正常的物资交流渠道;为保障日本军方和侨民之用而强行搜刮市民存粮等,都加剧了北平的粮荒,严重威胁了中国百姓的生存。1939年12月中旬北平米荒,伪临时政府下令实行计口授粮;伴随着日本侨民增长的高峰,北平进入了粮荒严重的谷底。1942年1月1日,日伪在北平开始实行面粉配给制度。2月25日,伪市公署为加强粮食管理和掠夺,强令市民填报存粮,结果全市300 977户、1 656 025人共存粮6 339 099斤(1斤=0.5kg,下同),平均每人不足4斤。到12月,粮食配给日减,粮价暴涨,激起市民抢粮暴动,西直门外粮库一抢而空。入冬以来,市内每日冻饿而死者在百人以上。1943 年 7 月 24 日,日伪对北平居民配给由麸皮、豆饼、玉米皮、土粮等 50 余种物品制成的混合面,棉布、煤球、火柴等均实行严格配给。在 10 月 26 日华北新民会联合协议会上,北平代表凌抚之说:"现在比事变前,小米贵 74 倍,玉米面贵 72 倍,白面贵 100 倍……现在连 54 种杂粮、树叶的混合面也没有了。"①在日寇统治的后期,北平粮荒有增无减。日本投降前的 1945 年 8 月,粮价陡涨,玉米面每斤 1000 元—1400 元。"在混合面也难以买到的日子,北平的街头巷尾,常可见到因饥饿倒毙的穷苦百姓。天桥一带几乎每天都要有十几辆排子车的尸体经永定门拉出城外。"②八年沦陷期间,北平人口的自然增长率一直是负数,这与日寇造成的北平粮荒、饥疫密切相关。

其次,日本不仅直接从中国人民处掠夺生产物,还直接占地经营,在华北一带开设了多处农场。据统计,到 1946 年接收时为止,日本集团和私人在天津、宁河、昌黎、邯郸、滦县、临城、顺义、静海、抚宁等县共投资设立大小农场 133 个,掠夺土地达 137 万多亩。③ 这些农场的出现是日本对华北农业资源的掠夺,其主要是为了增产稻米、棉花等,以解决日军及日侨的需要及补偿其国内消费。而失去土地的中国人民则徘徊在死亡的边缘,受害是最深的。

另外,日本侨民还在日本军方的庇护下,为非作歹,强取豪夺。通过日本当局的宣传与鼓动,日本财阀、投机商、高利贷者、贩毒浪人、妓院老板,各色人等蜂拥来华,"那些原来毫无地位和声誉而且又毫无商业经验的日本人,突然获得了一定的权利,并且正在牟取巨大的不应得的利润,仅仅因为他们是日本人而已"。④ 在北平市,"有一半约二万五千名以上的日侨是经商的,开有商店约二千零二十六家,许多中国人的铺子、大买卖被强迫挂上

---

① 中国人民政治协商会议北京市委员会文史资料研究委员会编:《日伪统治下的北平》,北京出版社 1987 年版,第 394 页。
② 荣国章:《北平人民八年抗战》,中国书店 1999 年版,第 149 页。
③ 张会芳:《抗战时期华北日系农场的殖民经营——以天津地区为中心》,《抗日战争研究》2004 年第 4 期。
④ 陈体芳译:《中日战争时期的通敌内幕》,商务印书馆 1978 年版,第 141 页。

日文的招牌,或者完全被日本人无理强占。从北平敌寇警察机关得来的《侨民非为行动实例》中记载:一、占住房屋,二、霸占财产,三、盗掘古墓。"①由于傀儡政府管不了这些人,也不愿意去管。他们就依仗日本侵略军的武力,或强占场地、资源开设工厂,或以"合办"为名霸占中国企业,或少量出资乃至分文不出地收买企业股份,以独揽经营权或坐吃红利。1942年逃离北平的于力,在书中写到:"七七以后,北平城内敌寇的商店和住户日益加多,敌方的资本家更纷向城中投资,半强占、半购买大房,改建工作场和仓库之类……因为房荒,又预备划定东城自王府井大街以东、东四牌楼以南,西城自丰盛胡同以北、阜成门大街以南,为敌居留民区。这地区内的房屋,不许市民私相转移产业,须经呈报官厅,由日本人有租购优先权。"②

　　在日本当局推行的殖民政策的推动下,日本人大举移居华北沦陷区。其到来给中国人民带来了深重的灾难,且不说日寇在军事、思想文化方面的侵略,仅就社会、经济而言:日侨激增所伴随的对粮食等物资的疯狂掠夺,使物价飞涨,人民饥寒交迫,死亡惨重;霸占民房,使人民流离失所;吞并商店、企业,大肆攫取经济利益;对人民巧取豪夺;支持毒品贸易,毒化人民,迫使良民为娼,社会污浊不堪。然而,日寇的侵略又何止于社会经济方面呢? 由此可见,日本人疯狂移居华北,在中国犯下了怎样不可饶恕的罪行。

原载:《河北大学成人教育学院学报》2006 年第 1 期

---

① 北平敌寇警察机关:《侨民非为行动实例》1941 年 2 月 12 日。
② 于力:《人鬼杂居的北平市》,群众出版社 1984 年版,第 67 页。

五、关于中国农民战争史研究道路的反思

　　对中国农民战争研究,曾经是 20 世纪五六十年代史学领域的显学,是五朵金花中最光彩夺目的一朵,但现已被冷落到无人问津的地步,许多学者对其不屑一顾,这不由得令人深思。笔者曾参加过一个国际近代史学术研讨会,一个旅日的华人学者研究近代中国农民问题。我曾向他建议,研究中国近代农民问题,不研究中国农民运动是不行的。他用一种高傲而不容置疑的口吻说:"农民战争我不懂,也不愿意懂,让左派们去研究吧!"好像谁研究此问题谁没有学问。笔者在高校从事历史专业教学已近四十年。多年来,在讲述历史时,曾遇到过众多学生提出的问题让我一时无法解答。

　　其归纳起来,有以下几个:

　　1. 在中国古代社会,说只有农民的阶级斗争、农民起义和农民战争才是历史发展的真正动力,这个论断是否正确?

　　2. 为什么中国社会农民斗争规模最大,次数最多? 为什么社会发展速度比欧洲缓慢?

　　3. 农民战争是什么时候消亡的? 以后还会不会有农民战争?

　　迄今为止,史学界对上述三个问题,可谓仁者见仁,智者见智,但还没有一个令人满意的答复,而这些问题不解决是不行的。不解决,农民战争史的研究就不能再进步。

　　关于农民战争史的研究,为什么冷落到今天这种地步?

　　笔者认为,首先这是学人对政治权力无限拔高一个历史学术问题的逆反,是鼓吹历史为政治服务的直接恶果。20 世纪 80 年代初,笔者在一所军事政治学院任教,在课堂上说了一句农民战争不是革命,曾引起在读(军官)学生的强烈反对,认为这是散布反革命言论。使得笔者不得不离开军队政治院校转业到地方大学任教。可见,对农民战争史的政治吹捧毒害之深。

而这些评论又是以毛泽东的经典著作为依据的。

毛泽东说:"中国历史上的农民起义和农民战争规模之大,是世界历史所仅见的。在中国封建社会里,只有这种农民的阶级斗争、农民起义和农民战争,才是历史发展的真正动力。"①

毛泽东是中国革命的导师,是中华人民共和国的开创者,是当之无愧的人民领袖,在人民群众中有至高无上的威望。在 20 世纪 60 年代,他的论断是神圣的,没有人敢怀疑,所以,其论断几乎成了关于农民战争研究的定论。因此,关于农民战争的研究成了学术禁区。20 世纪 70 年代末,笔者听导师李新先生谈到"农民战争不是革命",很是兴奋,曾表示要写否定农民战争的文章,被同人善意地劝止了。他说,因为在那个年代,写这样的文章依然会被一些人认为是反对毛泽东思想、马列主义,甚至就是反革命。

上述经典导致了以下定论,即否认农民战争,就是否认阶级分析和阶级斗争,就是反对马列主义,否认无产阶级专政。

因此,笔者认为,研究农民战争,就要突破以往的模式,要从根本上否认农民战争的性质及作用。要使农民战争史的研究繁荣起来,必须明确指出,农民战争不是革命,这一点目前学术界已基本达成了共识,很少再有人论述其革命性质了。

重新评价农民战争的历史地位及其作用要强调,它并不是什么社会发展的根本动力,而是社会生产力的破坏力量。

毛泽东还说:"地主阶级对于农民的残酷的经济剥削和政治压迫,迫使农民多次地举行起义,以反抗地主阶级的统治。……在中国封建社会里,只有这种农民的阶级斗争、农民的起义和农民的战争,才是历史发展的真正动力。"②他在此充分地肯定了农民战争的历史作用。故谁也不敢把其否定。否认农民战争的作用就是否认阶级斗争的历史作用,就是否认其为社会发展动力。如果将其否认,那古代社会不就没有发展动力了吗? 社会也就没有发展动力了吗? 很多对农民战争作用产生疑问的学者思辨到此就止步

① 《毛泽东选集》第二卷,人民出版社 1991 年版,第 625 页。
② 《中国革命和中国共产党》,《毛泽东选集》第二卷,人民出版社 1991 年 6 月版,第 625 页。

了,不知如何解决此重大理论问题,因为还有一个导师也说过,"只有承认阶级斗争、同时也承认无产阶级专政的人,才是马克思主义者。"①因此谁都不敢冒否认阶级斗争和无产阶级专政的风险。

笔者却认为,要使农民战争史研究取得根本突破就得从此入手,公开声明阶级斗争不是古代社会发展的唯一动力。在此前提下,才能系统研究历代农民战争对社会发展力的巨大破坏,开辟农民战争史研究的新的领域。这些方面还有很大的研究空间,否则,农民战争史研究没有其他道路。

实际上,任何暴力斗争都会给社会带来一定的破坏性伤害,农民战争当然也不能例外,我们在肯定农民群众为了生存而奋起反抗的积极意义的同时,对其伤害社会的一面也要有所研究,有所认识,这样才能为执政者提供有益的警示和借鉴,未雨绸缪,在小疾而为大患。

此外,还必须探讨中国农民战争规模大、次数多的真正原因

中国古代社会农民战争为什么比欧洲次数多,规模大? 是中国农民比欧洲农民敢于斗争吗?

中国古代社会,从秦末陈胜、吴广起义到近代义和团,大规模的农民战争有几十次,而欧洲则次数少、规模小,仅有什么法国扎克雷起义、德国农民战争、俄国的普加乔夫及拉辛起义,其余只是罗宾汉式的侠客,这是为什么?

笔者认为,这是由于中国社会结构、地理环境及文化传统与欧洲存在巨大差异所致。

中国历史上是一个君主专制大国,中央政权对地方控制,不似欧洲庄园式小国控制严密。另外,中国由于地理环境的原因而多水旱灾害,大灾之后,农民生活无着,故才铤而走险。而欧洲没有那么多的自然灾害。

中国古代社会主要人口均在农村,城镇虽然是政治中心,但其居民也与农村、农业生产有千丝万缕的联系。多年来,阶级分析法把农村居民分为雇农、贫农、中农、富农及地主。上述各阶级虽然经济地位以及利益存在差异,然有一点却是共同的,即其生活主要来源于农业生产、手工业生产。他们之间虽然存在着某种阶级对立,也存在着城乡地区差异、宗族等非经济因素的矛盾,但由于地方性小农经济独立,各阶级的人存在着一定的共性,即共同

---

① 《国家与革命》,《列宁选集》第三卷,人民出版社 1960 年 4 月版,第 199 页。

的社会利益及社会心理及传统文化观念。

中国农民千百年来,受传统儒家文化教育,杂糅佛道等宗教的影响,形成比较复杂的社会心理,一方面,他们安于现状,维护"三纲"、"五常";另一方面,又有发财致富、出人头地、衣锦还乡等传统道德观念,这与中国古代社会的结构与传统文化有关。

中国古代社会的农民,与中世纪欧洲农奴有很大不同。他们在一定程度上有人身自由。因此,农民(雇农、贫农)都有改变自己身份和经济地位的可能。刘邦从一个泗上亭长变为开国皇帝,赵匡胤从一个下级军官而黄袍加身,朱元璋从一个和尚而登成大明天子,这在欧洲是绝对不可能的。所以,陈胜在农村当长工时就说出"帝王将相宁有种乎"、"燕雀安知鸿鹄之志哉"的豪言壮语。儒家传统文化中,有"修身、齐家、治国、平天下","将相本无种,男儿当自强"的说教,这也是一般宗教的中心思想。更为重要的是,中国的社会状况也为其改变身份、命运提供了一定的社会条件。

中国古代社会的农民可以通过以下途径改变身份。战国以后,农家子弟投身行伍,以军功位列王侯的不胜枚举,武官"行伍出身",算是正途,这无疑对贫苦的农家子弟有很大吸引力,也是中国历代不缺兵源的原因之一。

隋唐以来,普通人可以通过科举踏入仕途,这也为农家子弟跻身"上层社会"提供了可能,并由此也对人们的心理产生巨大影响。它鼓励人们入仕,进而激发人们对政治的参与欲望。"天下兴亡,匹夫有责"是社会发生重大变化时候的社会口号,而在一般和平年代,农民的政治参与造反思想是潜意识的。

因此,中国古代社会由此而产生了大量的流民,他们可以通过造反运动来改变自身的命运。他们造反后可以大碗喝酒,大口吃肉,可以满足对物质的欲望,而对于有野心的人来说,一开始就做起天子梦,"皇帝轮流做,明年到我家",就反映了这种心态。

而欧洲农奴连灵魂都是农奴主的,他们没有任何改变身份的可能,头脑中只有天主教对原罪、赎罪的说教,因此,很少有造反及逃亡。

而中国则不同,自西周为"武王伐纣"披上合法外衣,统治阶级发明了"宣哲维人"和"燕及皇天"的"天人合一"思想,即"天命观",并由此提出了"天命不易"、"天命糜常"的理论。"天命论"是奴隶主阶级国家起源的理论。但是,由于武王伐纣,故西周统治者在宣传"天命不僭",鼓吹周天子"受命于天",地位不可动摇的同时,又得为自己造反夺天下寻找借口,故称其之所以伐商,是"天命不于常",从而形成了"天人合一"的"其命维新"论。此理论为中国日后传统政治思想的基础,也就是鼓励参政,也就是造反。简言之,得命于天的为天子。但"天命"可以变化,故天子可以更迭。"天可降大任于斯人也",此"大任"就是"治天下"的政治理论。

孟子在上述天命观的基础上创立了"政得其民"的政治理论。他宣称"得天下有道,得其民斯得天下矣!"①"得其心斯得其民矣",如果不得其民则民必"出乎尔者反乎尔者也"②。"民为贵,社稷次之,君为轻。是故得乎其民而为天子,得乎天子而为诸侯,得乎诸侯而为大夫"③。他认为,天命把天下给圣人,其方式是由上一任天子"荐之于天,而天受之"。天命与民意是一致的。而神享之,百姓安之,天授好像就是民授。天命赞成贤者民从贤,则贤者为天子。有德的天子如尧、舜、禹可有天下;失德天子为桀、纣,由天命废,由汤武来继承。他把民心与天命联系在一起,揭示了政治兴亡的因果。在此理论的指导下,任何一个得到一定数量民众拥戴的人,都可以认为自己已得民心,已受了"天命"。所以,从儒家经典中直接就引申出了"造反"理念。甚至一无所有、目不识丁的农夫都能梦想当皇帝,这在外国看起来是不可想象的事情,但在中国历史上却比比皆是。

在造反思想指引下,中国历次所谓农民大起义几乎席卷全社会,而领导者从总体分析来看,基本不是纯粹意义的贫下中农,大多是流民、地方官吏、士兵等。因此,中国历次农民战争,不是纯粹的阶级矛盾的表现,而是社会危机的总爆发,参加起义的人,是怀着各种目的,有各种身份,很多是来自地主统治阶层,他们怀有政治野心,宣称受命于天,野心勃勃,以此为号召造反。故此,农民战争是社会危机达到极点,人们社会心理失去平衡及一定理智的表现。

选自:《中国农民战争研究会学术年会》用稿

---

① 《孟子·离娄上》。
② 《梁惠王下》。
③ 《孟子·尽心下》。

六、近代华北社会权力结构的
变化与义和团运动

19 世纪末至 20 世纪初,华北社会权力结构发生了重大变化,这就是地方权力的加强和以皇权为代表的中央政权权威的削弱。其标志是,地方士绅掌握的民间武装与传统世俗政权的离心力日益增强,先是导致直隶义和团的兴起与消亡,继而是清王朝的灭亡与地主士绅相结合的军阀割据的局面。

在中国漫长的历史进程中,始终存在着错综复杂的社会矛盾。其存在于统治阶级与被统治阶级之间、统治阶级内部、社会不同民族之间、不同宗教信仰的人群之间,以及由地域差异形成的矛盾,等等。这些矛盾以对立的形式共存于同一社会之中。无疑,农民阶级与地主阶级的矛盾是上述众多矛盾中最主要的矛盾。民众之中,始终存在着与统治权力相对抗的巨大力量。这种力量,不断聚集,并通过各种形式释放,其主要的是通过武装反抗斗争,即大大小小的农民战争表现出来。

中国古代社会所发生的大规模的农民战争,是君主专制社会矛盾的总爆发。农民战争的暴风骤雨之后,社会矛盾得以缓解,社会暂时得以平静。但是,与世俗政权相对抗的力量仍会重新聚集,直到社会危机时再爆发,周而复始。这就是中国古代社会农民战争频发的原因。

一般说来,农民反抗力量的集中爆发点,都是在古代社会专制统治力量最薄弱的时间和地点。以清代为例,爆发于康熙末年、乾隆初年的白莲教起义,是发生在统治基础最薄弱的四川、陕西交界的商洛山区;太平天国起义爆发在相对贫困、民族矛盾日益激化的广西。只有义和团,是出现在专制统治最稳固的华北,并形成了声势浩大的规模。这不是偶然的,是时代变化而导致社会权力结构发生变化的结果。

19 世纪,太平天国农民战争及捻军,云南、西北回民大起义相继爆发,并席卷大半个中国,这些起义持续时间长,规模巨大,波及全国近二十几个省份,并产生两个直接的社会后果:一是起义卷入地区农民阶级的反抗力量,大大地被削弱了;二是清王朝的社会权力结构由此发生了巨大变化。汉族在地方政权中的权力激增,中央权力对基层政权的控制力大大地削弱了。地方地主士绅通过办团练等地方武装迅速扩充了自己的实力,并开始逐渐染指地方政权。这导致清朝中央政权的权威下降。

义和团之所以在华北兴起,上述社会权力结构的变化可谓根本原因。除此,还有另外一个重要的原因,这就是华北农民阶级的力量没有被削弱,其巨大的反抗能量,没有得到释放。因此,义和团才得以在华北勃兴。

太平天国运动主要波及区域是长江流域,即两湖及江浙;捻军活动的中心是在苏北及皖北。上述两大农民战争虽然也曾波及华北,但不仅时间短,而且还是偏师,故华北农民的卷入不具有全民性。太平天国的北伐军虽然打到了京津,但直隶民众根本没有响应。所以,其与世俗政权对抗的力量得以保全。太平天国、西北回民大起义活动中心在起义失败后,都是百里无人烟,不仅社会生产力大大降低了,农民阶级的人口也锐减。华北则不同,到19 世纪末 20 世纪初,华北农民阶级的力量不仅没有受损,反而由于漕运的废除产生了大量流民,使其对抗政权的力量大大增强,这就为义和团的兴起提供了坚实的社会基础。

义和团运动虽然也是农民战争,但它却是在新的历史条件下产生的农民战争的异类。其爆发地直、鲁、晋三省,是清王朝统治的腹心地区,专制统治基础比其他省份要稳固得多。但是,由于镇压太平天国及捻军的需要,统治当局也在上述三省兴办了团练。但当农民起义被镇压之后,清廷担心地方官绅拥兵自重,中央大权旁落,就下令解散了团练。甲午战败之后,清廷内忧外患加剧,为了延续自己的统治,不得不再次依靠地方士绅,组织团练,"自直隶、奉天、山东三省开始,著各省将军,督抚兴办保甲团练"①。至义和团兴起前夕,连庄会及团练已遍布直隶、山东,团练的经费主要源于地主士绅的捐资或征捐,而其基本成员为农民,但头目都是致仕的官员、有功名的

---

① 《光绪二十四年九月二十二日上谕》。

士子,及拥有相当数量土地和财产的地主。这些人是官民沟通的桥梁,在清朝农村基层政权中起着举足轻重的作用。团练在某种程度上弥补了清政府军事力量的不足,起到帮助维护地方基层社会秩序的作用。

但是,随着西方列强侵略威胁的日益严重及八旗、绿营军的腐败,清中央权威大减。与鸦片战争前及历代各朝不同,此时清当局已失去了对地方团练的控制。团练的控制权已落入士绅之手,与传统世俗政权对抗的离心力日益增强。并开始以新的形式显示,这就是义和团的产生并发展。

直、鲁、晋三省,处在"天子脚下",民众几乎没有外患意识。但是,鸦片战争之后,越洋而来的西方侵略者已数次由天津威胁京师,直隶也由此成为捍卫国家生死存亡的海防前线。直隶民众能直接感受到列强的威胁,也能最快得到列强侵略中国的信息。因而,直隶民众有较强的民族忧患意识。

在鲁西南地区,一直就存在着以健身自卫为目的的练习拳术的组织,但长期受到当局镇压。19世纪末,这种组织传入直隶南部农村并迅速发展,这就是义和拳。随着国内外形势的变化,"义和拳"开始演变为"义和团",并打出了"扶清灭洋"的口号。其实,"扶清"和"灭洋"的目标都很渺茫,但以此为旗号却使其成员的政治活动合法化。这就是义和团能够得以合法存在并迅速发展的原因。尤为重要的是,凡是参加者都头裹红巾,手执大刀,不仅可以公开地耀武扬威,而且还能充分地表现自我,十足"风光"地走一回。这其中,反帝爱国精神虽然占主导地位,但其主要包含着发泄心中一直被积压的不满或积怨(如政治不公平、阶级压迫、民族歧视、经济剥削等等)。所以,义和团在反洋教、反西方文化的同时,也出现了反对传统行政权力的内容。"扶清"口号本身就包含有蔑视中央皇权的因素。这就等于说大清不行了,需要我平民的帮扶才能活。就这句话本身,如在康乾时代,就是"灭门"之罪。所以,从义和团的发展趋势看,其基本的政治取向是僭越政府职能的。其在"合法"旗号下兴起,一时能满足下层社会"能人"的领袖欲望,也能让一般民众长期受到社会权力压迫的积怨得到发泄,故一时兴起。其参加者多为青少年,带有"一拥而起",追求"政治时尚"的狂热。

义和团主要活动在农村,其活动及口号本来就受到地主士绅的关注,"扶清灭洋"的口号本来就是士绅中的知识分子所创造的。义和团的首领除士绅外,其余就是农民中的"能人",其本来就与地方士绅有千丝万缕的联系,义和团得到地方士绅的同情和支持后,迅速发展,但其领导权也被地主士绅所篡夺。例如,在义和团高潮时期,直隶廊坊茫店村义和团的大头目是个教书先生,坛口主持人是一个有进士功名的财主。① 直隶武邑县城义和团总坛主和前丁庄团首丁老连都是武进士。② 廊坊边家坟义和团的实际主持人是当地有名望的士绅李永平。③ 当时在山东"庚子拳匪之祸,蔓延奇速,缙绅家有以粮饷军械助匪者"。④有的以普通人的身份加入义和团。正是掌握地方团练的地主士绅同情和支持,才使其打出"扶清灭洋"的旗号,并在一定的时间内及一些地区取得合法的地位,才使义和团几乎具有全民参加的广泛性,上自王公大臣,下至官员、贩夫走卒,无不乐于参与其中。所以,"扶清灭洋"绝不是什么"反帝爱国"口号,它只不过是野心勃勃的士绅阶层鼓动民众参加政治动乱,向皇权发动挑战的动员令,是以农民为主体的积聚已久的,反对世俗政权力量的大发泄的口号而已。

综上所述,义和团运动不能简单地解释为"反帝爱国运动",它是一场中国近代社会出现的,被地主士绅利用并控制而发动的向专制皇权的挑战,并带有少许暴力倾向的"政治动乱"。所以,其绝不能挽救中国的危亡,阻止帝国主义对华瓜分的阴谋。手拿大刀片的乱民根本不能救国,只能引起社会的政治动乱。义和团的最大历史功绩在于,它打破了皇权权威的神话,并导致了一系列向皇权挑战的政治事件的出现。如 1900 年出现在长江流域省份的"东南互保",就是当朝封疆大吏与朝廷争权的尝试;随之而起的政治强人袁世凯,就是日后对清廷进行逼宫的北洋军阀头目;接连数次在全国掀起的士绅们主张的立宪大请愿,更是士绅们公开向朝廷争权的表现;再其后就是导致清王朝覆灭的武昌起义了。

选自:《华北近代历史文化与社会结构国际学术研讨会论文集》

---

① 《河北景州衡水地区义和团调查资料选编》,《山东大学文科论文集刊》1980 年第 1 期。
② 《廊坊地区义和团调查资料选编》,《义和团研究会刊》1982 年第 2 期。
③ 《廊坊地区义和团调查资料选编》,《义和团研究会刊》1982 年第 2 期。
④ 《山东近代史资料》第三分册,第 201 页。

后　记

在中国近代史上,冯玉祥是一个特殊历史人物。他先后经历了晚清、北洋时期、国民政府三个不同历史时期,活跃在军事政治舞台上长达三十七年之久。他曾参与滦州起义,反对张勋复辟,发动北京政变,参加北伐战争,抗击日本帝国主义侵略;最后,响应中共号召,投身于反对蒋介石独裁统治、争取民主解放的斗争行列之中。的确,他也一度追随蒋介石反共,但是,他一生中值得肯定的时间较长,符合历史潮流的事迹较多,特别是后期,他和共产党合作,做了大量有益于人民的事。冯玉祥与其他的军阀不同,在半封建半殖民地的中国,曾统兵几十万,却没有投靠过任何西方帝国主义;身居高位却能追随历史潮流,并有一套怪僻的"平民作风"。他在曲折的一生中,有前进,也有倒退,但基本上还是努力追赶时代潮流的,只是迈步的起点太低,始终落后于同时代的先进人物。他不是个单线条的人物,而是经历复杂、思想矛盾、性格奇特的军事政治活动家。

民国史上出现冯玉祥这样一个人物,不是偶然的,有其社会根源、文化传统,也有他自己特殊环境所形成的思想根源。这中间有许多值得仔细探讨的问题。但是,对于这样一个有过重大影响的历史人物,我们研究得还很不够,还有很大的挖掘空间。笔者研究冯玉祥及其所统率的国民军多年,发表过大量相关的学术文章。为了回顾自己学术研究的道路,笔者特对其进行梳理,编集成册,是为本书。

本书中的文章主要论述了冯玉祥前半生的军政活动。这其中有从对其籍贯的考察,有对其在护国战争中反对张勋及护法运动中表现的辨析,还有他与孙中山及苏联的关系的研究,以及他在第一次国内革命战争中政治态度的转变及其历史作用的认识等等。本书还编入了几篇与研究冯玉祥军政活动有关系的文章,如他驱逐溥仪出宫问题和苏俄占领、分裂外蒙古问题等。

　　笔者在研究冯玉祥及其所部西北军的同时，还注意到，西北军不仅涌现出一批名垂千古的抗日英烈，如张自忠、佟麟阁、赵登禹等，也产生过一些臭名昭著的汉奸卖国贼，如刘郁芬、张岚峰、石友三之流。这引起了笔者对华北伪政权及汉奸的研究兴趣，遂撰写了一些有关华北伪政权的文章，也一并收入本书之中，以求教于读者及诸位方家。

　　本书收入的文章，基本表现了笔者研究冯玉祥及其所部国民军的脉络，今编辑出版，以期对民国史及冯玉祥和国民军研究作点贡献。

　　最后，我要感谢中国社科院近代史所的汪朝光先生，他在百忙之中，欣然命笔作序，为本书增色不少；另外，还要特别感谢河北大学及历史学院的各级领导，尤其是姜锡东教授，他们对本书的写作、出版给予了大力的支持和鼓励。

刘敬忠

2012 年 8 月 8 日于河北大学紫园

责任编辑:马长虹
特约编辑:兰玉婷
装帧设计:千叶书装

图书在版编目(CIP)数据

冯玉祥国民军研究/刘敬忠 著. —北京:人民出版社,2012.9
ISBN 978 - 7 - 01 - 011085 - 1

Ⅰ.①冯… Ⅱ.①刘… Ⅲ.①国民革命军-研究 Ⅳ.①E296.91

中国版本图书馆 CIP 数据核字(2012)第 173692 号

冯玉祥国民军研究

FENG YUXIANG GUOMINJUN YANJIU

刘敬忠 著

人 民 出 版 社 出版发行
(100706 北京市东城区隆福寺街 99 号)

环球印刷(北京)有限公司印刷 新华书店经销

2012 年 9 月第 1 版 2012 年 9 月北京第 1 次印刷
开本:710 毫米×1000 毫米 1/16 印张:15
字数:240 千字 印数:0,001-2,000 册

ISBN 978 - 7 - 01 - 011085 - 1 定价:38.00 元

邮购地址 100706 北京市东城区隆福寺街 99 号
人民东方图书销售中心 电话 (010)65250042 65289539